Młodzież wobec wyboru profilu kształcenia i zawodu

(na przykładzie licealistów z Podkarpacia)

Małgorzata Dubis

Młodzież wobec wyboru profilu kształcenia i zawodu

(na przykładzie licealistów z Podkarpacia)

Kraków 2016

© Copyright by Oficyna Wydawnicza „Impuls", Kraków 2011

Recenzent:
dr hab. Jolanta Szempruch, prof. UJK w Kielcach

Redakcja wydawnicza:
Joanna Kosturek

Projekt okładki:
Magdalena Muszyńska
Izabela Surdykowska-Jurek
CZARTART

ISBN 978-83-8095-044-3

Oficyna Wydawnicza „Impuls"
30-619 Kraków, ul. Turniejowa 59/5
tel./fax: (12) 422 41 80, 422 59 47, 506 624 220
www.impulsoficyna.com.pl, e-mail: impuls@impulsoficyna.com.pl
Wydanie II, Kraków 2016

Spis treści

Wstęp 7

Rozdział 1
Kierunki zmian w systemie edukacji w Polsce 11

1.1. Uwarunkowania i kierunki zmian edukacyjnych 11
1.2. Cele, funkcje i zadania systemu edukacji 17
1.3. Wyzwania edukacyjne współczesności a przygotowanie młodzieży
     do podejmowania decyzji dotyczących własnej przyszłości 24
1.4. Szkolnictwo publiczne i niepubliczne jako środowiska edukacyjne 28

Rozdział 2
Problematyka aspiracji w ujęciu interdyscyplinarnym 33

2.1. Projektowanie przyszłości w warunkach zmieniającego się społeczeństwa 33
2.2. Aspiracje – ich rodzaje, struktura i dynamika 35
2.3. Uwarunkowania aspiracji młodzieży 44
    2.3.1. Uwarunkowania pedagogiczne i szkolne 44
    2.3.2. Determinanty osobowościowe 47
    2.3.3. Czynniki rodzinne i środowiskowe 49
2.4. Wyniki dotychczasowych badań nad aspiracjami młodzieży 55

Rozdział 3
Założenia metodologiczne badań i ich realizacja 59

3.1. Przedmiot i cele pracy 60
3.2. Problemy i hipotezy badawcze 61
3.3. Zmienne i ich wskaźniki 65
3.4. Metody, techniki i narzędzia badawcze 66
3.5. Charakterystyka terenu badań i badanej próby 69
3.6. Organizacja i przebieg badań 74
3.7. Sposób opracowania materiału empirycznego 75

Rozdział 4
**Dążenia edukacyjne i zawodowe badanych uczniów
liceów ogólnokształcących** 79

4.1. Treść aspiracji edukacyjnych i zawodowych uczniów szkół publicznych
     i niepublicznych 79
4.2. Poziom aspiracji uczniów szkół publicznych i niepublicznych 88

Rozdział 5
Pedagogiczne uwarunkowania wyborów
edukacyjno-zawodowych młodzieży 93

5.1. Kadra pedagogiczna badanych szkół a aspiracje edukacyjno-zawodowe młodzieży 93
5.2. Organizacja procesu kształcenia w szkołach publicznych i niepublicznych 100
5.3. Style i metody pracy wychowawczej nauczycieli szkół publicznych i niepublicznych
  a aspiracje młodzieży 107
5.4. Działalność pozalekcyjna szkół a aspiracje uczniów 113
5.5. Osiągnięcia szkolne uczniów a ich aspiracje 115
5.6. Rodzaj szkoły a przygotowanie młodzieży do podejmowania decyzji
  dotyczących własnej przyszłości 117

Rozdział 6
Rodzinne i środowiskowe uwarunkowania
aspiracji edukacyjnych i zawodowych młodzieży 125

6.1. Wykształcenie rodziców a aspiracje edukacyjno-zawodowe młodzieży 126
6.2. Sytuacja materialna badanych rodzin 131
6.3. Związek aspiracji młodzieży z funkcjonowaniem rodziny 136
6.4. Tradycje rodzinne a aspiracje młodzieży 142
6.5. Formy współpracy rodziny ze szkołą a aspiracje badanych uczniów 144
6.6. Środowisko terytorialne a poziom aspiracji uczniów 147
6.7. Rówieśnicze i społeczne uwarunkowania aspiracji edukacyjno-zawodowych
  młodzieży 151

Rozdział 7
Koncepcja pracy z młodzieżą w zakresie ukierunkowywania
i rozwijania aspiracji 157

Zakończenie 173
Uogólnienie wyników badań 173
Wnioski oraz postulaty pedagogiczne i społeczne 180

Bibliografia 185
Publikacje autorskie i prace zbiorowe 185
Artykuły w czasopismach 196
Akty prawne 199

Spis tabel, schematów i wykresów 201
Tabele 201
Schematy 202
Wykresy 202

Wstęp

Rozwój współczesnych społeczeństw cechuje intensywna dynamika przemian. Młodzież staje więc obecnie przed nowymi wyzwaniami szybko zmieniającej się rzeczywistości. Cechami charakterystycznymi tych zmian są ich tempo i zakres geograficzny, określany powszechnie jako globalizacja i rewolucja informatyczna. Hasła globalizacji, społeczeństwa informacyjnego i zrównoważonego rozwoju głoszą konieczność przystosowania się do nowych trendów cywilizacyjnych i do nowej rzeczywistości społecznej.

Globalna integracja oraz zmiany we współczesnym świecie powodują, że ważną inwestycją społeczną, gospodarczą i polityczną jest edukacja. Obecne koncepcje społeczne wyznaczają edukacji kluczową rolę. Osiągnięcie pewnego pułapu formalnego wykształcenia jest warunkiem koniecznym – chociaż niewystarczającym – odniesienia sukcesu życiowego, realizacji zamierzeń, zapewnienia sobie spokojnej egzystencji. Konieczne staje się zatem takie przygotowanie młodzieży, aby wchodząc w świat pracy, miała szansę na sukces, aby aktywnie dokonując wyborów i świadomie planując karierę zawodową, brała odpowiedzialność za swoją przyszłość.

> Młody człowiek będzie panem siebie na tyle, na ile edukacja zapewni mu kompetencje, które będzie w stanie sprzedawać na rynku pracy [Delors 1998: 11].

Tak więc wykształcenie oraz kompetencje człowieka zaczynają odgrywać coraz większą rolę w społeczeństwie opartym na wiedzy. Inwestycje w kwalifikacje są współcześnie uznawane za najtańszy sposób podnoszenia konkurencyjności gospodarki, a zatem tempa przyspieszonego rozwoju społecznego.

W ciągu ostatnich kilkunastu lat edukacja podlegała intensywnym przemianom. Ich istotą było otwarcie systemu nauczania na potrzeby uczniów, inicjatywę nauczycieli oraz zapotrzebowanie społeczności lokalnych. Reforma oświaty zmieniła również podstawy prawne funkcjonowania szkół i innych instytucji oświatowych. Umożliwiło to decentralizację systemu zarządzania oraz zwiększenie autonomii szkół i nauczycieli. Odzwierciedleniem zmian w oświacie stał się także rozwój szkolnictwa niepublicznego, czyli społecznego i prywatnego.

Ma ono stanowić alternatywne środowisko edukacyjne, które zapewni dzieciom i młodzieży właściwe warunki oraz odpowiedni poziom kształcenia w środowisku promującym wartości akceptowane przez rodziców.

Do najważniejszych decyzji, które człowiek podejmuje w ciągu życia, należą te związane z wyborem zawodu i podjęciem pracy. Wykształcenie stanowi punkt wyjścia do życiowej kariery. Zdobyte wykształcenie wyznacza możliwości podjęcia pracy zawodowej i decyduje o prestiżu społecznym. Zmieniają się warunki społeczno-kulturowe, a wraz z nimi aspiracje. Zmiany wynikające z wprowadzenia reformy oświaty – zarówno struktury, jak i funkcji całego systemu – są odbiciem strukturalnych przemian współczesnej cywilizacji. Reforma edukacji zobowiązała współczesną szkołę do świadczenia pomocy psychologiczno-pedagogicznej polegającej na wspieraniu uczniów w wyborze kierunku dalszego kształcenia i planowaniu drogi życiowej. Jednym z priorytetów w dziedzinie edukacji w zmieniającej się rzeczywistości są konieczność poznania teraźniejszości i umiejętność patrzenia w przyszłość. Wskazują na to również współczesne raporty edukacyjne i programy reformowania systemu nauczania.

Problematyce aspiracji i planów życiowych poświęcono w naukach społecznych wiele miejsca. Zagadnienie to stanowi przedmiot dociekań psychologiczno-pedagogiczno-socjologicznych. Wieloaspektowość i złożoność tego problemu powodują, że każda z tych nauk w odmiennym aspekcie ujmuje zagadnienie wyboru przez młodzież szkoły i zawodu. Konieczne staje się takie przygotowanie młodych ludzi, by wchodząc w świat pracy, mieli szansę na sukces, by aktywnie dokonując wyborów i świadomie planując karierę zawodową, brali odpowiedzialność za swoją przyszłość.

Należy się zatem zastanowić, czym powinna się kierować młodzież w swoich wyborach, aby odnaleźć się we współczesnym świecie i jednocześnie mieć poczucie satysfakcji i spełnienia. Czy młodzi są przygotowani do rozwijania własnych aspiracji i wyboru drogi zawodowej? Jak postrzegają realizację swoich ambicji i w jakich warunkach jest ona możliwa? W jakim stopniu w polskich szkołach wykorzystuje się potencjał rozwojowy każdego ucznia? Jakie determinanty i w jakim stopniu wpływają na plany edukacyjne i zawodowe? Czy współcześni nauczyciele i rodzice będą w stanie pomóc młodzieży w dokonywaniu właściwych wyborów? To tylko niektóre z wielu pytań, które wymagają rozstrzygnięcia. Warto je stawiać i ponawiać.

Poszukiwanie odpowiedzi na te i wiele innych pytań stało się inspiracją do rozpoczęcia badań i opracowania ilościowego oraz jakościowego materiału empirycznego. Jednak głównym bodźcem były względy praktyczne, u podłoża których leżała wiara, że zamierzona praca może się okazać pomocna w działaniach wychowawczych wspierających kształtowanie się aspiracji oraz preorientacji zawodowej zgodnie z potrzebami społeczeństwa. Mając świadomość ważności i aktualności tych zagadnień, w badaniach empirycznych podjęto próbę określenia aspiracji i planów życiowych młodych ludzi uczęszczających do liceów ogólnokształcących oraz zidentyfikowania zewnętrznych czynników warunkujących te ambicje i zamierzenia. W obliczu zmienności świata diagnoza aspiracji oraz ich uwarunkowań jest szczególnie ważna w odniesieniu do młodzieży kończącej licea, która staje przed wyborem dalszej drogi życiowej.

Pomimo że w ostatnich latach obserwuje się rosnące zainteresowanie tą problematyką, brakuje dostatecznej liczby empirycznych opracowań poświęconych aspiracjom edukacyjnym i zawodowym oraz planom życiowym w kontekście transformacji życia społecznego i zmieniających się zadań szkoły. Opracowań na temat dążeń i planów życiowych młodzieży jest stosunkowo dużo, wiele z nich straciło już jednak aktualność, a w tego typu badaniach czynnikami najważniejszymi wydają się czas, miejsce oraz dokonujące się przemiany.

Interesujące poznawczo są badania aspiracji młodzieży w środowisku szkoły publicznej i niepublicznej, służące poznaniu specyfiki kształcenia w obu rodzajach placówek, sposobów rozwijania ambicji osób uczących się, a także poznaniu ich uwarunkowań pozaszkolnych. Z uwagi na to wzrasta potrzeba przeprowadzenia badań, które przyczynią się do nakreślenia portretu młodego pokolenia w kontekście jego aspiracji i planów życiowych. Istotne jest także wnikliwe badanie tych środowisk, które warunkują rozwój potencjału młodych ludzi.

Oprócz walorów poznawczych badania takie mają również wymiar praktyczny – wynikającą z nich wiedzę można wykorzystać do rozbudzenia i ukierunkowania dążeń młodzieży zgodnie z potrzebami społecznymi oraz indywidualnymi możliwościami jednostki. Ponadto pozwalają na prognozowanie, jakie miejsce zajmą młodzi ludzie w kulturze oraz strukturze zawodowej ludności. Młodzież rozpoczynająca planowanie swojego życia nie powinna pozostawać sama, gdyż szczególnie potrzebuje wsparcia ze strony osób najbliższych – rodziny, nauczycieli, wychowawców. Aby jednak można było tego wsparcia udzielić, należy wcześniej poznać rysujące się w świadomości młodych i układające się w coraz bardziej spójną całość plany życiowe.

Książka jest próbą diagnozy aspiracji i planów życiowych młodzieży liceów publicznych i niepublicznych oraz czynników je warunkujących. Wpisuje się więc w nurt badań, który pozwoli prognozować kierunek zmian aspiracji młodzieży w następnych latach oraz wyznaczać obszar działań w zakresie preorientacji zawodowej. Być może także przyczyni się w jakimś stopniu do podniesienia poziomu poradnictwa zawodowego w szkołach. Wykorzystanie wiedzy z tego zakresu powinno pozwolić na racjonalne zagospodarowanie czasu pobytu młodych ludzi w liceum w celu wszechstronnego ich rozwoju. Jeśli szkoła ma się wywiązać z tych zadań, to jej najmocniejszą stroną powinny być odpowiednie kompetencje nauczyciela gotowego podjąć wysiłek związany z przygotowaniem młodego pokolenia do sprostania wyzwaniom bliskiej i odległej przyszłości, do aktywnego uczestnictwa w życiu społecznym, samodzielnego i odpowiedzialnego poszukiwania własnego miejsca w świecie [Banach 2001; Szempruch 2001].

Odnalezienie się we współczesnej rzeczywistości wiąże się z potrzebą kształcenia takich umiejętności, które będą niezbędne do sprawnego i odpowiedzialnego funkcjonowania człowieka w realiach XXI wieku. Wyniki badań aspiracji edukacyjnych i zawodowych młodzieży mogą się przyczynić do wskazania obszarów pracy dla rodziców, pedagogów i wychowawców wspomagających młodych w podejmowaniu dalszego kształcenia i w wyborze zawodu. Szkoła i rodzina jako środowiska, w których młodzież nabywa podstawowych umiejętności, mają największe możliwości oddziaływań w tym zakresie.

Rozdział 1

Kierunki zmian w systemie edukacji w Polsce

1.1. Uwarunkowania i kierunki zmian edukacyjnych

Skutki przeobrażeń społecznych, politycznych i kulturowych zapoczątkowanych pod koniec XX wieku w Polsce, Europie i na świecie widoczne są m.in. w gospodarce, polityce, ekologii, kulturze, aksjologii, edukacji itd. Okres przebudowy społecznej rozpoczęty w 1989 roku jest nazywany transformacją. Transformacja rozumiana jest jako wielopłaszczyznowy i długofalowy proces dostosowawczy a zarazem innowacyjny, który zachodzi równocześnie w systemie sprawowania władzy i w społeczeństwie. Można zatem powiedzieć, że transformacja jest procesem przekształcania organizacji oraz metod działania władzy państwowej, która jest reprezentantem ideałów politycznych klasy lub warstwy społecznej znajdującej społeczne poparcie [Nowak 1996].

Przemiany cywilizacyjno-społeczne oraz przystąpienie Polski do Unii Europejskiej przyspieszyły reformowanie systemu oświatowego. W wyniku szybko postępujących procesów integracji starego kontynentu nowego znaczenia nabrała europejska edukacja. Obecnie przez europejski wymiar edukacji rozumie się potrzebę podjęcia przez szkołę zadań, które spowodują u młodych ludzi wzmocnienie poczucia tożsamości europejskiej, ukształtowanie postaw tolerancji, solidarności, poszanowania praw człowieka, demokracji. Ponadto poszerzą wiedzę młodzieży o aspekty historyczne, kulturowe i gospodarcze Unii i jej państw członkowskich oraz przedstawią znaczenie współpracy państw wspólnoty z innymi krajami Europy i świata [Rabczuk 1994: 169].

Współczesne priorytety i problemy edukacji są zawarte w raportach opracowanych przez komisje europejskie, wyspecjalizowane organy Unii Europejskiej, które współpracują z UNESCO i OECD (Organization for Economic Cooperation and Development). Z inicjatywy tych instytucji powstało wiele raportów oświatowych. Podkreślają one, że szkoła stanowi centrum edukacji, a współczesny świat wymusza zmiany form i programów kształcenia. To właśnie szkoły na różnych szczeblach nauczania szukają najlepszych rozwiązań w celu realizacji kształcenia uwzględniającego zmiany.

Istotę i kierunki przemian społecznych, kulturowych i edukacyjnych określono w raportach Klubu Rzymskiego [Botkin, Elmandjra, Malitza 1982; King, Schneider 1992; Faure 1975]. Raporty te wskazują, że proces edukacji nie może się sprowadzać jedynie do „wyposażenia w wiedzę" i że nie jest to najważniejsze zadanie szkoły. Podstawowe znaczenie edukacji autorzy widzą w:
- kształtowaniu inteligencji i rozwinięciu zmysłu krytycznego,
- lepszym poznawaniu samego siebie,
- zdolności pokonywania własnych negatywnych popędów i destrukcyjnych zachowań,
- kształtowaniu i stałym rozbudzaniu zdolności twórczych i wyobraźni,
- zdobywaniu umiejętności nawiązywania dobrych relacji interpersonalnych,
- wspieraniu innych w przystosowaniu się do zmian,
- kształtowaniu całościowego poglądu na świat,
- wykształceniu w ludziach większej operatywności i gotowości do rozwiązywania licznych dylematów [King, Schneider 1992: 202].

Trendy widoczne w wymienionych raportach wskazują, że ważnym zagadnieniem staje się kryzys kształcenia i wykształcenia. Nie jest to jednak problem jednego kraju, lecz wyzwanie globalne. Przedstawiona w raportach strategia reformy obejmuje pewne zasady ogólne wytyczające jej kierunek, a jednocześnie odnosi się do konstrukcji i funkcji szkolnictwa.

Na znaczenie edukacji i kształcenia jako głównych czynników wyznaczających status społeczny, szanse rozwoju i zatrudnienia, dostęp do informacji i wiedzy oraz odnajdywanie się na rynku pracy wskazuje kolejny ważny raport *Biała Księga Kształcenia i Doskonalenia. Nauczanie i uczenie się. Na drodze do uczącego się społeczeństwa* [Cresson, Flynn 1997]. W dokumencie tym zwrócono uwagę na czynniki wskazujące na konieczność reformowania oświaty. Są nimi:
- postęp naukowo-techniczny,
- umiędzynarodowienie handlu przybliżające powstanie światowego rynku zatrudnienia (globalizm),
- rozwój społeczeństwa informacyjnego, które jest zasadniczym bodźcem zmian w charakterze i organizacji pracy.

Proponując realizację modelu społeczeństwa uczącego się przez całe życie, autorzy wymienionego dokumentu wskazują na główne kierunki działań edukacyjnych na rzecz nowoczesnego społeczeństwa:
- zachęcanie ludzi do poszerzania i zdobywania nowej wiedzy,
- tworzenie warunków do oceny i weryfikacji własnych kwalifikacji,
- ułatwianie mobilności uczenia się i przechodzenia z jednego poziomu kształcenia na drugi,
- tworzenie szkół drugiej szansy,

- zbliżenie szkoły i przedsiębiorstwa przez organizowanie praktyk, staży i kursów,
- zachęcanie do nauki języków obcych,
- wprowadzanie multimedialnych programów komputerowych,
- równouprawnienie inwestycji materialnych oraz nakładów na kształcenie.

Autorzy *Białej Księgi Kształcenia i Doskonalenia* podkreślają konieczność adaptacji społeczeństw europejskich do trzech fundamentalnych wymogów: rozwoju osobistego, integracji europejskiej i rozwoju przydatności do zatrudnienia [Cresson, Flynn 1997: 29]. Złożoność problemu (różnorodne modele kształcenia na świecie) uświadamia nierealność stworzenia propozycji gotowych rozwiązań.

Zdaniem J. Delorsa [1998] spośród czynników określających przyszłość należy wymienić:
- globalizację – wszyscy stajemy się mieszkańcami planetarnej wioski, którą rządzą wszechogarniające prawa i współzależności,
- zburzony dotychczasowy podział świata na biedny Wschód i bogaty Zachód,
- rozpad imperium sowieckiego i koniec zimnej wojny,
- zjawisko rewolucji informatycznej – rosnące znaczenie nowoczesnych środków przekazu informacji i komunikowania.

W raporcie J. Delorsa [1998] za priorytet współczesnej edukacji uznaje się takie prawa człowieka, jak: zrozumienie i tolerancja, demokracja, poczucie odpowiedzialności, dążenie do pokoju, ochrona środowiska i zdrowia oraz łagodzenie biedy. Tak rozumianą nowoczesną, demokratyczną edukację określają następujące zasady:
1. Edukacja powinna być traktowana jako podstawowe prawo człowieka, być celem samym w sobie, do którego powinna dążyć zarówno jednostka, jak i społeczeństwo.
2. Edukacja, zarówno formalna, jak i nieformalna, powinna przynosić pożytek społeczeństwu, dawać mu narzędzia, które pobudzą do twórczości i upowszechniania wiedzy.
3. Całokształt polityki edukacyjnej powinien zawierać troskę o sprawiedliwość, doskonałość, racjonalność.
4. Każda odnowa edukacji i związana z nią reforma powinny być poprzedzone analizą dostępnych informacji na temat teorii i praktyki.
5. Mimo różnorodności warunków gospodarczych, społecznych i kulturowych podejście do rozwoju edukacji powinno uwzględniać podstawowe wartości uznawane przez społeczność międzynarodową.
6. Odpowiedzialność za edukację spoczywa na całym społeczeństwie, dlatego nie tylko instytucje, do których to zadanie należy, lecz także wszystkie zainteresowane osoby powinny uczestniczyć w procesie edukacyjnym [Delors 1998: 277–287].

Przytoczone zasady nie tylko określają prawidłowości rządzące współczesną edukacją, lecz także zawierają wartości ważne w systemie edukacji realizowanej

w XXI wieku. Na dużą rolę nauczania jako kapitału ludzkiego wskazują zawarte w wymienionym raporcie cztery istotne filary, na których powinna opierać się oświata:
1. Uczyć się, aby wiedzieć (stawanie się człowieka coraz mądrzejszym, nabywanie umiejętności korzystania z możliwości, jakie daje edukacja ustawiczna).
2. Uczyć się, aby działać (zdobywanie kwalifikacji i kompetencji zapewniających interesującą i pożyteczną pracę).
3. Uczyć się, aby żyć wspólnie (zdobywanie wiedzy w celu zrozumienia innych, współdziałania i współpracy).
4. Uczyć się, aby być (uczenie się dla rozwoju własnej osobowości) [Delors 1998: 18].

Filary te wyznaczają nową jakość edukacji. Wskazują na potrzebę dodatkowych działań kształcących i wychowawczych oraz określają nowe cele i zadania. Dotychczasowy rozwój oświaty służył potrzebom lokalnej społeczności i to jej przynosił korzyści. Obecnie wyraźnie zarysowuje się potrzeba kształcenia społeczeństwa globalnego.

Współczesna edukacja powinna kształtować człowieka aktywnego edukacyjnie i żądnego wiedzy, kompetentnego w działaniach, gotowego do współpracy z innymi oraz szanującego odmienność kultury, obyczajów i zachowań; człowieka rozwijającego się i wzbogacającego samego siebie zarówno w sferze intelektualnej oraz pragmatycznej, jak i emocjonalnej.

Nowe perspektywy w zakresie oraz charakterze współpracy europejskiej w dziedzinie oświaty i szkolnictwa zarysowały się po szczycie Unii Europejskiej w Lizbonie w 2000 roku. Rada Europejska uznała wówczas konieczność rozwoju społeczeństw opartych na wiedzy i przyjęła to za cel strategiczny Unii do 2010 roku. Oświata i kształcenie uzyskały wyższą rangę. Zostały uznane za czynnik kształtowania dobrobytu i mądrości społecznej. Rada Europejska, określając cele systemów oświatowych, koncentrowała się na wspólnych problemach i priorytetach, ale podkreślała także konieczność respektowania odmienności narodowych [Kwiatkowska, Szybisz 2003: 26-27].

W 2002 roku na szczycie w Barcelonie przyjęto dokument dotyczący systemów edukacji w krajach Unii Europejskiej, który zawiera wspólną strategię rozwoju oświaty do roku 2010. Program określa trzy cele strategiczne i trzynaście celów szczegółowych, wyznaczających czterdzieści dwa kluczowe zagadnienia edukacyjne. Do każdego z trzynastu celów strategicznych opracowano wskaźniki przydatne do monitorowania zmian, a także określono treści wymiany doświadczeń [*Edukacja w Europie...* 2003: 20].

Wymieniony raport przyjęty przez Radę ds. Edukacji stał się pierwszym oficjalnym dokumentem przedstawiającym w zarysie europejski stosunek do polityki edukacyjnej w poszczególnych państwach członkowskich UE. W zamyśle autorów raportu przyjęte cele mają inspirować reformy, ukierunkowywać oraz stymulować postęp w każdym kraju i w całej Unii. Przesłanie tego raportu zawiera się w następujących celach:

- osiągnięcie w Europie najwyższego poziomu edukacji, tak aby mogła stanowić wzór dla całego świata pod względem jakości i użyteczności społecznej;
- zapewnienie kompatybilności systemów edukacyjnych umożliwiającej obywatelom swobodny wybór miejsca kształcenia, a następnie pracy;
- uznawanie w UE kwalifikacji szkolnych i zawodowych zdobytych w poszczególnych krajach członkowskich;
- zagwarantowanie Europejczykom – niezależnie od wieku – możliwości uczenia się przez całe życie;
- otwarcie się Europy – dla obopólnych korzyści – na współpracę z innymi regionami, tak aby stała się miejscem atrakcyjnym dla studentów, nauczycieli akademickich i naukowców z całego świata [*Edukacja w Europie...* 2003: 23].

Raport określa więc, w jakim kierunku powinny ewoluować systemy edukacyjne, aby sprostać wyzwaniom współczesnego świata.

Wspólnota Europejska odgrywa dużą rolę w polityce kształcenia, wspierając i uzupełniając działania państw członkowskich. Przyjmując Deklarację Kopenhaską (listopad 2002) dotyczącą współpracy w dziedzinie edukacji i kształcenia zawodowego, wspólnota europejska opowiedziała się za rozwojem edukacji o wysokiej jakości. Oznacza to zachęcanie do współpracy zmierzającej do osiągnięcia tego celu państw członkowskich, jak również wspieranie tej działalności przy zachowaniu ich odpowiedzialności za treści nauczania, organizację systemów edukacyjnych, różnorodność kulturową i językową.

Analiza literatury dotyczącej europejskiego wymiaru edukacji [m.in.: Rabczuk 1994; Kupisiewicz 1997; Dziewulak 1997; Bogaj, Kwiatkowski, Szymański 1998; Denek, Zimny 1999; Bogaj 2000; Banach 2001; Szempruch 2001] pozwala stwierdzić, że ważną rolę odgrywa znajomość przesłanek metodologicznych i organizacyjnych systemów edukacyjnych poszczególnych państw. Aby efektywnie korzystać z doświadczeń edukacyjnych innych krajów, niezbędna jest znajomość kierunków wychowania europejskiego i preferencji edukacyjnych w państwach Unii Europejskiej. Do priorytetów wspólnotowych w dziedzinie edukacji należy zaliczyć:
- równość szans edukacyjnych,
- poprawę jakości kształcenia,
- nową koncepcję kształcenia nauczycieli,
- europejski ideał wychowania.

W krajach Unii Europejskiej istnieją systemy szkolne o różnym stopniu centralizacji i decentralizacji. Dąży się tam do zwiększenia praw i powinności szkół, do poszerzenia ich autonomii. Wzrastają też uprawnienia nauczycieli do zarządzania szkołą oraz wpływ rodziców i środowiska lokalnego na programowanie pracy szkoły i jej ocenę.

Zmiany w edukacji w integrującej się Europie i na świecie J. Szempruch [2000] proponuje rozpatrywać na dwóch poziomach. Pierwszy to poziom instrumentalno-techniczny związany z wprowadzaniem zmian w programach nauczania, korektą podręczników i środków dydaktycznych oraz dążeniem do osiągnięcia międzynarodowych standardów edukacyjnych. Drugi poziom – egzystencjalny – uwzględnia globalny wymiar tego procesu. Wskazuje na potrzebę kształtowania ponadnarodowej tożsamości kulturowej oraz odpowiednich relacji interpersonalnych na podstawie zasad tolerancji, rozumienia i akceptacji drugiego człowieka.

Gdy analizuje się przedstawione raporty oświatowe i prace naukowe na temat polityki edukacyjnej Unii Europejskiej, wyraźnie rysują się następujące tendencje i kierunki rozwojowe:
- coraz większy wpływ rewolucji naukowo-technicznej i informatycznej na aktualizację modelu procesu dydaktyczno-wychowawczego, zdobywanie wiedzy, kwalifikacji oraz kreatywność ludzi;
- zacieśnianie związków szkoły i systemu edukacji z przedsiębiorstwami i stale zmieniającym się rynkiem pracy;
- szerszy zasięg opieki przedszkolnej (80–90% ogółu dzieci);
- elastyczność kształcenia, podnoszenie jego jakości oraz dążenie do wyrównania szans edukacyjnych młodzieży;
- większy nacisk na przygotowanie w szkole do samokształcenia;
- skuteczna walka z analfabetyzmem funkcjonalnym;
- decentralizacja i regionalizacja polityki oświatowej;
- dążenie do opanowania przez młodzież dwóch–trzech języków obcych;
- realizacja europejskiego modelu edukacji i wzoru wychowania przez kształtowanie mobilności pomiędzy różnymi kulturami i obszarami integracji;
- popularyzacja edukacji obywatelskiej i wiedzy o prawach człowieka;
- ułatwianie międzynarodowego współdziałania uczniom, studentom, kadrze nauczycielskiej i naukowej;
- nastawienie szkoły na rozwój osobisty jednostki i integrację społeczną;
- włączenie rodziców, władz lokalnych itp. do opracowywania planów, kształtowania i oceniania zmian edukacyjnych;
- unowocześnienie kształcenia i ustawicznego dokształcania nauczycieli;
- dążenie do równego traktowania inwestycji materialnych i oświatowych [Banach 2001: 133].

Z analizy kierunków zmian w systemach edukacji wynikają wnioski dla reformy systemu oświaty w Polsce. Unia Europejska oczekuje od krajów członkowskich, w tym także od Polski, takiego ukierunkowania polityki oświatowej, aby pomagała ona ludziom sprostać wyzwaniom współczesności i wspierała ich w rozwiązywaniu podstawowych problemów. Zasadne jest więc założenie, że warunkiem efektywnej reformy edukacji jest włączenie systemu szkolnego w proces dokonujących się zmian społecznych, ekonomicznych i kulturalnych. Polska – zachowując narodowy charakter swojego systemu oświaty – powinna intensywnie uczestniczyć w tworzeniu europejskiego modelu edukacji.

1.2. Cele, funkcje i zadania systemu edukacji

Reforma systemu edukacji w Polsce stała się ważnym, pilnym, a zarazem trudnym zadaniem, ściśle związanym z realiami transformacji ustrojowej oraz integracji europejskiej. Dlatego podczas tworzenia nowego modelu edukacji niezmiernie ważne staje się skorygowanie jej celów, funkcji i zadań.

Na potrzebę zmian w polskim systemie szkolnictwa wskazywano już od dawna. Raporty edukacyjne z lat 1973–1988, jak również opracowania Komitetu Prognoz przy Prezydium PAN „Polska w XXI wieku" i raporty światowe zgodnie podkreślały potrzebę radykalnej reformy. Najbardziej wyeksponowano to stanowisko w *Memoriale Komitetu Prognoz przy Prezydium PAN* [...] *w sprawie roli edukacji w kształtowaniu przyszłości Polski* [1998]. Podkreślono, że obecny stan edukacji stanowi dramatyczne zagrożenie i może utrudniać sprostanie wyzwaniom przyszłości. Ograniczenie dostępu do wychowania przedszkolnego, a także osłabienie szkolnictwa podstawowego (mniej zajęć pozalekcyjnych i pozaszkolnych) obniża szanse edukacyjne wielu środowisk społecznych [*Memoriał Komitetu Prognoz...* 1998].

Na potrzebę zmian w edukacji wielokrotnie zwracali uwagę C. Banach [1997], K. Denek [1998], T. Lewowicki [1997], A. Bogaj, S.M. Kwiatkowski, M.J. Szymański [1998], W. Okoń [1979], R. Pachociński [1999], T. Hejnicka-Bezwińska [2000], J. Kuźma [2005], C. Kupisiewicz [2005] i inni. Stwierdzali oni, że to nie dyrektywy wynikające z raportów ani narzucane z góry decyzje, lecz same szkoły powinny się stać głównym ogniwem zmian edukacyjnych. Aby temu sprostać, szkołę powinny cechować:
- podmiotowość – poczucie swoistości, inności, a nawet odrębności; poczucie odpowiedzialności za podejmowane decyzje, świadomość własnych możliwości w pracy nad wykształceniem i wychowaniem młodzieży wraz z odczuwaniem satysfakcji z osiągnięć;
- doskonalenie – opracowanie odpowiedniej strategii działania oraz własnego systemu doskonalenia;
- kształcenie ustawiczne nauczycieli – zdobywanie nowych kwalifikacji zawodowych, nowych kompetencji;
- udział młodzieży w działalności szkoły – zharmonizowanie zainteresowań i potrzeb uczniów z interesami placówki edukacyjnej;
- zewnętrzne źródła inicjatywy i wsparcia – pomoc ze strony rodziców i bliskiego środowiska, władz oświatowych i samorządowych [Okoń 1995: 236–239].

Pod koniec lat dziewięćdziesiątych ubiegłego stulecia rozpoczął się proces pozytywnych zmian edukacyjnych przejawiających się w:
- znaczącym wzroście wskaźnika skolaryzacji na poziomie średnim i wyższym oraz rozwoju niepublicznego sektora edukacji;
- decentralizacji systemu kierowania i zarządzania oraz rozwoju samorządności lokalnej, uspołecznienia szkół i autonomii uczelni;

- strukturze szkolnictwa ponadpodstawowego na korzyść liceów ogólnokształcących;
- upowszechnianiu się różnych orientacji, innowacji i eksperymentów pedagogicznych, jak również wielu możliwości wyboru podręczników i programów kształcenia;
- przygotowaniu i rozpoczęciu kompleksowej i długofalowej reformy [Banach 2001: 30].

Na konieczność przebudowy polskiego systemu edukacji wskazuje raport Komitetu Ekspertów pt. *Edukacja narodowym priorytetem*, wyznaczający główne kierunki przemian w edukacji. Jego autorzy dostrzegają potrzebę powszechności kształcenia i rozwiązań strukturalno-programowych dotyczących:
- zapewnienia każdemu Polakowi warunków sprzyjających realizacji potrzeb edukacyjnych;
- przestrzegania zasad powszechności i elastyczności kształcenia;
- wyposażenia każdego absolwenta w zasób wiadomości i umiejętności niezbędnych do pełnego rozwoju;
- umasowienia opieki przedszkolnej;
- uporządkowania programów i planów nauczania w szkolnictwie podstawowym;
- upowszechnienia szkolnictwa średniego;
- zróżnicowania szkolnictwa wyższego na poziomy: zawodowy, magisterski, doktorancki;
- rozbudowania sieci placówek zajmujących się oświatą dorosłych [*Edukacja narodowym priorytetem...* 1998].

Kierunki te są zbieżne z proponowaną przez T. Lewowickiego [1997] krytyczno-konstruktywną doktryną oświatową mającą na celu pobudzenie do innowacji, twórczości, podmiotowego traktowania wszystkich osób uczących się oraz stworzenie warunków do pełnego rozwoju osobowości. Koncepcja ta znajduje również odbicie w formułowanych po 1989 roku przez ministrów edukacji priorytetach edukacyjnych. Dokonując analizy doktryny krytyczno-konstruktywnej, C. Kupisiewicz [1997] wymienia:
- demonopolizację szkolnictwa polegającą na dopuszczeniu istnienia szkół niepublicznych oraz przekazaniu przedszkoli i szkół podstawowych pod kierownictwo samorządów terytorialnych, umożliwiającą używanie różnych programów i podręczników;
- dostosowanie szkolnictwa do potrzeb demokratycznego, wolnorynkowego społeczeństwa i wspólnoty międzynarodowej;
- stworzenie nowego systemu edukacji i doskonalenia zawodowego nauczycieli.

Na konferencji Komitetu Prognoz „Polska w XXI wieku" przy Prezydium PAN i IBE MEN na temat *Strategie reform oświatowych w Polsce na tle porównawczym* [Wojnar, Bogaj, Kubin 1999] przyjęto stanowisko, że reforma systemu edukacji powinna się skupić na:

1.2. Cele, funkcje i zadania systemu edukacji 19

- aksjologicznych aspektach edukacji;
- zapobieganiu nieefektywnym i konserwatywnym praktykom pedagogicznym;
- zapewnieniu odpowiednich do celów i zadań reformy środków oraz skutecznym monitorowaniu jej przebiegu i ocenianiu wyników.

Główne cele edukacji w Polsce przedstawiono m.in. w dokumencie *Dobra i nowoczesna szkoła – kontynuacja przemian edukacyjnych* [1993: 19–20]. Są to m.in.:
- stworzenie możliwości harmonijnego rozwoju każdego człowieka jako osoby i obywatela państwa polskiego zarówno w sferze kulturalnej oraz duchowej, jak i materialnej;
- przekazanie wiedzy;
- kształtowanie zdolności funkcjonowania w rodzinie, społeczeństwie oraz umocnienie tożsamości narodowej i przynależności do wspólnoty ogólnoludzkiej;
- przekazanie dziedzictwa kulturowego narodu i regionu;
- zagwarantowanie podmiotowości uczniów;
- wyrównanie szans edukacyjnych dzieci i młodzieży;
- zapewnienie uczniom podstawowych warunków do zachowania i umacniania zdrowia.

Zadania dla edukacji zawarte są również w raporcie Komitetu Prognoz przy Prezydium PAN pt. *Strategia rozwoju edukacji w Polsce do roku 2020* [Banach, Kupisiewicz 2000: 12–23]. Autorzy tego raportu C. Banach oraz C. Kupisiewicz wskazują na zadania edukacji wynikające z zachodzących w świecie zmian społecznych, gospodarczych i kulturalnych. Do zadań tych należą:

1. W zakresie przebudowy systemu edukacyjnego:
    - powszechność i ustawiczność kształcenia,
    - prymat wartości i umiejętności nad wiadomościami,
    - wprowadzenie szerokiego profilu kształcenia, uczenia się alternatywnego i innowacyjnego.
2. W zakresie celów, treści, metod kształcenia:
    - postulat wszechstronnego rozwoju uczniów wynikający z Deklaracji praw człowieka,
    - porzucenie encyklopedyzmu w treściach kształcenia na rzecz formalizmu funkcjonalnego preferującego kulturę intelektualną i wiedzę operatywną,
    - preferowanie tych metod i środków kształcenia, które wdrażają do samodzielnego myślenia, działania, innowacji i rozwiązań alternatywnych.
3. W zakresie struktury systemu szkolnego:
    - przy kształtowaniu sieci szkolnej kierowanie się nie tylko względami ekonomicznymi, ale także społecznymi i kulturalnymi.
4. W zakresie kształcenia nauczycieli i ich statusu zawodowego:
    - unowocześnienie i podniesienie poziomu kształcenia, dokształcania i doskonalenia nauczycieli.

5. W zakresie szkolnictwa zawodowego:
   - nakreślenie modelu i struktury szkolnictwa, w którym byłoby miejsce dla zasadniczych szkół zawodowych oraz sprofilowanych technicznie maturalnych i pomaturalnych szkół średnich,
   - preferowanie kształcenia szerokoprofilowego oraz współpraca z biurami pracy i zakładami pracy,
   - sprawny system ustawicznego kształcenia i doskonalenia zawodowego.
6. W zakresie funkcji społeczno-opiekuńczych szkół i przedszkoli:
   - przywrócenie szkole jej funkcji społeczno-opiekuńczych,
   - rozbudowa wychowania przedszkolnego i wczesnoszkolnego,
   - rozwój różnych form kształcenia ustawicznego,
   - stworzenie sprawnych mechanizmów kontroli i oceny efektywności pracy dydaktyczno-wychowawczej szkół różnych typów i szczebli.

Edukacja powinna umożliwić każdemu człowiekowi zrozumienie siebie i innych. Powinna również uświadomić jednostce korzenie narodowe i kulturalne po to, aby umiała się ona odnaleźć w świecie, globalnym społeczeństwie i jednocześnie potrafiła szanować inne kultury. Przekazanie wiedzy o kulturach i wartościach duchowych innych cywilizacji oraz szacunek dla nich ma być przeciwwagą dla przemian związanych z postępem technicznym i gospodarczym. Tym przeobrażeniom powinien towarzyszyć duch humanistyczny, aby osiągnięcia w dziedzinie techniki nigdy nie obróciły się przeciwko człowiekowi i wartościom ogólnoludzkim, które są podstawą jego istnienia.

Wprowadzane przeobrażenia w systemie edukacji opierające się na dokumentach *Reforma systemu edukacji: szkolnictwo ponadgimnazjalne* oraz Ustawa o szkolnictwie wyższym, jak również długofalowych programach rozwoju edukacji zakładają osiągnięcie trzech priorytetowych celów:
- podniesienie poziomu edukacji społeczeństwa przez upowszechnienie wykształcenia średniego i wyższego,
- wyrównanie szans edukacyjnych,
- sprzyjanie poprawie jakości edukacji rozumianej jako integralny proces wychowania i kształcenia.

Realizacji tych celów ma pomóc:
- wydłużenie wspólnej edukacji do szesnastu lat, a tym samym przesunięcie momentu decyzji o wyborze dalszej drogi edukacyjnej;
- struktura systemu szkolnego, w której poszczególne etapy kształcenia będą dostosowane do specyficznych potrzeb danej grupy wiekowej;
- stworzenie możliwości dalszego kształcenia na podbudowie edukacji zawodowej w dwuletnim liceum uzupełniającym dla absolwentów szkół zawodowych;
- wprowadzenie systemu sprawdzianów i egzaminów mających na celu uzyskanie porównywalności świadectw oraz nadanie egzaminom funkcji diagnostycznej i preorientującej; egzaminy te mają podsumowywać realizację

1.2. Cele, funkcje i zadania systemu edukacji

każdego cyklu szkolenia [*Reforma systemu edukacji...* 1998; *Reforma systemu edukacji: szkolnictwo ponadgimnazjalne...* 2000: 6].

Fundamentalnymi ideami kształcenia i wychowania we wprowadzonej reformie są:
- dostosowanie etapów kształcenia do faz rozwoju dziecka;
- ułatwienie uczniom lepszego zrozumienia otaczającego świata przez realizację programów zintegrowanych i nauczania blokowego;
- zrównoważenie szans edukacyjnych oraz wzmożenie pracy wychowawczej, szczególnie w gimnazjum;
- zasadnicza poprawa zdobywania przez uczniów różnych umiejętności oraz uzyskiwania powszechnej promocji [Banach 1997: 42].

Analiza powyższych założeń pozwala stwierdzić, że reforma systemu edukacji będzie się dokonywać równolegle w następujących płaszczyznach:
- strukturalnej – zmiana ustroju szkolnego,
- programowej – zmiana form i metod pracy nauczyciela z uczniem,
- systemu oceniania,
- systemu zarządzania i nadzorowania procesem edukacji wynikającego z reformy administracyjnej,
- awansu zawodowego i wynagrodzenia nauczycieli oraz zmianie roli nauczyciela w procesie kształcenia;
- finansowania oświaty [*Reforma systemu edukacji...* 1998].

Dostosowanie systemu edukacji w Polsce do standardów unijnych spowodowało konieczność zmian w szczególności w strukturze ustroju szkolnego. Obecnie szkolnictwo obejmuje następujące etapy:
- wychowanie przedszkolne,
- sześcioletnią szkołę podstawową,
- trzyletnie gimnazjum,
- trzyletnie liceum lub dwuletnią szkołę zawodową, po której można ukończyć liceum uzupełniające,
- policealne kształcenie zawodowe,
- studia wyższe realizowane na dwóch poziomach – licencjackim i magisterskim,
- studia doktoranckie.

Nowa struktura szkolnictwa przewidziana w reformie systemu oświaty stała się faktem dokonanym. Wydaje się jednak zasadne dokonanie we wprowadzonych zmianach znacznych modyfikacji, przede wszystkim:
- uznania wychowania przedszkolnego za pierwsze ogniwo edukacji, a tym samym stworzenie warunków do urzeczywistnienia tego celu;
- określenia zasad wczesnej opieki nad dziećmi w wieku trzech–czterech lat oraz rozpropagowania wychowania przedszkolnego;
- objęcia pięciolatków powszechnym wychowaniem przedszkolnym, a następnie obowiązkowym przygotowaniem do nauki w szkole;

- objęcia sześciolatków w okresie przejściowym obowiązkowym rocznym przygotowaniem do szkoły, a docelowo wprowadzenie obowiązku szkolnego dla dzieci od szóstego roku życia;
- utrzymania małych szkół prowadzonych przez gminy, które powinny pełnić zarazem funkcję centrów kulturalno-oświatowych;
- stałego monitorowania i dostosowania edukacji do aspiracji młodzieży i potrzeb rynku pracy;
- zapewnienia ciągłości kształcenia przez stworzenie szkół „drugiej szansy" dla tych, którzy zostali poza systemem szkolnym;
- utworzenia, na wzór krajów Unii Europejskiej, systemu szkół rolniczych zintegrowanych z doradztwem rolniczym;
- zmiany formuły nadzoru pedagogicznego, nadania mu funkcji stanowiącej w sferze dydaktyki, wychowania i opieki [*Pakt dla edukacji* 2002].

Organizacja systemu szkolnego budzi wiele kontrowersji, a szczególnie system egzaminów państwowych kończących kolejne szczeble edukacji, na które składają się: test po szkole podstawowej, egzamin po gimnazjum, nowe matury, egzamin zawodowy. Opracowuje się nowe programy edukacyjne, które mają za zadanie promować pełny rozwój ludzkiej osobowości, uczyć szacunku dla praw człowieka i jego wolności. Zasadniczymi celami tych programów są:
- wyrównanie szans edukacyjnych,
- podniesienie jakości i efektywności kształcenia (edukacja europejska, języki obce, nauczanie na odległość itp.),
- kształcenie i doskonalenie nauczycieli dostosowane do poziomu europejskiego,
- zwiększenie liczby i podniesienie jakości podręczników, a szczególnie ich ujednolicenie,
- wykorzystanie form pomocy UE (programy).

Nowa struktura sytemu edukacji związana jest z decentralizacją. Dlatego niezmiernie ważne staje się określenie kompetencji samorządów terytorialnych jako organów założycielskich odpowiedzialnych za prowadzenie instytucji nauczania. W przypadku przedszkoli, szkół podstawowych i gimnazjów decydowanie w wielu ważnych sprawach przypada gminom. Szkolnictwo ponadgimnazjalne znajduje się w gestii powiatów. Są to licea, szkoły zawodowe, policealne, szkoły artystyczne, placówki pracy pozaszkolnej i kształcenia ustawicznego oraz doskonalenia nauczycieli, jak również inne placówki oświatowo-wychowawcze.

Zmiany w strukturze systemu edukacji wprowadza się z myślą o dostosowaniu etapów kształcenia do faz rozwojowych dzieci i młodzieży. W związku z tym przed różnymi poziomami szkolnictwa stawia się nowe zadania.

Główne cele edukacji podstawowej (kształcenie przedszkolne i podstawowe) to: ukształtowanie właściwego stosunku ucznia do nauki, wyposażenie go w podstawowe umiejętności, dostarczenie pożądanych wzorów wychowawczych. Wśród postulatów wysuwanych pod adresem tego poziomu edukacji należy wymienić:

1.2. Cele, funkcje i zadania systemu edukacji

- upowszechnienie dostępu do wartościowej edukacji podstawowej;
- zapewnienie realizacji potrzeb w zakresie podstawowych narzędzi uczenia się (liczenie, czytanie, pisanie, komunikowanie się), jak również zasadniczych treści edukacyjnych (umiejętności, wiadomości, wartości);
- objęcie szczególną opieką dzieci poszkodowanych przez los (ofiary patologii społecznej, sieroty).

Do zadań gimnazjum funkcjonującego jako obowiązkowa trzyletnia szkoła ogólnokształcąca należy:

- wyrównanie poziomu wykształcenia uczniów pochodzących z różnych środowisk,
- rozbudzanie aspiracji i zainteresowań uczniów na podstawie ich rozpoznanych zdolności,
- wskazanie najwłaściwszej drogi edukacyjnej.

Zadaniem szkolnictwa średniego jest rozwijanie talentów i przygotowanie młodzieży do życia w zmieniającym się świecie. W tym zakresie stawia się następujące postulaty:

- zapewnienie różnorodności szkolnictwa średniego przez tworzenie nowych ścieżek edukacyjnych,
- dostosowanie oferty kształcenia do potrzeb społecznych i polityki zatrudnienia,
- nacisk na naukę drugiego i trzeciego języka obcego,
- kształtowanie postaw, m.in. dzięki przekazywaniu wartości w procesie kształcenia,
- udzielenie pomocy uczniom w wyborze odpowiedniego kierunku studiów.

Jeszcze inne zadania stawia się przed szkolnictwem wyższym uznawanym za fundament rozwoju gospodarczego, tworzenia wiedzy, przekazywania doświadczenia kulturowego oraz naukowego ludzkości. Uczelnie wyższe powinny w związku z tym być:

- ośrodkami badań i tworzenia wiedzy,
- instytucjami wprowadzającymi innowacje i kształcącymi wysoko wyspecjalizowaną kadrę,
- miejscami debaty o przyszłości społeczeństwa naszego globu,
- centrami wzbogacania kultury,
- wiodącymi ośrodkami międzynarodowej współpracy,
- instytucjami rozbudzania potrzeb wiedzy [Delors 1998].

Sama reforma strukturalna nie uzdrowi szkolnictwa i nie unowocześni automatycznie oświaty w Polsce. Od reformy systemu edukacji oczekuje się zdecydowanych zmian zarówno w koncepcji, jak i treściach, metodach, środkach oraz rezultatach kształcenia [Bogaj, Kwiatkowski, Piwowarski 2000].

Analiza literatury przedmiotu upoważnia do stwierdzenia, że w polskiej reformie systemu oświaty wzorującej się na raporcie J. Delorsa [1998] za najważniejsze cele uznaje się:

- stworzenie szkoły przyjaznej dziecku, dbającej o wszechstronny rozwój ucznia;
- podniesienie poziomu wykształcenia;
- wyrównanie szans edukacyjnych młodzieży przez wprowadzenie pośredniego obowiązkowego szczebla edukacji, jakim są gimnazja;
- przygotowanie do samokształcenia;
- przygotowanie do samozatrudnienia i konkurowania na rynku pracy;
- odejście od przeładowanych teoretyczną wiedzą programów nauczania do nauczania umiejętności;
- poprawę efektywności kształcenia.

Przedstawione tendencje przemian w edukacji wskazują na formowanie się jej nowego, humanistycznego oblicza, w którym eksponuje się potrzebę poszanowania osoby, jej godności, indywidualności, szacunku dla korzeni narodowych i kulturowych, respektowania wartości ogólnoludzkich. Ma się to przyczynić do pokojowego współistnienia odmiennych kultur i wartości duchowych w atmosferze wzajemnego szacunku i tolerancji.

Współczesna polska szkoła powinna być szkołą sukcesu, a może nią być tylko wówczas, gdy w stopniu znacznie szerszym niż dotychczas uwzględni w kształceniu możliwości i predyspozycje uczniów, gdy stworzy w swych murach klimat wiary wychowanków we własne siły i możliwości, bez atmosfery lęku i rezygnacji. Na sukces w realizacji celów, zadań i funkcji edukacji wynikających z reform edukacyjnych mają wpływ główni jej uczestnicy: dyrektorzy szkół, nauczyciele, rodzice, władze publiczne.

Wyzwania przyszłości rodzą konieczność przygotowania młodego pokolenia do korzystania z osiągnięć cywilizacji i do twórczego w niej uczestnictwa. Dlatego niezmiernie ważne staje się wyraźne określenie celów, funkcji i zadań szkoły sprzyjających właściwemu rozwojowi ucznia i przygotowujących go do samorozwoju, tak aby nadążał za zachodzącymi przemianami cywilizacyjnymi.

1.3. Wyzwania edukacyjne współczesności a przygotowanie młodzieży do podejmowania decyzji dotyczących własnej przyszłości

Edukacja jest jednym z ważniejszych aspektów życia dzieci i młodzieży, a zarazem najważniejszą dziedziną tworzenia nowych szans, na którą wpływ ma państwo. W związku z tym podstawowym celem strategicznym państwa jest dążenie do coraz wyższej jakości i do powszechności kształcenia.

Zmieniająca się szybko rzeczywistość powoduje, że kapitał ludzki nabiera w tych warunkach decydującego znaczenia. Przez kapitał ludzki należy rozumieć potencjał pracy ludzkiej lub zbiorowość ludzi zdolnych do pracy, mających konkretne kwalifikacje i umiejętności, niezbędne, by sprostać wymaganiom rynku pracy. Konieczność dostosowania się do zmieniającego się rynku pracy powoduje, że człowiek musi mieć umiejętności o charakterze uniwersalnym, umożliwiające w miarę szybkie zdobycie potrzebnej wiedzy i stosowanie jej w różnych dziedzinach. Niezbędne staje się tworzenie społecznej świadomości potrzeby bezustannego uczenia się i dostosowywania kwalifikacji do wymogów rynku. Oznacza to nowe wyzwania edukacyjne, których celem jest ukształtowanie człowieka konkurencyjnego, kompetentnego i przedsiębiorczego. Od sprostania tym wymogom zależy pomyślny rozwój polskiego społeczeństwa.

Wobec stale dokonujących się zmian społecznych od edukacji oczekuje się tworzenia lepszych warunków życia. Oświata powinna współcześnie odgrywać doniosłą rolę w kształtowaniu takiego modelu życia, którego podstawą byłoby współdziałanie jednostek, społeczności, a nawet całych społeczeństw. Wdrażane wzorce oświatowe mają służyć poprawie jakości życia, normalizacji stosunków międzynarodowych oraz promowaniu wartości humanistycznych [Lewowicki 2001].

Współczesna edukacja przestaje być wartością przekazywalną. Obecnie główną cechą edukacji jest wykształcenie człowieka zdolnego do indywidualnych wyborów, zgodnych z określonymi wartościami, aktywnego, przedsiębiorczego, umiejącego podejmować ryzyko itp. [Szempruch 2006]. Edukacja pojmowana jako zasadniczy fakt ludzkiej egzystencji polega więc nie tylko na przyswajaniu pewnej wiedzy i nabywaniu umiejętności, lecz także na przygotowaniu człowieka do szeroko pojmowanej aktywności, rozumienia siebie i świata.

W celu stworzenia szkół uczących i doskonalących należy:
- zaprojektować je jako ośrodki wiedzy dostępne dla wszystkich osób w ciągu całego życia;
- rozpoznać oczekiwania uczniów i rodziców;
- zapewnić uczniom, jak również rodzicom warunki do osiągania sukcesów;
- umożliwić zaspokojenie potrzeb uczniów o różnych stylach uczenia się oraz oddziaływać na wszelkie rodzaje inteligencji;
- korzystać z najlepszych, sprawdzonych metod nauczania i uczenia się;
- inwestować w rozwój nauczycieli;
- pozwolić, aby każdy uczeń mógł stać się nauczycielem;
- w programach nauczania założyć, że wiedza przedmiotowa ma być łączona z rozwojem osobistym uczniów, nabywaniem przez nich umiejętności życiowych;
- uczyć, jak należy się uczyć;
- zmienić system oceniania;
- w nauczaniu korzystać z najnowszych technologii;
- traktować całą społeczność jako źródło umożliwiające zdobywanie wiedzy;
- dać każdemu prawo wyboru [Dryden, Vos 2000: 436].

W procesie kształcenia człowieka ważne jest więc docenienie aktywności, niezależności sądów, umiejętności dokonywania wyborów, podejmowania decyzji i brania za nie odpowiedzialności oraz ponoszenia wynikających z tego konsekwencji [Sęk, Kowalik 1999: 102].

Zadaniem szkoły powinno być obudzenie w uczniach potrzeby posiadania własnego planu życiowego i wytrwałości w dążeniu do jego realizacji. Nie ulega wątpliwości, że określenie życiowych zamierzeń stanowi czynnik pobudzający długoterminową aktywność człowieka. Na tworzenie planów istotny wpływ mają m.in.: motywacja, zainteresowania, system wartości, poglądy. Rolą edukacji jest wyzwalanie i kształtowanie potencjału tkwiącego w człowieku, wdrażanie do pokonywania trudności w przystosowywaniu się do zmiennych warunków życia. Niezbędna w tym zakresie jest konieczność takiego przygotowania młodzieży, aby wchodząc w świat pracy, miała szansę sukces, aby aktywnie dokonując wyborów i świadomie planując karierę zawodową, brała odpowiedzialność za swoją przyszłość.

Reforma systemu oświaty uwzględnia społeczne priorytety i wymagania rynku pracy, co objawia się w nadawaniu właściwej rangi orientacji zawodowej. Zobowiązuje zatem szkoły do świadczenia pomocy psychologiczno-pedagogicznej polegającej na wspieraniu uczniów w wyborze kierunków kształcenia i w planowaniu drogi zawodowej [*Strukturalna reforma oświaty* 2001]. Nowe podejście szkoły w zakresie przygotowania młodzieży do podejmowania decyzji życiowych przejawia się m.in. w zmianach programowych [Rozporządzenie MEN z 15 lutego 1999 roku].

Zadaniem szkoły wynikającym z rozporządzenia MEN jest realizowanie obowiązkowego przedmiotu, którym jest wiedza o społeczeństwie. Ponadto w ramach wszystkich zajęć powinny pojawiać się zagadnienia wiążące się z orientacją zawodową, a nauczyciele powinni sygnalizować uczniom, jakie zawody i specjalności łączą się z przedstawianymi na lekcjach treściami. Działania szkoły w zakresie przygotowania wychowanków do podjęcia decyzji o wyborze dalszego kształcenia zostały podzielone – w zależności od wieku uczniów – na szereg etapów i powinny być systematycznie realizowane podczas trzyletniej nauki w gimnazjum, aby pod koniec klasy trzeciej ułatwić uczniom wybór.

Orientacji zawodowej realizowanej w dzisiejszej szkole należy poświęcić odpowiednią uwagę, ponieważ nie tylko pomaga ona młodym ludziom w decyzji o przyszłym zawodzie, lecz także stanowi ważny element profilaktyki bezrobocia. Dla podjęcia właściwej decyzji ważne są dostęp do informacji i umiejętność korzystania z nowoczesnych technologii komunikacyjnych. Uczeń lepiej zorientowany łatwiej dokona wyboru innego zawodu w sytuacji, w której ten, który zaplanował, nie jest osiągalny z przyczyn od niego niezależnych, np. z powodu ograniczenia liczby kandydatów przyjmowanych na dany kierunek. Ponadto jeśli nie dostanie się do wybranej szkoły, np. z powodu niezdanego egzaminu, zniesie to niepowodzenie łatwiej niż uczeń, który był nastawiony tylko na jeden zawód i jedną szkołę.

Sprawami młodzieży dotyczącymi uczestnictwa w życiu społecznym zajmuje się nie tylko szkoła, ale również wiele instytucji państwowych i organizacji pozarządowych. Spowodowało to konieczność przygotowania odpowiednich rozwiązań prawnych. Polityka państwa polskiego względem młodzieży zawarta jest m.in. w *Strategii państwa dla młodzieży na lata 2003–2012*. Cele tej polityki to stworzenie młodym ludziom odpowiednich warunków do realizacji planów życiowych – indywidualnych i grupowych, wyrównanie szans rozwoju oraz pomoc w znalezieniu właściwego miejsca w społeczeństwie. Fundamentalne znaczenie ma tworzenie warunków do samorealizacji i wyzwalania aktywności społecznej. Polityka państwa w tym zakresie ma charakter międzyresortowy, zintegrowany, by móc w pełni uwzględniać potrzeby młodych ludzi.

Strategia państwa dla młodzieży uwzględnia pięć kluczowych zagadnień. Są to:
- edukacja młodzieży,
- zatrudnienie młodych ludzi,
- uczestnictwo młodzieży w życiu publicznym,
- czas wolny, kultura, sport i turystyka,
- zdrowie i profilaktyka.

W obliczu zmian zachodzących w polskim systemie oświaty istotne jest uzyskanie odpowiedzi na następujące pytania:
1. Czy i w jakim stopniu młodzież jest przygotowana do podjęcia wyzwań przyszłości?
2. Czy młodzi ludzie są przygotowani do uczenia się przez całe życie?
3. Czy młodzi ludzie potrafią efektywnie analizować, rozumować i jasno przekazywać swoje myśli?

Na te i inne pytania miały dostarczyć odpowiedzi badania oceny umiejętności uczniów piętnastoletnich w ramach Programu Międzynarodowej Oceny Umiejętności Uczniów (PISA) Organizacji Gospodarczej i Rozwoju (OECD). Polska przystąpiła do tego programu w 2000 roku. Jego istotą są testy, które mierzą poziom wiedzy i umiejętności mające zasadnicze znaczenie dla dalszej drogi życiowej badanych. Sprawdza się:
- rozumienie tekstu,
- umiejętności matematyczne,
- myślenie naukowe [Białecki, Haman 2003: 9].

Testy takie są przeprowadzane co trzy lata wśród młodzieży piętnastoletniej i nie sprawdzają tego, czego uczeń nauczył się w szkole, lecz mierzą umiejętności, które są potrzebne w życiu, nabyte niezależnie od programów szkolnych. W badaniach tych w 2000 roku polscy uczniowie osiągnęli wyraźnie niższe wyniki niż uczniowie z większości krajów Unii Europejskiej oraz ze Stanów Zjednoczonych. Spośród państw europejskich nasi uczniowie wyprzedzili tylko Portugalię i Grecję. Analiza uzyskanych danych ukazuje duże różnice między poszczególnymi placówkami oświatowymi. Jednak główne przyczyny zróżnicowania znajdują się poza szkołą. Nierówności wiążą się ze środowiskiem domowym uczniów, ich pochodzeniem społecznym, wykształceniem rodziców, dostępem do dóbr kultury [Białecki, Haman 2003].

W drugiej edycji badań w 2003 roku polscy uczniowie uzyskali w porównaniu z 2000 rokiem znacząco lepsze rezultaty. Analiza wyników pokazała również, że młodzi ludzie stosunkowo dobrze radzą sobie z zadaniami odtwórczymi i ze stosowaniem prostych algorytmów, mają natomiast kłopot z myśleniem samodzielnym twórczym oraz abstrakcyjnym. Problemy sprawia im uogólnianie, przedstawianie argumentacji, werbalizacja toku rozumowania. Istotną trudnością okazało się samodzielne przeprowadzenie rozumowania, począwszy od postawienia hipotezy, przez projektowanie rozwiązania, aż do jego przedstawienia, łącznie ze sformułowaniem własnych wniosków. Jednocześnie zmniejszyła się różnica między uczniami najsłabszymi i najlepszymi. Tym samym Polska dołączyła do grupy krajów o wynikach zbliżonych do średniej OECD [MENiS 2004].

Analiza wyników uzyskanych przez uczniów w pierwszej i drugiej turze badań PISA pozwala stwierdzić, że przed polską szkołą jest jeszcze wiele do zrobienia. Potrzebne są zmiany w kształceniu nauczycieli i podejściu do nauczania. Trzeba odejść od nauczania schematycznego na rzecz praktycznego, wymagającego samodzielnego myślenia i wnioskowania. Należy podjąć dalsze działania zwiększające umiejętność niezależnego rozwiązywania problemów, wykształcające kreatywność i innowacyjność, a także poprawiające umiejętność pracy w grupach. Rozwiązanie tych problemów powinno być kluczem do poprawy rezultatów nauczania w Polsce.

1.4. Szkolnictwo publiczne i niepubliczne jako środowiska edukacyjne

Przemiany, które nastąpiły i nadal się dokonują w Polsce, mają różnorodne konsekwencje, w tym także dla funkcjonowania systemu oświaty. Jednym z istotnych przeobrażeń jest dostosowanie się szkoły do potrzeb środowiskowych, a jednocześnie wyjście naprzeciw nowym trendom emancypacyjnym, humanistycznym i pedagogicznym.

W ostatnich latach w polskim systemie oświaty wprowadzono liczne i gruntowne zmiany. Zakwestionowano monolityczność i sztywność szkoły, jej programy nauczania, metody oraz efektywność. Krytykowano ponadto cechy strukturalne systemu szkolnego, jak również samej instytucji szkoły, której zarzucano niedostosowanie treści kształcenia do poziomu cywilizacyjnego i rynku pracy, niepartnerskie i biurokratyczne relacje ze środowiskiem społecznym oraz brak podmiotowości w relacjach z uczniami i ich rodzicami. Skutkiem tej krytyki była reforma istniejących szkół państwowych oraz stworzenie nowego modelu edukacji w placówkach niepublicznych.

Przez pojęcie szkoły – w znaczeniu potocznym – rozumie się powszechną instytucję pedagogiczną kształcącą i wychowującą, system działań pedagogicznych oraz społeczność nauczycieli i uczniów [Okoń 1979; Kruszewski 1987].

Według C. Banacha [2001: 84] szkoła jest podstawową organizacją i instytucją zajmującą się kształceniem i wychowaniem oraz środowiskiem wychowawczym, które powinno zapewnić uczniom sprzyjające warunki wszechstronnego rozwoju.

W myśl ustawy o systemie oświaty szkoła to jednostka edukacyjna powołana przez organ administracji rządowej bądź jednostkę samorządu terytorialnego lub osobę fizyczną czy prawną na podstawie aktu założycielskiego lub wpisu do ewidencji, zgodnie z przepisami ustawy o systemie oświaty.

Szkoła jest również instytucją socjalizacyjną, która:
- przekazuje dzieciom i młodzieży w sposób systematyczny wiedzę naukową;
- naucza metodami naukowymi według spójnej teorii psychologicznej i pedagogicznej;
- pomaga kształtować pogląd na świat, stwarzając mu tym samym możliwość uczestniczenia w utrzymaniu ciągłości i tożsamości społeczeństwa;
- uspołecznia swoich wychowanków, rozwija ich osobowość, tak by mogli samodzielnie kierować własnym życiem i efektywnie funkcjonować w społeczeństwie, gospodarce i kulturze [Konarzewski 2004: 168–204].

Zgodnie z obowiązującą Ustawą z dnia 7 września 1991 roku o systemie oświaty wraz z późniejszymi zmianami (DzU z 2004 r. nr 173, poz. 1808) nauka rozpoczyna się w sześcioletniej szkole podstawowej, następnie jest kontynuowana w trzyletnim gimnazjum. Po ukończeniu gimnazjum od roku szkolnego 2002/2003 młodzież może się kształcić w dwu- lub trzyletniej szkole zawodowej, w liceum ogólnokształcącym, trzyletnim liceum profilowanym lub czteroletnim technikum. Po wprowadzeniu kolejnego etapu reformy od roku szkolnego 2004/2005 młodzież może po ukończeniu szkoły zawodowej uczyć się w dwuletnim uzupełniającym liceum ogólnokształcącym lub trzyletnim technikum uzupełniającym.

W Polsce nauka w szkole jest obowiązkowa do ukończenia osiemnastego roku życia. Obowiązek szkolny rozpoczyna się na początku roku szkolnego w tym roku kalendarzowym, w którym dziecko kończy siedem lat (o ile nie odroczono mu rozpoczęcia tego obowiązku), i trwa do ukończenia gimnazjum, ale nie dłużej niż do ukończenia osiemnastego roku życia. Ponadto dziecko w wieku sześciu lat jest objęte obowiązkiem rocznego przygotowania przedszkolnego w przedszkolu lub oddziale przedszkolnym zorganizowanym w szkole podstawowej.

Kształcenie w ramach obowiązku szkolnego może odbywać się zarówno w placówkach publicznych, jak i niepublicznych. Szkołą publiczną nazywa się instytucję edukacyjną powołaną na podstawie aktu założycielskiego przez organ administracji rządowej, jednostkę samorządu terytorialnego, województwo, powiat, gminę albo inną osobę prawną lub fizyczną. Zgodnie z wytycznymi zawartymi w ustawie szkoła publiczna to placówka, która:
- zapewnia bezpłatne nauczanie;
- rekrutuje uczniów w myśl zasady powszechnej dostępności;

- zatrudnia nauczycieli posiadających odpowiednie, zgodne z przepisami kwalifikacje;
- realizuje programy nauczania uwzględniające podstawę programową kształcenia ogólnego lub podstawę kształcenia w danym zawodzie oraz realizuje ramowy plan nauczania;
- realizuje przyjęte zasady oceniania, klasyfikowania i promowania uczniów oraz przeprowadzania egzaminów i sprawdzianów;
- umożliwia uzyskanie świadectw lub dyplomów państwowych;
- nauka w niej jest obowiązkowa (do osiemnastego roku życia).

W końcu lat osiemdziesiątych pod wpływem powszechnej krytyki edukacji adaptacyjnej, pełniącej funkcje służebne wobec państwa, reaktywował się ruch szkół niepublicznych.

Tradycje polskiego szkolnictwa niepublicznego sięgają daleko, aż do okresu zaborów, kiedy szkoły prywatne miały za zadanie kultywować język i tradycje polskie, dbając w ten sposób o tożsamość narodową. W okresie okupacji hitlerowskiej placówki prywatne były formą walki społeczeństwa z okupantem. Funkcjonowanie tych szkół opierało się głównie na systemie tajnego nauczania. Po odzyskaniu przez Polskę niepodległości szkolnictwo prywatne było spychane na margines systemu oświatowego [Przyborowska 1997a].

W 1998 roku powstało Społeczne Towarzystwo Oświatowe, które rozpoczęło zakładanie niezależnych od państwa placówek edukacyjnych. Przełom w sektorze oświaty niepublicznej nastąpił 24 grudnia 1989 roku, kiedy to Naczelny Sąd Administracyjny orzekł prawo dziecka do korzystania ze szkolnictwa niepublicznego. Monopol państwa na oświatę został przełamany dzięki współdziałaniu rodziców, nauczycieli i społeczności lokalnych poddających krytyce tradycyjną szkołę. Palcówki niepubliczne zaczęły się dynamicznie rozwijać po uchwaleniu 7 września 1991 roku Ustawy o systemie oświaty, która stworzyła podstawy prawne do rozwoju szkolnictwa niepublicznego Polsce.

Szkoła niepubliczna jest instytucją edukacyjną prowadzoną przez osoby prawne i osoby fizyczne na podstawie wpisu do ewidencji placówek i szkół niepublicznych dokonanego w wydziale oświaty właściwej jednostki samorządu terytorialnego [*Oświata i wychowanie...* 2002]. Szkolnictwo niepubliczne cechuje duża różnorodność. Biorąc pod uwagę rozmaite kryteria, można wyodrębnić wiele typów edukacyjnych placówek niepublicznych [Karpińska 1997; Kołaczek 1999].

Ze względu na rodzaj potrzeb zaspokajanych przez szkolnictwo niepubliczne wyróżnia się:
- szkoły wyznaniowe prowadzone przez kościoły różnych wyznań,
- szkoły stosujące metody nauczania alternatywne wobec przyjętych w systemie oświaty państwowej,
- szkoły dla emigrantów i mniejszości narodowych,
- szkoły oparte na szczególnych założeniach filozoficznych albo przyjmujące swoiste cele pedagogiczne, np. szkoły R. Steinera.

1.4. Szkolnictwo publiczne i niepubliczne jako środowiska edukacyjne

Biorąc pod uwagę zakres i charakter powiązań między szkołą a państwem, można wyróżnić:
- szkoły częściowo dotowane przez państwo, działające na podstawie umów podpisanych z władzami oświatowymi, w których określona jest wysokość i przeznaczenie dotacji oraz rodzaj i zakres kontroli państwa wobec tych szkół;
- szkoły całkowicie lub w przeważającej części dotowane przez państwo, które podlegają takim samym wymaganiom i kontroli jak placówki publiczne, mogą natomiast stosować własne metody nauczania oraz przyjmować własne założenia filozoficzne i religijne;
- szkoły w pełni prywatne, niedotowane przez państwo; mają one całkowitą swobodę ustalania programów, zatrudniania nauczycieli, zgodnie jednak z ogólnymi przepisami prawnymi; absolwenci tych szkół muszą z reguły zdawać egzaminy państwowe potwierdzające ich kwalifikacje [Przyborowska 1997a].

W myśl Ustawy o systemie oświaty szkoła niepubliczna może uzyskać uprawnienia szkoły publicznej, gdy:
- realizuje programy nauczania uwzględniające minimum programowe;
- stosuje zasady klasyfikowania i promowania uczniów ustalone przez ministra właściwego do spraw oświaty i wychowania, umożliwiające uzyskanie świadectw lub dyplomów państwowych;
- prowadzi dokumentację przebiegu nauczania ustaloną dla szkół publicznych;
- zatrudnia nauczycieli przedmiotów obowiązkowych posiadających kwalifikacje określone dla nauczycieli szkół publicznych;
- prowadzi kształcenie w zawodach zgodnych z klasyfikacją szkolnictwa zawodowego [DzU z 2004 r. nr 173, poz. 1808].

Szkoły niepubliczne utrzymują się z subwencji samorządów oraz z wpłacanego przez rodziców czesnego. Mają najczęściej małą liczebność uczniów w poszczególnych klasach oraz są elastyczne programowo i metodycznie. Koncentrują się na rozwijaniu indywidualnych zainteresowań wychowanków. Najczęściej oferują interesujące zajęcia fakultatywne i pozalekcyjne. Stosuje się w nich innowacyjne metody kontroli osiągnięć uczniów. Ponadto placówki te stwarzają warunki rozwoju dla dzieci zarówno zdolnych, jak i mających różnego rodzaju kłopoty w „przeładowanych" szkołach państwowych.

Rozwój oświaty niepublicznej w Polsce ma związek z sytuacją gospodarczą. Jeżeli Polacy będą zamożniejsi, zapotrzebowanie na niepubliczne szkoły wzrośnie. Wiele zależy także od wyników egzaminów gimnazjalnych i nowych matur wprowadzonych podczas reformy oświaty. Jeśli dzieci z niepublicznych szkół będą je zdawały lepiej od swych rówieśników ze szkół prowadzonych przez samorządy, wybór rodziców będzie oczywisty [Putkiewicz, Wiłkomirska 2004; Rabczuk 1992].

Rozdział 2

Problematyka aspiracji w ujęciu interdyscyplinarnym

2.1. Projektowanie przyszłości w warunkach zmieniającego się społeczeństwa

Jest kwestią bezsporną, że sprostanie nowym wyzwaniom cywilizacyjnym i kulturowym będzie zależeć w dużej mierze od kapitału ludzkiego stanowiącego najważniejszy czynnik wzrostu gospodarczego. We współczesnym świecie, charakteryzującym się mobilnością ludzi oraz akceleracją przemian we wszystkich dziedzinach życia, projektowanie własnej przyszłości nabiera dużego znaczenia. Nie chodzi tylko o przygotowanie młodzieży do samodzielnego życia pośród innych ludzi, lecz także o uświadomienie jej własnej indywidualności.

Przemiany cywilizacyjne wymuszają konieczność zmian w planowaniu własnego życia. Wymogiem czasów współczesnych staje się wczesne projektowanie przyszłości i jego realizacja w określonym czasie. Priorytetem działania szkoły jest wykształcenie człowieka nowoczesnego, którego będą cechować:
- otwartość na nowe doświadczenia,
- gotowość do świadomej akceptacji zmian,
- indywidualizm łączący się ze zdolnością do zbiorowego współdziałania,
- racjonalny obraz świata,
- umiejętność planowania i przewidywania,
- umiejętność zbierania i wykorzystywania wiedzy w podejmowanych działaniach,
- orientacja na teraźniejszość i przyszłość,
- duże aspiracje zawodowe i edukacyjne.

Rozwój cywilizacji prowadzący do coraz większych zmian w uwarunkowaniach życia szczególnie wymaga dalekowzroczności i umiejętności planowania oraz dostosowywania się do zaistniałej rzeczywistości. W tej sytuacji młody człowiek doświadcza chaosu i zagubienia oraz traci przekonanie, że ma wpływ na bieg własnego życia. Dlatego ważne staje się wykształcenie u młodzieży poczucia odpowiedzialności za kształt własnego życia, umiejętności planowania i podejmowania decyzji.

Projektowanie przyszłości w początkowym okresie, a więc wówczas gdy plan zarysowuje się dopiero w umyśle młodego człowieka, jest niezmiernie istotne, gdyż wiąże się z podjęciem ważnych życiowo decyzji, mianowicie z wyborem szkoły i przyszłego zawodu oraz określeniem sposobu, w jaki będzie się go zdobywać. Nie mniej istotne są plany związane z życiem osobistym i rodzinnym. Projektowanie przyszłości jest więc wynikiem różnorodnych doświadczeń i przemyśleń jednostki, które łączą się z jej zachowaniem, działaniem oraz motywami postępowania. Jest zależne od wiedzy i doświadczenia intelektualnego, pod wpływem których następuje konfrontowanie różnych zamierzeń, ich analizowanie i hierarchizowanie.

Planowanie przyszłości nie stanowi sztywnej i zamkniętej konstrukcji. Na skutek nowych doświadczeń ulega modyfikacji i jest dostosowywane do zmieniających się możliwości realizacji. Zwracają na to uwagę m.in.: D. Bańka [1983], W. Szewczuk [1990], R. Parzęcki [1999], L. Mac-Czarnik [2000] i T. Mądrzycki [2002]. Autorzy ci podkreślają, że planowanie stanowi rezultat dojrzewania człowieka – wraz ze zdobywaniem coraz większej wiedzy i poszerzaniem doświadczenia zaczyna się konfrontowanie różnych celów oraz analizowanie ich wzajemnego stosunku w aspekcie ważności i wartości. W procesie tym młodzi ludzie oceniają własne zdolności, zainteresowania i kompetencje oraz określają możliwości wyboru drogi życiowej [Benet, Glennester, Nevison 1992]. Uwarunkowania decyzji związanych z tym wyborem można rozpatrywać na gruncie teorii psychologicznych i socjologicznych.

Teorie psychologiczne kładą nacisk na jednostkę, a przede wszystkim na jej charakterystykę psychiczną i związki ze środowiskiem życia, które stanowią podstawę projektowania przyszłości. Autorzy tego nurtu, m.in. M. Piorunek [1996], J. Kurjaniuk [1981], K. Kotlarski [2006], wyróżniają następujące grupy teorii:
1. Teorie związane z koncepcją cech, zakładające, że dokonywanie wyborów jest procesem poszukiwania zawodu odpowiadającego osobowości.
2. Teorie oparte na roli potrzeb, zakładające, że doświadczenia z dzieciństwa przesądzają o sposobie zaspokajania potrzeb w ciągu całego życia.
3. Teorie, których podstawą jest model całożyciowego rozwoju zawodowego, zakładające, że projektowanie przyszłości przez podejmowanie decyzji jest procesem przebiegającym przez wiele etapów, z których każdy wpływa na końcowy kształt kariery.

Teorie socjologiczne kładą nacisk na egzogenne czynniki rozwoju, wskazując, że ważną rolę w procesie projektowania przyszłości odgrywa środowisko, w którym żyje jednostka. W ich obrębie – według K. Lelińskiej i M. Gruzy [2003] – wyróżnia się:

1. Teorię osiągnięć edukacyjnych Mare'a zakładającą, że poziom wykształcenia i zawód rodziców, miejsce zamieszkania, struktura i poziom życia rodziny mają decydujący wpływ na osiągnięcia edukacyjne jednostki, co z kolei kształtuje jej motywację.
2. Koncepcję nierówności edukacyjnych Boudona, która zakłada, że na wybór dalszej drogi życiowej wpływa dostęp do wykształcenia oraz dziedziczony kapitał kulturowy (aspiracje edukacyjno-zawodowe rodziców dotyczące dziecka, poziom zaspokojenia potrzeb edukacyjno-kulturalnych małego człowieka, jak również udział rodziców w kształtowaniu jego planów).
3. Teorię uwarstwienia społecznego Davise'a i Moore'a, która wskazuje na dziedziczenie zawodów rodziców i ich pozycji zawodowej oraz na osobiste zdolności, motywację i osiągnięcia jednostki jako czynniki wpływające na przyszłą pozycję społeczną.
4. Teorię społecznej integracji Riesa przypisującą dużą rolę w planowaniu drogi życiowej jednostki społeczeństwu.
5. Teorię procesu wyboru zawodu Blaua zakładającą, że na projektowanie przyszłości jednostki wpływają: struktura społeczna, uznawane wartości, normy kulturowe, system edukacyjny danego państwa, poziom i zakres poradnictwa zawodowego oraz specyfika rynku pracy.

Istotny wpływ na projektowanie przyszłości młodzieży mają czynniki, które wpływają na formowanie się samooceny, aspiracji oraz obrazu samego siebie. Pod wpływem tych czynników młodzież nie tylko dokonuje własnych życiowych wyborów, lecz także modyfikuje swe dążenia i cele życiowe. Czynniki te można podzielić na trzy grupy:
- doświadczenie życiowe jednostki,
- jej cechy osobowościowe,
- uwarunkowania społeczne.

Projektowanie przez młodych ludzi przyszłości jest więc procesem złożonym, kształtującym się pod wpływem wielu czynników ściśle ze sobą powiązanych i wzajemnie się przenikających. Wyznaczniki projektowania przyszłości wiążą się z predyspozycjami i możliwościami wewnętrznymi jednostki, ale zależą także od uwarunkowań zewnętrznych.

2.2. Aspiracje – ich rodzaje, struktura i dynamika

Problematyce aspiracji poświęcono w naukach społecznych wiele miejsca. Zagadnienie to stanowi przedmiot dociekań psychologiczno-pedagogiczno--socjologicznych. Wieloaspektowość i złożoność problemu powoduje, że każda z tych nauk w odmiennym aspekcie ujmuje kwestie wyboru szkoły i zawodu przez młodzież.

Aspiracje, podobnie jak wiele innych pojęć, są różnorodnie rozumiane i definiowane. Wynika to ze złożoności problematyki, której dotyczą, jak również ze specyficznego podejścia metodologicznego badaczy zajmujących się poszczególnymi dziedzinami naukowymi. Powszechnie aspiracje utożsamia się z wieloma niejednoznacznymi pojęciami: ambicją, celem, dążeniem, marzeniem, potrzebą, pragnieniem czy wreszcie życzeniem.

Zgodnie ze słownikową definicją aspiracje to dążenie do osiągnięcia czegoś, pragnienie dopięcia celu, ambicja, wymaganie [Kopaliński 2002: 47]. W *Słowniku współczesnego języka polskiego* aspiracje to:

> cele, które ktoś stawia przed sobą; wymagania, ambicje; ogromne, skromne, wyższe aspiracje; dążenie do samorealizacji w jakiejś dziedzinie; pragnienie osiągnięcia niepospolitych, ambitnych celów; ambicje: artystyczne, naukowe [Dunaj 2001: 32].

Badania psychologiczne koncentrują się na procesie przekształcania potrzeb w aspiracje i odnoszą się do stanów wewnętrznych jednostki. Dla psychologów aspiracje to składnik osobowości. Interesują ich przeżycia, pragnienia i stany towarzyszące dążeniom do celu oraz motywy kierujące ich osiąganiem. Cel działań dla psychologów jest sprawą drugorzędną. Za istotne uznają te właściwości psychiki, które sprawiają, że ludzie wyznaczają sobie cele i dążą do ich realizacji [Reykowski 1977; Janowski 1977; Szewczuk 1989; Sokołowska 1967; Lewowicki 1991; Kozielecki 2000 i inni].

W psychologicznej definicji aspiracje to:

> pragnienie osiągnięcia czegoś znaczącego, dążenie do jakiegoś celu, ambicja, przekonanie o własnych możliwościach w danym zakresie aktywności będące dla człowieka podstawą oceny osiągniętych efektów działania [Szewczuk 1989: 114].

A. Sokołowska ujmuje aspiracje jako „ogół pragnień i dążeń dotyczących osobistej przyszłości jednostki" [1967: 14].

Według psychologów aspiracje powstają m.in. na podstawie poprzednich doświadczeń i samooceny, natomiast u ich podłoża leżą potrzeby jednostki i wartości, które ona wyznaje. Nawiązując do teorii potrzeb A. Maslowa, A. Kłoskowska pojmuje aspiracje jako

> kategorię potrzeb świadomych odnoszących się do przedmiotów i wartości aktualnie nieposiadanych lub takich, które wymagają stałego odnawiania, a są uznawane za godne pożądania [1970: 8].

Socjologowie traktują aspiracje jako dążenia, pragnienia, które wyznaczają określone cele i hierarchię wartości. Swoistą cechą socjologicznego pojmowania aspiracji jest zainteresowanie obiektami pragnień ludzkich – wartościami, ideami czy rzeczami. Socjologów bardziej interesują owe obiekty dążeń niż

sama istota dążeń [Janowski 1977; Łoś 1972; Lewowicki 1987; Bartosiak-
-Tomasiuk 1996; Gołębiowski 1997 i inni].

A. Janowski, zwracając uwagę na fakt, że socjologowie skupiają się wyraźniej na obiektach aspiracji, pragnień ludzkich, hierarchii celów oraz wartości stanowiących podstawę dążeń niż na istocie aspiracji, eksponuje w proponowanej przez siebie definicji aspekt zarówno psychologiczny, jak i socjologiczny. Podkreślając, że aspiracje współdecydują o planach życiowych, zamierzeniach i pragnieniach jednostki, A. Janowski definiuje je jako

> w miarę trwałe i względnie silne życzenia jednostki dotyczące właściwości lub stanów, jakimi ma się charakteryzować jej życie w przyszłości, oraz obiektów, jakie w tym życiu będzie chciała uzyskać [1997: 32].

Odwołując się do hierarchii celów, T. Lewowicki aspiracjami nazywa

> zespół dążeń wyznaczonych przez hierarchię celów, które jednostka akceptuje oraz definiuje jako ważne i które przesądzają o jej planach życiowych [1987: 40].

Podobnie definiuje aspiracje M. Łoś [1972], wskazując, że są to dominujące potrzeby, dążenia oraz zainteresowania jednostki bądź grupy, które objęte są silnie umotywowanym zamiarem realizacji.

Nie podlega dyskusji, że aspiracje zmieniają się i kształtują dynamicznie wraz z rozwojem osobowości jednostki. Przy czym środowisko człowieka jest z jednej strony terenem realizowania się aspiracji, a z drugiej – tworzy system wymagań i możliwości stymulujących, ukierunkowujących, a zarazem ograniczających działalność jednostki. Na kształtowanie się aspiracji mają więc wpływ wartości wpojone w procesie socjalizacji, wyobrażenia o własnych możliwościach, samoocena oraz identyfikacja z pewnymi rolami, wzorami społecznymi, jak również naciski i oczekiwania społeczne [Bartosiak-Tomasiuk 1996].

B. Gołębiowski proponuje nazywać aspiracjami

> potrzeby, dążenia i zainteresowania, które jednostka planuje realizować, pretenduje do ich zaspokajania w określonym czasie i warunkach przy pomocy działania własnego, innych ludzi bądź własnego i innych [1977: 83].

Natomiast wszelkie marzenia, autofantazje niecelowe i umotywowane możliwością realizacji, a nieprowadzące do przyjęcia realnych postaw i działań autor nazywa pseudoaspiracjami.

Pedagogów zagadnienie aspiracji interesuje z perspektywy wychowawczego i dydaktycznego oddziaływania na młodzież. W pracach pedagogicznych, jak podaje T. Lewowicki [1987], przywołuje się najczęściej te definicje aspiracji, w których nacisk jest położony na hierarchię wartości i celów. Przykładem może być definicja proponowana przez M. Kozakiewicza, mówiąca, że aspiracje to pragnienia czegoś, dążenia do czegoś w życiu, np. dążenie do osiągnięcia określonych wytyczonych celów, pragnienie realizacji ambitnych planów, zadań itp. [1984: 18].

Ponieważ opowiadam się za interdyscyplinarnym ujmowaniem omawianego zagadnienia, w niniejszej książce, która ma charakter relacji z empirycznych badań pedagogicznych, aspiracje będą traktowane jako zespół dążeń i zamierzenia realizacji wybranych celów, które młodzież akceptuje i pragnie osiągnąć.

W celu doprecyzowania omawianego pojęcia aspiracji oraz ukazania wzajemnych relacji między wartościami, postawami, motywami, potrzebami, dążeniami i oczekiwaniami posłużono się schematem 1. Ze schematu wynika, że pierwotny wobec aspiracji jest motyw, definiowany jako czynnik pobudzający aktywność osobnika ukierunkowaną na cel [Szewczuk 1990]. Natomiast życzenia wpływają bardzo na postępowanie lub co najmniej na myślenie jednostki. Za dążenia można zaś uznać tylko tę część aspiracji, których realizacja jawi się danej osobie jako zachowanie mające doprowadzić do osiągnięcia celu. Cały układ aspiracji i dążeń można nazwać orientacją życiową charakterystyczną dla danej jednostki.

Aspiracje w tym układzie są traktowane jako życzenia i pragnienia zmierzające do zaspokajania potrzeb. Są więc jednocześnie częścią szerszego zjawiska zwanego motywacją. Można przy tym stwierdzić, że liczne motywy przekształcają się w pewną liczbę życzeń, a powtarzane życzenia stanowią aspiracje. Tylko trwałe i silne aspiracje są dążeniami. Natomiast zespół dążeń przejawiających się w potrzebach składa się na orientacje życiowe [Borowicz 1980].

Schemat 1. Miejsce aspiracji – od motywu do orientacji życiowej

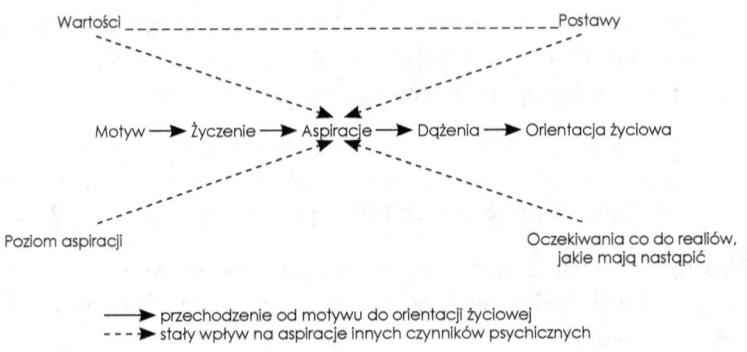

Źródło: Janowski 1977: 33.

Brak jednoznacznej definicji pojęcia „aspiracje" jest przyczyną wielu problemów z ich podziałem i klasyfikacją. W literaturze naukowej można spotkać wiele podziałów aspiracji dokonanych z uwzględnieniem różnych kryteriów. Kryteriami podziału może być:

2.2. Aspiracje – ich rodzaje, struktura i dynamika

- poziom aspiracji,
- relacje między poziomem aspiracji a możliwościami ich zaspokajania,
- związki aspiracji z działaniem,
- perspektywa czasowa niezbędna do ich realizacji,
- trwałość i zmienność aspiracji,
- związek aspiracji ze świadomością,
- przedmiot aspiracji,
- treść aspiracji [Skorny 1980a; Lewowicki 1987].

Rodzaje aspiracji ze względu na wymienione powyżej kryteria podziału przedstawia tabela 1.

Tabela 1. Rodzaje aspiracji z uwzględnieniem różnych kryteriów

Kryterium podziału aspiracji	Rodzaje aspiracji
Poziom aspiracji	Wysokie – przeciętne – niskie
Relacje aspiracji do możliwości	Adekwatne – nieadekwatne
Związki aspiracji z działaniem	Życzeniowe – działaniowe
Perspektywa czasowa	Aktualne – perspektywiczne
Trwałość i zmienność	Ruchliwość: duża, mała, pionowa, pozioma
Związek ze świadomością	Uświadomione – latentne
Przedmiot aspiracji	Osiągnięcie pewnego stanu – osiągnięcie jakiegoś przedmiotu
Treść aspiracji	Ludyczne, rekreacyjne, towarzyskie, prestiżu społecznego, szkolne, edukacyjne, poznawcze, zawodowe, samokształcenia, społeczne, prospołeczne, osobiste, związane z zainteresowaniami

Źródło: opracowanie własne.

Przez poziom aspiracji według A. Janowskiego [1977: 32] rozumie się przewidywany przez daną osobę przyszły wynik własnego działania, który ma zaspokajać jej istotne potrzeby lub przybliżyć ją do ważnych dla niej celów. Biorąc za punkt wyjścia poziom aspiracji, można wyróżnić aspiracje:
- wysokie – zadanie do wykonania jest trudne,
- przeciętne – zadanie do wykonania ma średni stopień trudności,
- niskie – zadanie do wykonania ma mały stopień trudności.

Podział aspiracji ze względu na poziom rodzi potrzebę porównania ich z odpowiednim układem odniesienia, którym mogą być poprzednie osiągnięcia danej osoby lub przeciętne aspiracje danej grupy. Za optymalny należy uznać taki poziom aspiracji, który odpowiada maksymalnym możliwościom jednostki. Miernikiem tego poziomu może być wzajemna relacja aspiracji do oczekiwań, przy czym poziom aspiracji jest tym wyższy, im większa między nimi różnica. Owe zależności można przedstawić graficznie.

Schemat 2. Miernik poziomu wartości – relacja aspiracji i oczekiwań

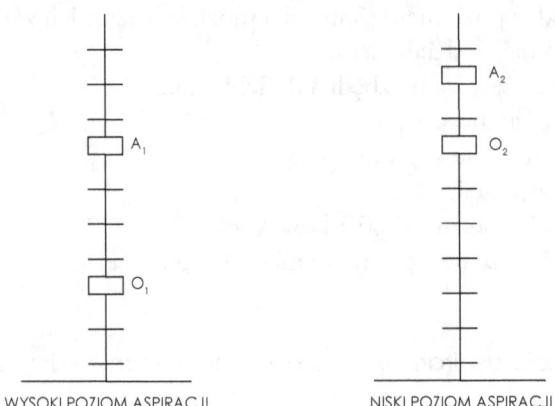

A – aspiracje
O – oczekiwania

Źródło: Skorny 1980a: 25.

Uwzględniając kryterium relacji aspiracji do posiadanych możliwości, można wyróżnić aspiracje:
- zawyżone – jednostka podejmuje działania, które przekraczają jej możliwości, co powoduje, że są nieskuteczne i kończą się niepowodzeniem;
- realistyczne – jednostka podejmuje działania, które jest w stanie wykonać, ale wymaga to od niej wysiłku i pokonania trudności;
- zaniżone – jednostka podejmuje działania łatwe, poniżej swoich możliwości.

Aspiracje zaniżone lub zawyżone wobec indywidualnych możliwości jednostki nazywa się nieadekwatnymi, natomiast aspiracje realistyczne, dostosowane do jej możliwości – adekwatnymi [Skorny 1980a]. Możliwości jednostki, od których zależy efektywność jej działania, wyznaczają jej zdolności, umiejętności oraz sprawność psychofizyczna.

Kolejnym kryterium podziału aspiracji jest ich związek z działaniem. Rozróżnienie celów idealnych oraz celów działania pozwala wyodrębnić aspiracje:
- życzeniowe – występujące w świadomości w formie życzeń, pragnień i marzeń dotyczących upragnionego celu, a więc ukierunkowane na cele idealne; odpowiadające „ja" idealnemu;
- działaniowe – będące dążeniami lub zamierzeniami dotyczącymi celu lub wyniku podejmowanego działania, spełniające funkcję stymulatora pobudzającego do pewnej formy aktywności; odpowiadające „ja" realnemu [Skorny 1980a: 38].

W przypadku gdy aspiracje życzeniowe i działaniowe występujące na określonym poziomie są wymierne i mogą być ujęte liczbowo, mówi się o życzeniowym i działaniowym poziomie aspiracji. Przy tym poziom życzeniowy przewyższa zwykle działaniowy [Skorny 1980a].

2.2. Aspiracje – ich rodzaje, struktura i dynamika

Koncentrując się na czasie niezbędnym do realizacji wybranego celu działania lub wykonania zadania przez jednostkę, można wyróżnić aspiracje:
- aktualistyczne – czyli pragnienia i zamierzenia realizowane w niedalekiej przyszłości, określane przez W. Szewczuka [1990] jako cele doraźne, bliższe;
- perspektywiczne – określane przez wymienionego autora jako życiowe, czyli pragnienia i zamierzenia dotyczące wyników przyszłego działania, cele przyszłościowe, dalsze.

Biorąc pod uwagę, że niektóre aspiracje wymagają aktywności rozłożonej w czasie, Z. Skorny [1980a] wyróżnia jeszcze aspiracje przejściowe i trwałe.

Aspiracje perspektywiczne ze względu na czas trwania mogą ulegać zmianie. Wówczas można mówić o aspiracjach o różnej ruchliwości: poziomej bądź pionowej. Przy tym pozioma dotyczy wielkości zmian (np. miejsca zamieszkania), natomiast pionowa – zmian w prestiżu zawodowym czy hierarchii społecznej. W zależności od stopnia nasilenia zmian wyróżnia się ruchliwość dużą lub małą. W tym zakresie należy również mówić o dynamice aspiracji oznaczającej zmienność ich konfiguracji w postaci innych wskaźników, np. treści, poziomu.

Kolejnym kryterium podziału aspiracji jest ich związek ze świadomością. Podział ten uwzględnia aspiracje:
- uświadomione – dotyczące celów, które jednostka zamierza lub pragnie osiągnąć;
- latentne – nieuświadomione, o których istnieniu wnioskuje się na podstawie wypowiedzi dotyczących celów czy aprobowanych wartości.

Odwołując się do kryterium podziału aspiracji ze względu na przedmiot, należy wyróżnić aspiracje:
- ukierunkowane na osiągnięcie pewnego stanu, np. ukończenie studiów;
- ukierunkowane na osiągnięcie pewnego przedmiotu, np. posiadanie samochodu [Skorny 1980a].

Ostatnim wymienionym przez Z. Skornego kryterium jest treść aspiracji. Wyróżnia się tu aspiracje:
- rekreacyjne – dotyczące organizowania czasu wolnego;
- ludyczne – spotykane najczęściej u dzieci, dotyczące uczestnictwa w zabawie;
- towarzyskie – pragnienie poznania określonych osób, przebywania w określonym towarzystwie;
- prestiżu społecznego – powiązane z aspiracjami towarzyskimi; mające szansę realizacji wówczas, gdy jakaś grupa towarzyska, w której chce przebywać jednostka, ma wysoki prestiż społeczny;
- szkolne – związane z potrzebą osiągnięcia sukcesu w nauce, który w danej kulturze jest ważny;
- edukacyjne – dotyczące przyszłej nauki, poziomu wykształcenia, jaki jednostka zamierza osiągnąć;
- zawodowe – dotyczące zdobycia określonego zawodu lub wykonywania pewnych czynności zawodowych;

- do samokształcenia – w ujęciu J. Szczepańskiego [1970] przejawiające się w dążeniu do rozwijania pożądanych cech charakteru – umysłu, woli i kultury życia emocjonalnego; wyrażające się w stałym dążeniu jednostki do uzupełnienia lub poszerzania wiedzy, związane z samorozwojem;
- społeczne – dotyczące pragnień lub zamierzeń przynależności do określonych stowarzyszeń, organizacji oraz podjęcia działań umożliwiających osiągnięcie tego celu;
- prospołeczne – będące dążeniami i pragnieniami jednostki związanymi z obiektami znajdującymi się poza nią samą, z koniecznością nawiązywania kontaktów interpersonalnych; stanowiące stymulator podejmowanych przez człowieka działań, takich jak pomoc, współdziałanie itp.;
- osobiste, inaczej życiowe – łączące się z aspiracjami rodzinnymi, często odnoszące się do partnera, kontaktów uczuciowych, seksualnych; w ich skład wchodzą również aspiracje dotyczące stanu posiadania oraz aspiracje kulturowe [Janowski 1977; Narkiewicz-Niedbalec 1997];
- związane z zainteresowaniami i zamiłowaniami, z hobby.

Poszczególne rodzaje aspiracji nieraz łączą się ze sobą i trudno je rozgraniczyć.

Dokonując określenia podstawowych obszarów, których dotyczą aspiracje, T. Lewowicki [1987] wyróżnia aspiracje:
- dotyczące nauki szkolnej, czyli różnych dróg edukacyjnych i poziomów kształcenia;
- związane z przyszłym zawodem lub pracą zawodową;
- dotyczące życia rodzinnego i osobistego – modeli rodziny i jej funkcjonowania oraz preferowanych sposobów życia;
- materialne – odnoszące się do standardu życia, dostępu do dóbr materialnych;
- kulturalne – dotyczące uczestnictwa w życiu kulturalnym, a przede wszystkim dbania o kulturę duchową;
- społeczne – dotyczące funkcjonowania jednostki w ramach grupy społecznej oraz samych grup; związane często z udzielaniem pomocy, udziałem w życiu różnych społeczności;
- moralne – związane z wartościami i normami etycznymi, z którymi jednostka się zgadza i chce ich przestrzegać;
- ludyczne – dotyczące zabawy i spędzania czasu wolnego;
- związane z pasjami i zamiłowaniami.

Koncentrując się na różnych dziedzinach życia, których dotyczą aspiracje, A. Janowski [1977] porządkuje je następująco:
- aspiracje dotyczące przyszłej nauki, poziomu wiedzy, jaki jednostka zamierza uzyskać;
- związane z przyszłym zawodem, obejmujące rodzaj, miejsce pracy, wykonywane w ramach zawodu funkcje;
- związane ze sposobem ułożenia sobie życia osobistego, w tym rodzinnego;

2.2. Aspiracje – ich rodzaje, struktura i dynamika

- związane z wartościami i normami, którymi człowiek pragnie się w życiu kierować;
- dotyczące prywatnych zainteresowań i zamiłowań.

Analizując typologię aspiracji, nie można pominąć klasyfikacji dokonanych w wyniku badań prowadzonych przez pedagogów. Autorem jednego z takich podziałów jest A. Bogaj [1992], który na podstawie wypowiedzi badanej młodzieży wyróżnił dziesięć kategorii aspiracji:

- edukacyjne – np. zdanie egzamin maturalnego, studia;
- rodzinne – np. udane życie rodzinne, miłość i wzajemny szacunek, zgoda, szczęście rodzinne;
- materialne – np. pieniądze, mieszkanie, dobrobyt materialny;
- prestiżowe – np. sława, szacunek, uznanie innych, powodzenie w życiu;
- hedonistyczne – np. życie pełne wrażeń, zmian, przygód, dużo wolnego czasu;
- zawodowe – np. satysfakcjonująca praca, kariera zawodowa, stanowisko;
- socjocentryczne – np. przydatność społeczna, praca na rzecz innych, szczęście innych;
- afiliacyjne – np. umiejętność współżycia z ludźmi, posiadanie przyjaciół;
- etyczne – np. uczciwe, etyczne życie, sens życia;
- władza – np. stanowiska kierownicze, władza nad innymi ludźmi;
- inne – np. zdrowie, bezpieczeństwo, wyjazd z kraju.

Przy omawianiu zagadnienia aspiracji niezbędne staje się zwrócenie uwagi na ich dynamikę, ponieważ często ulegają one zmianom. Dynamika może się przejawiać w powstawaniu lub zanikaniu pewnych ambicji, zmianach ich poziomu i konfiguracji. Przemiany te następują wskutek procesu wychowania, lecz również pod wpływem zmian warunków życia społecznego, gospodarczego i politycznego. Zwraca na to uwagę m.in. J. Kupczyk, stwierdzając, że

> aspiracje zmieniają swoją strukturę, narastają lub wygasają w stosunku do rozmaitych wartości społecznych, dynamicznie się zmieniają i kształtują wraz z rozwojem osobowości danej jednostki. Osobowość społeczna jednostki wyrasta na podbudowie cech biologicznych i psychicznych, a także cech pochodzących z wpływu kultury i struktury zbiorowości, w której jednostka została wychowana i w której uczestniczy [1978: 25].

T. Lewowicki [1987] rozważa dynamikę aspiracji w trzech ujęciach – na podstawie badań:

- różnych grup ludzi żyjących w różnym czasie – np. pokoleniowe przemiany obrazu dążeń młodzieży;
- grup ludzi żyjących w tym samym czasie, ale różniących się wiekiem, np. aspiracje dzieci i młodzieży;
- panelowych, którym te same osoby poddaje się wielokrotnie w różnym czasie.

Poznanie wzajemnych związków między aspiracjami oraz ich struktury i dynamiki ma duże znaczenie dla procesu kształcenia i wychowania młodzieży. Ponadto pozwala lepiej zrozumieć zachowania młodych oraz umożliwia podejmowanie skutecznych zabiegów wychowawczych. Kształtujące się pod wpływem środowiska i warunków społecznych aspiracje sprzyjają doskonaleniu i precyzowaniu planów życiowych oraz pobudzają do działania. Badanie aspiracji wydaje się również niezbędne z uwagi na wpływ ciągłych zmian społeczno-gospodarczych na tworzenie optymalnego modelu kształcenia młodych ludzi.

2.3. Uwarunkowania aspiracji młodzieży

Na rozwój aspiracji, ich przedmiot, siłę i dynamikę wpływa zespół czynników pozostających poza jednostką, ale również cechy jej osobowości. Wiadomo, że aspiracje, tak jak inne czynniki motywacyjne, kształtują się pod wpływem bodźców pedagogicznych, osobowościowych i środowiskowych. Jednak trudno określić, który z tych czynników odgrywa rolę dominującą.

2.3.1. Uwarunkowania pedagogiczne i szkolne

Szkoła, pojmowana jako podstawowa instytucja edukacyjna, system kształcenia i wychowania, ma zapewnić uczniom warunki do wszechstronnego rozwoju. Jako jedna z najważniejszych, obok rodziny, instytucja odgrywa szczególną rolę w kształtowaniu osobowości. Oba te środowiska wpływają na ogólną sytuację społeczną młodzieży, m.in. na rodzaj kształcenia, długość okresu nauki, wcześniejsze lub późniejsze podjęcie pracy zawodowej. Szkoła pełni bowiem nie tylko funkcję edukacyjną, lecz także poznawczą i wychowawczą. Oznacza to, że od szkoły i nauczycieli oczekuje się wprowadzenia uczniów do rozumienia świata i siebie oraz kształtowania takich postaw, umiejętności, aby mogli świadomie odnaleźć się we współczesnej rzeczywistości społecznej i ekonomicznej.

W placówce edukacyjnej dokonuje się ważny proces socjalizacji dziecka. Do jego prawidłowego przebiegu konieczne jest, aby wychowanie szkolne miało mocne oparcie i uzupełnienie w treściach wychowania rodzinnego. Jednak to na szkole jako instytucji społecznej ciąży bezpośrednia odpowiedzialność za przekazanie jednostce wiedzy, umiejętności i wartości ważnych dla życia społecznego. To właśnie w szkole dziecko zdobywa umiejętności niezbędne w kontaktach interpersonalnych [Goodman 1997]. System oświaty ma za zadanie zapewnić każdemu człowiekowi prawo do kształcenia się, a ponadto dzieciom i młodzieży prawo do wychowania i opieki. Zadaniem szkoły jest zatem wspomaganie emocjonalnego, intelektualnego, duchowego i fizycznego rozwoju dziecka oraz przygotowanie ucznia do wyboru drogi życiowej [Janowski 1977; Skorny 1980b; Lewowicki 1987; Duraj-Nowakowa 1998; Banach 1997].

2.3. Uwarunkowania aspiracji młodzieży

Niezbędnym warunkiem właściwej działalności dydaktyczno-wychowawczej jest znajomość przez nauczycieli dążeń i pragnień młodzieży. Poznanie dyspozycji osobowościowych uczniów i ich wielostronne kształtowanie jest podstawowym elementem przygotowania młodzieży do wyboru dalszej drogi kształcenia. Spośród pedagogicznych uwarunkowań aspiracji warto wymienić te związane głównie ze szkołą – pracą dydaktyczno-wychowawczą nauczycieli, organizacją szkolnictwa, standardami dążeń i systemem wartości wyznaczanym przez nauczycieli i pracowników szkoły – oraz wpływ pozaszkolnych instytucji oświatowych.

Jednym z wyznaczników powodzenia młodzieży w szkole jest początek edukacji i okoliczności mu towarzyszące. Nierówności startu i bariery na drodze do zdobycia wykształcenia są przedmiotem refleksji pedagogicznej oraz tematem sporów politycznych, ponieważ ciągle poszukuje się optymalnych rozwiązań wyrównania szans na różnych poziomach kształcenia, aby udzielić wsparcia dzieciom, które z powodów od siebie niezależnych nie wykorzystują w pełni własnego potencjału. Zwracają na to uwagę m.in. P. Sztompka [2002], T. Pilch [1999], B. Śliwerski [2000], M.J. Szymański [2004] oraz Z. Kwieciński [1975b].

Warto wspomnieć jeszcze o barierach w systemie oświatowym i wewnątrzszkolnym. Wprowadzenie egzaminów zewnętrznych, testów kompetencyjnych spowodowało powstawanie szkół lepszych i gorszych, co doprowadza do selekcji dzieci, zanim one same dojrzeją do samodzielnej decyzji o wyborze zawodu.

Należy zwrócić również uwagę na bariery przestrzenne. Decyzja o wyborze szkoły położonej bliżej lub dalej od miejsca zamieszkania, zawodowej czy średniej jest często wynikiem obliczania możliwości ekonomicznych rodziny. Najdotkliwiej odczuwa to młodzież wiejska i pochodząca z prowincji, ale dotyczy to także młodzieży w mieście znajdującej się w trudnej sytuacji materialnej.

Jeszcze innym zjawiskiem w organizacji szkolnictwa jest tendencja wzrostowa powstawania szkół elitarnych. Szkoły te zasadniczo różnią się od publicznych. Przede wszystkim uwzględniają indywidualne potrzeby uczniów, jak również oczekiwania rodziców. Stwarzają lepsze warunki do nauki dzięki stosowaniu optymalnych modeli i nowocześniejszych metod organizowania procesu dydaktycznego [Lewowicki 1994; Szymański 1998a; Śliwerski 1996].

Spośród czynników pedagogicznych oddziałujących na kształtowanie się aspiracji i planów życiowych należy wymienić te, które wiążą się z cechami osobowymi nauczyciela, jego metodami i stylem pracy dydaktyczno-wychowawczej oraz przygotowaniem zawodowym. Problematyka osobowości nauczyciela zajmuje znaczące miejsce w literaturze pedeutologicznej oraz w wielu aktach normatywnych i dokumentach traktujących o zadaniach nauczyciela i szkoły [Banach 1979; Gęsicki 1991; Legowicz 1975; Szyszko-Bohusz 1982; Wawro 1995; Szempruch 2000 i inni]. Przyjmuje się, że właściwości osobowościowe nauczyciela są istotnym czynnikiem determinującym osiągnięcia szkolne uczniów oraz kształtującym postawy i aspiracje. Na układ właściwości osobowych pedagoga składają się zintegrowane składniki osobowości, takie jak: zainteresowania, światopogląd, zdolności, inteligencja, temperament, motywacje, mechanizmy charakterologiczne i samoregulacyjne.

C. Banach [1997: 151–153] na podstawie przeprowadzonych badań wymienia jako pożądane cechy osobowości nauczyciela:
- otwartość i umiejętność kontaktu z młodzieżą oraz empatię,
- kompetencje merytoryczne i metodyczne,
- podmiotowość i poszanowanie godności ludzkiej,
- sprawiedliwość i obiektywizm w ocenianiu uczniów,
- dialogowość, negocjacyjność i demokratyczny styl kierowania,
- dyscyplinę i konsekwencję w postępowaniu oraz wspomaganie w kłopotach,
- tolerancję, kulturę ogólną i pedagogiczną,
- umiejętność planowania i organizowania pracy własnej i zbiorowej,
- motywację, umiejętność samokształcenia i doskonalenia własnego warsztatu pracy,
- poczucie humoru.

Przykładem wzoru osobowego współczesnego nauczyciela jest opracowany przez W. Okonia [1991] trzystopniowy model zawierający:
- walory osobiste, moralne, umysłowe i zawodowe;
- pozytywny stosunek do uczniów, dodatni wpływ wychowawczy, zaspokajanie potrzeb oraz zapobieganie niepowodzeniom;
- zaangażowaną postawę wobec rozwoju i postępu społecznego.

Nauczyciel powinien wiedzieć, że w procesie dydaktycznym oddziałuje na młodzież całą swoją osobowością. Dlatego dla efektywnego kierowania pracą uczniów, wspomagania ich rozwoju oraz właściwego przebiegu procesu edukacyjnego niezbędna jest świadomość nauczyciela, jakie są jego pożądane i niepożądane cechy oraz wiążące się z tym konsekwencje.

Na kształtowanie dążeń edukacyjnych mają wpływ metody i styl pracy nauczyciela. Współczesna szkoła daje mu wolność w doborze metod nauczania. Nauczyciel więc w zależności od tego, jakie cele chce osiągnąć, dobiera odpowiednio treści nauczania, a następnie metody. Ich właściwy dobór powinien być oparty na zasadach:
- stałości porządku analizy – cele, treści, poziom wymagań, kondycja uczniów;
- zmienności metod – różnorodności treści powinna odpowiadać różnorodność metod;
- elastyczności – zmiana metody w zależności od sytuacji dydaktyczno-wychowawczej [Niemierko 2007: 247–252].

W celu osiągnięcia pożądanych rezultatów kształcenia nauczyciel musi zadbać o właściwy sposób przekazu, oparty przede wszystkim na dialogu. Dla wielostronnego zachęcania uczniów do działania niezbędne staje się stosowanie zróżnicowanych strategii oraz aktywizujących metod nauczania [Śnieżyński 2003b]. Styl pracy nauczyciela wynika z celów kształcenia, metod prowadzących do ich osiągnięcia oraz podziału kompetencji w klasie szkolnej między nauczycielem a uczniami. W zakresie oddziaływania na kształtowanie aspiracji wychowanków ważny staje się dobór metod, form, środków i warunków dydaktyczno-wychowawczych uwzględniających potrzeby, uzdolnienia i zainteresowania młodzieży oraz łączenie ich z przyswajaniem wiedzy i kształtowaniem osobowości w taki sposób, by uczniowie przekazywane wartości przyjmowali jako swoje. Realizowane przez nauczycieli programy i działalność wychowawcza stanowią więc istotne czynniki określające aspiracje i plany życiowe młodych, ich motywacje, postawy i dążenia w dużej mierze są bowiem uwarunkowane stylem pracy nauczycieli, wzmacnianiem pozytywnych zamierzeń uczniów oraz sposobem oceniania ich postępów w nauce. Ocena ma wpływ nie tylko na tworzenie obrazu siebie, lecz także na samoocenę. Natomiast przyjazna atmosfera dydaktyczno-wychowawcza, nacechowana życzliwością, zrozumieniem, tolerancją, oraz interesujące poznawczo sytuacje i kontakty szkolne dają podstawę do samorealizacji uczniów.

Czynnikiem decydującym o aspiracjach edukacyjno-zawodowych oraz kulturalnych i społecznych wychowanków są przede wszystkim osiągnięcia szkolne. Uczniowie, którzy uzyskują wysokie oceny, mają częściej niż ich niżej oceniani rówieśnicy wysokie aspiracje do dalszego kształcenia się związane z typem zawodu, jego prestiżem społecznym i poziomem kwalifikacji wymaganych do jego wykonywania [Grimm 1994].

Omówione determinanty pedagogiczne stawiają przed szkołą zadanie konieczności prowadzenia systematycznej, zaprogramowanej działalności zmierzającej do przekazania młodzieży uznawanych norm i powszechnie akceptowanej hierarchii wartości. Słusznie więc zauważa T. Lewowicki [1987], że szkoła ma pomagać w dokonywaniu wyborów, przedstawiać wizję wartościowego życia, propagować godne upowszechnienia wartości, cele życiowe, a także zasady uczestnictwa w życiu społecznym. W związku z tym zarówno programy, metody, style pracy dydaktyczno-wychowawczej, jak i osobowość nauczyciela to swoiste czynniki pedagogiczne, które warunkują wybory edukacyjno-zawodowe uczniów.

2.3.2. Determinanty osobowościowe

Drugą grupą czynników mających znaczenie w procesie kształtowania się aspiracji są uwarunkowania osobowościowe. Wskazują one na typowe różnice między uczniami w rozwoju emocjonalnym, intelektualnym i społecznym. Osobowość kształtuje się przez całe życie, a szczególnie w okresie dzieciństwa oraz młodości, przez bodźce zewnętrzne w procesie socjalizacji, a także w wyniku własnej aktywności jednostki. Istotną rolę odgrywają również wrodzone cechy biofizyczne. Uwarunkowania osobowościowe obejmują wszystkie charakterystyczne cechy człowieka – niepowtarzalny sposób funkcjonowania psychiki, myślenia, odczuwania, zachowywania się oraz radzenia sobie z problemami.

Wśród uwarunkowań osobowościowych mających znaczny wpływ na kształtowanie się aspiracji T. Lewowicki [1987] wyróżnia determinanty dotyczące:
* potrzeb zarówno biologicznych, jak i duchowych, których zaspokajanie wiąże się z płaszczyzną motywacyjną;
* powodzeń i niepowodzeń;
* samooceny;
* cech indywidualnych fizycznych i psychicznych, np. poziomu inteligencji.

Do rozważań w tym zakresie konieczne jest przybliżenie rozumienia pojęcia potrzeby jako podstawowego elementu zapoczątkowującego i determinującego aspiracje edukacyjne i zawodowe. Przez pojęcie „potrzeba" należy rozumieć specyficzny „stan, w którym jednostka odczuwa chęć zaspokojenia jakiegoś braku" [Okoń 2004: 321]. Poszczególne potrzeby mogą wyrażać się w życzeniach, a te z kolei wyznaczają kierunek kształtowania się aspiracji.

Budując piramidę potrzeb, A.H. Maslow [1990] stwierdził, że najwyżej usytuowana jest potrzeba samorealizacji. Polega ona na realizowaniu indywidualnych możliwości wzbogacającym osobowość dzięki wykorzystaniu potencjału rozwojowego. Zaspokojenie tej potrzeby wzmacnia w człowieku wewnętrzną motywację do spełniania trudnych zadań, co z kolei sprawia, że praca staje się rodzajem nagrody, wartością samą w sobie. Samorealizacja jest więc odzwierciedleniem tego, co tkwi w człowieku, w jego marzeniach, pragnieniach, pozwala odczuwać zadowolenie z podejmowanych działań.

Z kształtowaniem się aspiracji związana jest potrzeba osiągnięć. Pojawia się ona w różnych sytuacjach w zależności od dziedziny działania. W jej skład wchodzą: samozadowolenie, rezultaty uczenia się, motywacja do realizacji własnych pragnień oraz zewnętrzna presja do osiągnięć [Janowski 1977]. Przyjmuje się, że sukces wpływa na podniesienie poziomu aspiracji, natomiast niepowodzenie prowadzi do jego obniżenia. W związku z tym powodzenie i niepowodzenie są traktowane jako ważny czynnik warunkujący poziom ambicji. Trzeba jednak podkreślić, że związki między odczuciem sukcesu a aspiracjami mają charakter indywidualny [Lewowicki 1987].

Kolejnym czynnikiem wpływającym na poziom aspiracji jest samoocena. W procesie kształtowania się samooceny, a zarazem aspiracji istotny jest obraz własnej osoby. Samoocena, podobnie jak inne elementy składające się na obraz samego siebie, początkowo tworzy się pod wpływem opinii innych ludzi, najczęściej osób znaczących. Opinie te mogą dotyczyć zarówno właściwości fizycznych, jak i psychicznych oraz dostrzeganych możliwości danej jednostki. Dopiero w wieku dorastania wzrasta zdolność do samodzielnego oceniania siebie, często w wyniku własnych doświadczeń [Przetacznikowa, Włodarski 1986].

Indywidualne właściwości, które są przedmiotem samooceny, określa się mianem warunków osobistych. Są to warunki: fizyczne (sprawność fizyczna, uroda), psychiczne (uzdolnienia, umiejętności, sprawność intelektualna) oraz społeczne (sytuacja rodzinna, prestiż w grupie, pozycja zawodowa). Samoocena może dotyczyć również wyników własnego działania, gdy dokonuje się jej przez porównanie własnych osiągnięć z wynikami osiągniętymi przez innych ludzi w danej dziedzinie. Biorąc pod uwagę jej poziom, J. Reykowski [1992] wyróżnia samoocenę wysoką i niską. Pierwsza sprzyja kształtowaniu wysokiego poziomu aspiracji, a druga determinuje niski poziom aspiracji. Można mówić również o samoocenie cząstkowej – dotyczącej cech osobistych danej jednostki wpływających na kształtowanie się poziomu aspiracji związanych z tymi warunkami, oraz o samoocenie globalnej – tzw. uogólnionej ocenie własnej osoby. Niska samoocena globalna jest przyczyną poczucia mniejszej wartości, co z kolei prowadzi do zaniżenia aspiracji w różnych dziedzinach. Najczęściej samoocena jest zróżnicowana, gdyż człowiek rzadko ocenia siebie jednakowo pod wszystkimi względami [Trempała 2000].

Ważnym czynnikiem kształtowania się aspiracji są procesy motywacyjne wywierające regulacyjny wpływ na czynności praktyczne i umysłowe człowieka. Według W. Okonia [2004] pod pojęciem motywacji rozumiemy zespół motywów, które występują aktualnie u jednostki. Autor wyróżnia motywację zewnętrzną, która stwarza zachętę do działania przez nagradzanie lub unikanie kary, oraz motywację wewnętrzną – pobudzającą do działania mającego wartość samą w sobie. Zakładając, że podstawowymi motywami ludzkiego zachowania są potrzeby, należałoby w nich szukać źródeł kształtowania się aspiracji. Widoczne to będzie przede wszystkim w potrzebie uznania społecznego, przynależności grupowej, bezpieczeństwa czy też potrzebie samorealizacji.

Biorąc pod uwagę wpływ różnych czynników na kształtowanie się aspiracji, warto podkreślić znaczenie struktury osobowości, w obrębie której należy uwzględnić elementy formalne (reakcje, cechy, typy osobowości) oraz elementy treściowe i jakościowe (temperament, charakter, uzdolnienia, postawy, wartości, intelekt itp.) [Strelau 2000]. Od niej bowiem może zależeć poziom aspiracji po odniesionych sukcesach lub doznanych niepowodzeniach.

Istotny wpływ na kształtowanie się aspiracji mają różnorodne czynniki związane z rozwojem ogólnym młodzieży. Obok cech indywidualnych decydujących o różnicach międzyosobniczych występują także cechy typowe dla poszczególnych okresów życia człowieka. Zwracają na to uwagę m.in. R. Borowicz, Z. Kwieciński [1977], M. Czerwińska-Jasiewicz [1998], G. Pańtak [1988], W. Rachalska [1987], M. Przetacznikowa [1980] i M. Gulda [1990].

Uwarunkowania osobowościowe mają znaczący wpływ na kształtowanie się aspiracji i planów życiowych młodzieży, dlatego będą uwzględniane jako zmienna osobowościowa w dalszych analizach.

2.3.3. Czynniki rodzinne i środowiskowe

Środowisko, w którym człowiek przebywa, wyraźnie oddziałuje na pojawienie się i kształtowanie jego pragnień i dążeń. Wśród czynników natury środowiskowej wpływających na aspiracje młodzieży główne miejsce zajmuje rodzina.

Rodzinę uznaje się za pierwsze, naturalne i najbardziej znaczące otoczenie przekazujące normy postępowania i hierarchię wartości. Zachodzące w rodzinie procesy socjalizacyjne wywierają wpływ na kształtowanie się opinii i postaw, wzorów i tradycji, a także uznawanych wartości. To rodzice zaspokajają podstawowe potrzeby dziecka i umożliwiają nabywanie różnorodnych doświadczeń będących podstawą życia i rozwoju. Od charakteru oddziaływań rodziny, stosowanych metod oraz form wychowawczych zależy w dużej mierze to, jak będzie przebiegał rozwój człowieka. Każda rodzina tworzy własną podkulturę obejmującą komunikowanie się, opiekę, współdziałanie, wzajemne oddziaływanie na siebie, planowanie, zaspokajanie biologicznych i psychicznych potrzeb, przeżywanie sukcesów i niepowodzeń, kształtowanie światopoglądu i aspiracji życiowych. Rodzina jest więc tą szczególną instytucją wychowawczą, która wywiera specjalny wpływ na sferę poznawczą, emocjonalną i motywacyjną dzieci oraz młodzieży. Prawidłowo funkcjonująca, kształtuje u młodych ludzi właściwe, realne i racjonalne wyobrażenia o dążeniu do sukcesów życiowych. Okazuje się, że to właśnie rodzina jest bardzo ważnym, a nawet decydującym wyznacznikiem szans edukacyjnych dzieci. Zwracają na to uwagę w swoich pracach liczni naukowcy, m.in.: J. Szczepański [1970], M. Szymański [1973], Z. Gawlina [1988], Z. Kwieciński [1975a], T. Lewowicki [1987], Z. Tyszka [2002], M. Ziemska [1973, 1986], D. Field [1996], S. Kawula, J. Brągiel, A.W. Janke [2004].

Podstawą istnienia i funkcjonowania rodziny są związki uczuciowe wpływające w naturalny sposób na kształtowanie u dzieci wyobrażeń o sukcesie życiowym. Środowisko rodzinne ma najtrwalszy i najmocniejszy wpływ na uświadomienie dziecku związku aspiracji z jego możliwościami psychofizycznymi (stanem zdrowia, zdolnościami) oraz zapotrzebowaniem na określone specjalizacje i umiejętności. Istotne znaczenie w tym zakresie ma wskazanie dzieciom utopijności tych marzeń i dążeń, które pozostają w konflikcie z ich realnymi możliwościami psychofizycznymi. Pozwala to uniknąć frustracji i rozczarowań oraz niezadowolenia z życia. Do ważnych zadań rodziny zalicza się umacnianie u wychowanków wiary w ich siły oraz uczenie wytrwałości w dążeniu do celu. Formowanie takich postaw warunkuje realizację dążeń.

Znaczący wpływ rodziny na rozwijanie aspiracji jest widoczny w kształtowaniu potrzeby samorealizacji w takich dziedzinach, jak: praca, działalność społeczna, życie osobiste. Dążenie do samorealizacji sprzyja rozwojowi zdolności oraz skuteczności działania, jak również kształtuje poczucie sensu życia. Nie ulega więc wątpliwości, że wpływ rodziny na aspiracje młodzieży jest wielostronny.

A. Janowski [1977: 93] wskazuje na cztery determinanty aspiracji związane z rodziną. Są to:
- czynniki materialne,
- wzorce postępowania,

2.3. Uwarunkowania aspiracji młodzieży

- bezpośrednie oddziaływanie rodziców,
- aspiracje osób najbliższych.

Rozpatrując problem uwarunkowań rodzinnych mających wpływ na szanse edukacyjne dzieci, M. Szymański [1988: 140] zwraca uwagę na następujące czynniki:

- przynależność społeczno-warstwową rodziców,
- wykształcenie rodziców,
- sytuację materialną rodziny,
- standard kulturowy rodziny,
- styl życia rodziny,
- atmosferę wychowawczą.

Liczne badania empiryczne, m.in. Z. Kwiecińskiego [1975a], M. Kutymy [1973], Z. Skornego [1980a], W. Sikorskiego [1999], T. Lewowickiego, B. Galas [1987], J. Formickiego [1986], H. Liberskiej [1995], J. Maryniewicz [1979], B. Kołaczek [1997], T. Grudniewskiego [1998], M. Kozakiewicza, [1984], potwierdzają wpływ na kształtowanie się aspiracji takich czynników, jak:

- pochodzenie społeczne,
- poziom wykształcenia i zawód rodziców,
- poziom materialnych warunków życia,
- klimat wychowawczy oraz tradycje rodzinne.

Wymienianym zgodnie czynnikiem determinującym formowanie się aspiracji u młodzieży jest przynależność społeczna. Badacze zajmujący się tą problematyką [Kozakiewicz 1984; Łoś 1972; Janowski 1977; Najduchowska 1985; Moździerz 1988; Spionek 1981; Lewowicki 1983; Lewowicki, Galas 1984 i inni] wskazują, że młodzież inteligencka ma znacznie częściej wysokie aspiracje niż niskie. Dzieci z rodzin inteligenckich, których rodzice osiągnęli wysoki status społeczny, dążą do zdobycia wysokiego poziomu kwalifikacji zawodowych, co najmniej zbliżonego do rodzicielskich. Wysokie aspiracje edukacyjne rzadziej występują u młodzieży robotniczej i chłopskiej. Dzieci z takich rodzin najczęściej oczekują, że w przyszłości osiągną średni poziom kwalifikacji zawodowych, ale nieco wyższy od swoich rodziców. Przy tym ludzie pochodzący z rodzin niewykwalifikowanych robotników częściej mają trudności z określeniem swoich oczekiwań, lecz patrzą w przyszłość bardziej optymistycznie niż ich rówieśnicy wywodzący się z rodzin inteligenckich czy rodzin wykwalifikowanych robotników [Najduchowska 1987; Kwieciński 1975a; Kołaczek 2004; Janowski 1977; Jakowicka, Lewowicki 1987 i inni].

Poziom aspiracji młodzieży jest także zróżnicowany w zależności od wykształcenia rodziców. Dzieci ludzi mających wykształcenie wyższe lub niepełne wyższe znacznie częściej podejmują naukę w szkołach średnich – na ogół w liceach, a większość z nich zamierza iść na studia. Z. Kwieciński [1980] zauważa, że im niższe wykształcenie mają rodzice, tym trudniejsza droga potomstwa do osiągnięcia wyższych szczebli wykształcenia. Wynika to zapewne z mniejszych możliwości poznawczych wpływających na realizację planów i aspiracji. W rodzinach legitymujących się wykształceniem wyższym ukończenie studiów przez dziecko stanowi minimalny warunek odtworzenia statusu rodziców.

Rodzinne uwarunkowania kształtowania się aspiracji obejmują także atmosferę domową. Tworzy ją wiele czynników, wśród których należy wymienić: osobowość rodziców, stosunki między członkami rodziny, style oddziaływania oraz więź uczuciową. Jeżeli członków rodziny łączą pozytywne więzi emocjonalne (miłość, zaufanie, szacunek, tolerancja, bezkonfliktowość), mówi się o ciepłej, serdecznej i korzystnej dla rozwoju dziecka atmosferze, sprzyjającej nawiązywaniu pozytywnych kontaktów interpersonalnych. W odwrotnym wypadku mówi się o złej lub niekorzystnej dla rozwoju jednostki atmosferze. Napięta, nacechowana wzajemną nieufnością i poczuciem zagrożenia, częstymi kłótniami i negatywnymi emocjami atmosfera oddziałuje negatywnie na rozwój psychiczny dziecka, a zarazem blokuje przyswajanie wiedzy [Obuchowska 1996; Przetacznik-Gierowska, Włodarski 1994; Skorny 1982a; Lubowicz 1985 i inni]. Harmonia rodzinna, pozytywna atmosfera domowa w sposób istotny wpływają na planowanie przyszłości oraz wyniki nauczania w szkole [m.in. Spionek 1981; Markowska-Czarnecka 1994; Liberska, Matuszewska 2001].

Ważnym czynnikiem decydującym o aspiracjach młodzieży jest styl wychowania. Wpływają na niego przede wszystkim rodzice, ich poglądy, cele wychowawcze, osobiste doświadczenia i wzory wyniesione z domu rodzinnego [Obuchowska 1996; Zaborowski 1980]. W literaturze przedmiotu najczęściej wymienia się następujące style wychowania: demokratyczny, autokratyczny, liberalny, niekonsekwentny [Zaborowski 1980; Mika 1987]. Najkorzystniejszy dla rozwoju dziecka jest styl demokratyczny, pozwalający mu współdziałać z innymi członkami rodziny. W rodzinie stosującej ten styl decyzje podejmuje się wspólnie, dziecko zna swoje prawa i obowiązki. Styl demokratyczny ułatwia przystosowanie psychiczne i społeczne małemu człowiekowi, sprzyja kształtowaniu otwartości, inicjatywy w działaniu oraz niezależności w myśleniu. Ponadto wpływa na przyjęcie wartości cenionych przez rodziców, ich wzorów zachowania oraz kształtowaniu pozytywnej więzi z nimi [Rostowska 1995; Przetacznik-Gierowska, Włodarski 1994].

W rodzinach konserwatywnych najważniejszą osobą jest ojciec. Stosuje się w nich najczęściej autokratyczny styl wychowania. Zachowania członków rodziny podlegają ściśle określonym normom, a za ich nieprzestrzeganie przewidziane są kary. Taka dyscyplina wywiera negatywny wpływ na rozwój osobowości dziecka. Mały człowiek może się stać bierny. Nauczy się dostosowywać do obowiązujących w domu norm, jednak nie będzie się z nimi utożsamiał. Ciągła kontrola zachowania może powodować u niego wybuchy agresji w stosunku do rodziny oraz najbliższego otoczenia [Liberska, Matuszewska 2001].

Kolejnym stylem wychowania jest styl liberalny. Jego zwolennicy sądzą, że do prawidłowego rozwoju wystarczy zapewnić potomstwu odpowiednie warunki do jego aktywności. Ponieważ rodzice są nastawieni na realizację życzeń dziecka dopiero wówczas, gdy się o to zacznie upominać, może to doprowadzić do opóźnionej socjalizacji, a niekiedy egocentryzmu młodego człowieka [Rostowska 1995].

W niektórych rodzinach funkcjonuje niekonsekwentny styl wychowania, charakteryzujący się zmiennością działania rodziców. Wszelkie normy, wymagania i oceny zachowania dziecka zależą od sytuacji i nastroju rodziców i są rezultatem chaotycznych poszukiwań skutecznych metod oddziaływania. Ciągła zmiana nastrojów prowadzi na ogół do tzw. huśtawki emocjonalnej, co w konsekwencji może być przyczyną reakcji agresywnych, lękowych oraz poczucia osamotnienia i zagubienia dziecka.

Każdy z wymienionych stylów wychowania pociąga za sobą określone skutki wychowawcze. Zależą one jednak również od wieku dziecka, od całej struktury środowiska rodzinnego oraz stopnia natężenia zachowań charakterystycznych dla danego stylu.

Literatura przedmiotu upoważnia do stwierdzenia, że środowisko rodzinne stanowi istotne uwarunkowanie rozwoju aspiracji. Może ono oddziaływać zarówno w sposób pośredni, jak i bezpośredni przez charakterystyczne dla każdej rodziny czynniki społeczno-ekonomiczne, kulturowe i osobowościowe.

Jakkolwiek rodzina jest podstawowym środowiskiem rozwoju dziecka, to znaczący wpływ mają także środowisko rówieśnicze, społeczność lokalna oraz krąg kulturowy. Jest oczywiste, że wraz z dorastaniem dziecka rozszerzają się i rozwijają kontakty społeczne. Rówieśnicy stanowią więc ważny punkt odniesienia w kształtowaniu postaw, potrzeb i zamierzeń. Wiąże się to z przejmowaniem norm grupowych i z przyswajaniem standardów funkcjonowania w danej grupie. M. Łoś [1972: 42], opierając się na koncepcji H.H. Kelleya, wyróżnił następujące grupy odniesienia:
- grupa odniesienia normatywnego – istniejąca hipotetycznie lub realnie; jednostka dąży do porównywania się z osobami znajdującymi się w podobnym położeniu, wyrażającymi zbliżone opinie, uznającymi określone wartości, mającymi dane cechy czy osiągnięcia;
- grupa odniesienia porównawczego – stanowiąca źródło standardów oraz punkt odniesienia przy ocenianiu siebie i innych; rola tego typu grupy jest bierna i ogranicza się do dostarczenia wzorów, według których jednostka może oceniać siebie i innych;
- grupa audytoryjna – pełniąca funkcję grupy oceniającej, tzw. lustrzanego odbicia, za pomocą którego jednostka dokonuje samooceny i na podstawie wyobrażonych sądów innych ludzi na jej temat stwarza obraz samej siebie.

Wyodrębnione grupy odniesienia są ze sobą sprzężone i w praktyce mogą służyć jako tło porównawcze i normatywne, natomiast przyjęte normy grupowe w dużym stopniu wpływają na kształt aspiracji, pragnień i dążeń jednostki.

Do czynników wpływających na kształtowanie się aspiracji edukacyjnych i zawodowych należy zaliczyć środowisko społeczno-ekonomiczne, a przede wszystkim takie jego komponenty, jak rynek pracy, politykę, środowisko kulturalne oraz środki masowego przekazu. Sytuacja ekonomiczno-polityczna kraju tworzy zewnętrzne uwarunkowania i określa możliwości zrealizowania aspiracji. Szybkie zmiany w strukturze społecznej, liberalizacja zasad i norm regulujących zachowania ludzkie oraz silne dążenie do uzyskania autonomii, samorealizacji – wszystko to wpływa na ustalenie celów aktywności, dobór metod i środków ich osiągania. Trudności z odnalezieniem się w przekształcającym się środowisku mogą negatywnie wpływać na indywidualny rozwój jednostki [Trempała 2000; Stochmiałek 1998; Miszalska 1996; Tyszka 2002].

Nowa sytuacja społeczno-gospodarcza, poszukiwanie sposobów przezwyciężenia trudności na rynku pracy, wzrost bezrobocia, bezdomności – układ tych czynników znacząco wpływa na kształtowanie się aspiracji. W wielu z nich młodzież widzi zagrożenie dla rozwoju osobistego i dla poprawy sytuacji w kraju, co w konsekwencji budzi obawy dotyczące przyszłości.

Nie bez znaczenia dla kształtowania się dążeń jest środowisko lokalne, w którym człowiek żyje. Od tego, gdzie dziecko mieszka, jakie wzorce życia obserwuje, zależą w dużym stopniu jego aspiracje.

Spośród czynników środowiskowych coraz większe znaczenie dla formowania się dążeń mają uwarunkowania kulturowe, czyli przekazywane wzorce, tradycje funkcjonowania w świecie i czerpania z dóbr kultury. Ważna jest też edukacja do uczestnictwa w kulturze, której rezultatem powinna być ogłada, swoboda ekspresji i rozbudzone zainteresowania.

Aktywne uczestniczenie w życiu społecznym i kulturalnym odbywa się również za pośrednictwem środków masowego przekazu. Dzięki powszechnej dostępności media mają duży wpływ na ludzi. Są źródłem zarówno informacji, jak i rozrywki. Odbiorca poszukujący informacji może się jednak stać ofiarą manipulacji i sterowania. Tylko umiejętne i trafne dokonywanie wyborów treści upowszechnianych przez środki masowego przekazu pozwoli na właściwy ogląd świata i rozsądne korzystanie z wytworów współczesnej kultury.

Analiza literatury podejmującej omawiany zakres tematyczny pozwala stwierdzić, że nie ma jednoznacznych rozstrzygnięć dotyczących wpływu poszczególnych czynników na kształtowanie się aspiracji młodzieży. Omówione determinanty są ze sobą ściśle powiązane i wzajemnie się przenikają, dlatego formowanie się aspiracji i planów życiowych młodzieży jest procesem złożonym, zależnym od indywidualnych predyspozycji i możliwości, lecz również od uwarunkowań zewnętrznych, które towarzyszą całemu życiu.

2.4. Wyniki dotychczasowych badań nad aspiracjami młodzieży

Badania nad aspiracjami mają już w Polsce pewną tradycję. W zakresie omawianej problematyki przeprowadzono wiele badań różnych grup młodzieży. Można je ująć w trzy kategorie:
- badania diagnostyczno-opisowe dotyczące dążeń określonej populacji, analizowane ze względu na ich treść, rodzaj, częstotliwość występowania, natężenie;
- badania psychospołeczne uwarunkowań aspiracji, prowadzone w celu poznania zależności poziomu aspiracji od determinujących je czynników psychospołecznych;
- badania wpływu aspiracji na działanie i jego efektywność, jak również społeczne funkcjonowanie jednostki – aspiracje w tym przypadku pełnią funkcje regulacyjne w stosunku do działania skierowanego na osiągnięcie celu [Szczepska-Pustkowska 2003: 200–201].

Do badaczy zajmujących się pierwszym z wymienionych nurtów dociekań należy zaliczyć m.in.: A. Sokołowską [1967], A. Kłoskowską [1970], C. Banacha [1979], A. Janowskiego [1977], M. Czerwińską-Jasiewicz [2000], T. Lewowickiego [1987], B. Gołębiowskiego [1997], M. Ścisłowicz [1994], A. Narkiewicz--Niedbalec [1997], A. Gałkowskiego [1999], W. Jachera [1987], W. Wróblewską [2001; 2004], T. Wilk [2002] oraz M. Szymańskiego [1998a].

Badania charakterystyczne dla drugiego nurtu przeprowadzili: Z. Skorny [1980a], M. Łoś [1972], J. Kupczyk [1978], B. Olszak-Krzyżanowska [1992], B. Galas, T. Lewowicki [1991], W. Sikorski [1999].

Trzeci nurt badań reprezentują m.in.: Z. Skorny [1980a], T. Lewowicki [1987], W. Sikorski [1994], M. Sadowska [2002], K. Kotlarski [2006].

Od wielu lat badaniem młodzieży, jej perspektyw i aspiracji życiowych zajmuje się Centrum Badania Opinii Społecznej [*Diagnozy i opinie...* 2000–2006].

Na uwagę zasługują również prace dotyczące możliwości oddziaływania na młodzież w celu poszerzenia jej wiedzy o poszczególnych zawodach, wyboru zawodu oraz uświadamiania społeczno-ekonomicznych skutków tych decyzji. Badania takie prowadzili m.in. T. Nowacki [1958] i S. Dobrowolski [1967].

Ważne miejsce w historii myśli pedagogicznej na temat młodzieży oraz problemów wychowania zajmują dociekania Z. Mysłakowskiego [1965]. Autor zwracał uwagę na rolę nauczyciela w planowaniu przez młodzież przyszłości. Podkreślał wagę znajomości przez uczącego zainteresowań i zamierzeń młodych ludzi oraz właściwego kierowania nimi. Wśród czynników decydujących o wyborze drogi życiowej wymieniał osobowość dziecka oraz moment wyboru zawodu. Stwierdził, że absolwenci szkoły podstawowej w zasadzie nie są zdolni do samodzielnego planowania swojej przyszłości. Dzieci przy dokonywaniu tak ważnych wyborów potrzebują pomocy najbliższego otoczenia. Autor podkreślał dużą rolę rodziny, w której człowiek się rodzi i rozwija podstawowe potrzeby oraz dążenia. Jako przyczynę niewłaściwych wyborów planów życiowych wskazał niedostateczną opiekę rodziców oraz popełniane przez nich błędy wychowawcze.

W 1974 roku C. Banach przeprowadził badania panelowe dotyczące planów i celów absolwentów liceów ogólnokształcących. Ich wyniki wykazały wiele rozbieżności pomiędzy zamierzeniami młodzieży a ich realizacją. Wśród przyczyn takiego stanu rzeczy autor wymienił niedoskonałość pracy nauczycieli, niewystarczającą pomoc poradnictwa zawodowego oraz niedostateczne uczestnictwo rodziny w kształtowaniu planów życiowych dzieci. Wskazał również na błędy samej młodzieży, która często wybiera drogę życiową wyłącznie na podstawie kryteriów subiektywnych.

Potwierdzenie znacznego wpływu środowiska na kształtowanie się losów jednostki znajdziemy m.in. w pracach M. Łoś [1972], K. Suszka [1971] czy M. Kutymy [1973]. Autorzy doszli do wspólnego wniosku, że wśród czynników wywierających wpływ na decyzje młodzieży dotyczące przyszłości ważne jest środowisko, w którym jednostka się rodzi i wzrasta. Ponadto M. Łoś stwierdził, że aspiracje młodzieży wiejskiej są skromniejsze. Zauważył u niej trudności we właściwej ocenie własnych możliwości oraz lęk przed podejmowaniem życiowych decyzji.

Duże znaczenie dla określenia kierunków badań tych zagadnień miał II Kongres Nauki Polskiej odbywający się w 1973 roku. W jego uchwale w obrębie nauk społecznych i humanistycznych przewidziano badania wzorów konsumpcji, aspiracji i dążeń oraz systemów wartości społeczeństwa polskiego.

Szeroko zakrojone badania wzorem tzw. paneli wielokrotnych przeprowadziła M. Jastrząb-Mrozicka [1974]. Autorka na podstawie pokaźnego materiału empirycznego ukazała, jak kształtują się oczekiwania młodzieży klas maturalnych co do dalszego kształcenia się oraz jakie czynniki je determinują. Porównanie wyników badań przeprowadzonych w pierwszych klasach liceum i technikum oraz kilka miesięcy przed maturą pozwoliło stwierdzić, że na początku szkoły średniej 33% młodzieży nie ma skonkretyzowanych planów w tym zakresie, a pod koniec – tylko 11,5%. Wśród czynników wpływających na taki obraz badań należy wymienić głównie wiek, a ponadto typ szkoły oraz miejsce zamieszkania.

Obszerne badania diagnostyczne w latach 1969–1978 prowadził Z. Skorny [1980a]. Autor zanalizował prawidłowości kierujące procesem kształtowania się aspiracji oraz czynniki je determinujące. Za istotne uznał: wpływ sukcesów i porażek na poziom aspiracji, a także standardy życiowe oraz normy grupowe w określonym środowisku społecznym (rodzinnym, szkolnym, rówieśniczym). Ponadto podkreślił, że ważnym warunkiem powodzenia jest dostosowanie poziomu dążeń do możliwości ich zrealizowania.

Omawiając problematykę aspiracji, nie sposób pominąć prac A. Janowskiego [1977] powstałych w Instytucie Badań Pedagogicznych w Warszawie. Autor objął badaniami młodzież rozpoczynającą i kończącą naukę w szkołach średnich. Uznał, że podstawowym czynnikiem wpływającym na kształtowanie się aspiracji jest środowisko rodzinne. Zwrócił również uwagę na środowisko szkolne, na tworzenie w nim właściwego klimatu dla kształtowania się aspiracji, a jednocześnie realizowania celów wychowawczych. Badani respondenci przejawiali wysoki poziom aspiracji, jeśli chodziło o dążenie do ukończenia studiów wyższych, natomiast aspiracje zawodowe dotyczyły zdobycia pracy zapewniającej niezależność finansową oraz korzystny układ stosunków międzyludzkich.

Badaniami planów życiowych młodzieży zajmował się także Z. Kwieciński [1980]. Analizie poddał związki zachodzące między sytuacją młodych ludzi uczących się we wszystkich typach szkół ponadpodstawowych a selekcją społeczną następującą na początku i w toku nauki szkolnej.

Przyczyny rozbieżności pomiędzy zamierzeniami młodzieży a ich praktyczną realizacją analizował M. Kozakiewicz [1984]. Wśród czynników powodujących nierówności w starcie życiowym wymienił bariery ekonomiczne, regionalne, psychologiczne, kulturowe, szkolno-oświatowe oraz bariery spowodowane przez płeć. Autor podkreślił rolę preorientacji zawodowej, która powinna być realizowana przez nauczycieli, wychowawców oraz organizacje młodzieżowe i społeczne.

Korelacjami między poszczególnymi kategoriami aspiracji zajmowali się B. Galas i T. Lewowicki [1991]. Ich badania wykazały, że związki pomiędzy aspiracjami zawodowymi, edukacyjnymi, kulturalnymi, społecznymi i kierowniczymi tworzą spójną strukturę, natomiast słaby związek z tymi aspiracjami wykazują aspiracje rodzinne i materialne. Przy czym aspiracje rodzinne słabo wiążą się z zawodowymi i szkolnymi.

M. Szymański [1973, 1998b], podejmując problematykę aspiracji edukacyjnych, zajął się dokonywanym przez młodzież wyborem różnych typów szkół oraz preferowanymi przez nią wartościami. Autor stwierdził, że wciąż dostrzega się nierówności oświatowe, które w znacznej mierze wpływają na warunki bytowe oraz samopoczucie mieszkańców wsi. Ponadto zauważył, że dzieci żyjące w mieście mają ogólnie wyższy poziom aspiracji edukacyjnych, zawodowych i kulturalnych niż dzieci wiejskie. Biorąc pod uwagę pochodzenie społeczne, autor wykazał, że dzieci z rodzin inteligenckich mają wyższe aspiracje niż ich rówieśnicy pochodzenia robotniczego czy chłopskiego.

Deklarowanym przez młodzież celom życiowym były poświęcone badania A. Przecławskiej [1994, 1997]. Analiza wyników badań z 1991 roku prowadzonych wśród warszawskiej młodzieży ujawniła, że młodzi wskazują na wykształcenie jako niezbędny warunek osiągnięcia pozycji zawodowej.

Interesujące wyniki uzyskał W. Sikorski [1999] dzięki badaniom panelowym prowadzonym wśród uczniów liceów na początku i pod koniec edukacji. Okazało się, że osoby rozpoczynające naukę wybierały przede wszystkim aspiracje dotyczące uzyskania wysokiego wykształcenia i pozycji zawodowej, a mniejszą wagę przykładały do życia rodzinnego i dóbr materialnych. Natomiast respondenci kończący naukę wybierali jako najważniejsze aspiracje łączące się z życiem osobistym, rodzinnym, a rzadsze stały się wybory dotyczące aspiracji edukacyjnych i zawodowych.

Warte uwagi są również cykliczne badania prowadzone co dwa lata przez CBOS [*Diagnozy i opinie*... 2000, 2002, 2004, 2006, 2008]. Analiza ich wyników pozwala zauważyć, że najważniejszą wartością dla młodzieży jest udane życie rodzinne. Znaczenie tej wartości sukcesywnie wzrasta przy każdym kolejnym badaniu. Systematycznie wzrasta również poziom aspiracji edukacyjnych. W 1996 roku wykształcenie wyższe chciało zdobyć 25% badanych, w 1999 – 43%, a pod koniec 2003 roku – 71% respondentów.

W ostatnich latach badania na temat planów i aspiracji młodzieży prowadzili m.in.: T. Wilk [2003], Z. Kwiecińska-Zdrenka [2004], M. Czerepaniak-Walczak [1999], H. Liberska [2004], J. Domalewski, P. Mikiewicz [2004], H. Świda-Ziemba [2005], E. Sikora [2006].

Badania T. Wilk [2003] potwierdzają znaczenie wykształcenia w życiu młodych ludzi. Ponad 90% badanej przez autorkę młodzieży pragnie zdobyć wykształcenie wyższe. Wśród wybieranych wartości w czołówce znajdują się te, które dotyczą pracy zawodowej i życia osobisto-rodzinnego.

Analiza wyników badań J. Domalewskiego i P. Mikiewicza [2004] przeprowadzonych pod koniec 2003 roku w szkołach ponadgimnazjalnych w Toruniu i rejonie toruńskim potwierdza wysoką rangę wykształcenia. Spośród badanych 40% chce ukończyć studia wyższe magisterskie, a 19% planuje studiowanie drugiego fakultetu bądź studia podyplomowe czy doktoranckie.

Ciekawe badania zostały przeprowadzone pod kierunkiem H. Świdy-Ziemby [2005]. Dla młodych ludzi w wizji przyszłego życia najważniejsze były rodzina oraz zawód.

Badając młodzież z osiedli byłych PGR-ów, E. Sikora [2006] stwierdziła, że ponad 37,7% badanych spośród wartości instrumentalnych wybiera wykształcenie wyższe, przy czym postrzega je jako szansę na wydostanie się ze swego rodzaju getta, jakim stały się osiedla popegeerowskie, oraz środek zapewniający realizację planowanych celów i życiowych dążeń.

Przegląd literatury dotyczącej aspiracji, choć z konieczności wybiórczy, pozwolił ukazać ich główne determinanty. Poznanie aspiracji, planów życiowych, preferowanych wartości jest istotne dla całościowego ujęcia zachodzących w społeczeństwie przeobrażeń. Umożliwia bowiem prognozowanie kierunków rozwoju oświaty, a także planowanie polityki kadrowej w określonej sytuacji społeczno-gospodarczej kraju.

Rozdział 3

Założenia metodologiczne badań i ich realizacja

Znajomość sytuacji społecznej młodych ludzi oraz poznanie ich aspiracji i czynników je warunkujących ma szczególne znaczenie dla pedagogów, gdyż w dużym stopniu pozwala określić rezultaty kształcenia i wychowania, a ponadto wyznacza dalsze zadania pedagogiczne.

Mimo że problematyce aspiracji poświęcono w literaturze przedmiotu wiele miejsca, to za koniecznością prowadzenia dalszych badań przemawia postępujący proces globalizacji i integracja Polski z Unią Europejską oraz tworzenie się społeczeństwa informacyjnego opartego na wiedzy. Na tle szybkich zmian zachodzących w wielu dziedzinach życia szczególnego znaczenia nabierają troska o przyszłe losy młodych ludzi oraz przygotowanie ich do zajęcia odpowiedniego miejsca w społeczeństwie i pełnienia różnych ról społecznych. Z uwagi na ten stan rzeczy wzrasta potrzeba badań, które przyczyniłyby się do nakreślenia portretu młodego pokolenia, umożliwiając odpowiedzi na pytania, jaka jest współczesna młodzież, jakie ma aspiracje, jakiego rodzaju działalność zamierza podjąć w przyszłości.

Uznając, że okres dorastania i młodości to początek świadomego kształtowania własnego życia, a także refleksji o życiu i metarefleksji, konieczne jest udzielenie w tym czasie młodzieży pomocy w wyborach dotyczących planowania przyszłości. Dostarczenie rzetelnych informacji na temat kierunków rozwoju gospodarki oraz zapotrzebowania na określone zawody pozwoli młodym ludziom oraz ich rodzicom w sposób bardziej przemyślany dokonywać wyboru kierunków kształcenia.

Właściwy rozwój aspiracji wiąże się z koniecznością poznania czynników je determinujących. Zasadne staje się więc pytanie o to, jak wspierać młodzież w poszukiwaniu własnej drogi życiowej i odnalezieniu się we współczesnym świecie. Wyniki badań nad aspiracjami powinny przyczynić się do wskazania obszarów działań rodziców, pedagogów i wychowawców mających na celu pomoc młodzieży w podejmowaniu decyzji dotyczących dalszego kształcenia i wyboru zawodu.

3.1. Przedmiot i cele pracy

Badania naukowe to proces złożony, składający się z wielu etapów prowadzących do opracowania zebranego materiału oraz do sformułowania ostatecznych wniosków mających wartość praktyczną. Podstawą do podjęcia przedstawionych badań była analiza dotychczasowej literatury na temat edukacyjnych i zawodowych aspiracji uczniów liceów ogólnokształcących oraz własne doświadczenia zawodowe. Poznanie dążeń edukacyjnych i zawodowych młodzieży nabiera szczególnego znaczenia w czasach szybkich zmian w każdej dziedzinie życia. Bliższy ogląd tego problemu miały umożliwić podjęte badania empiryczne.

Jednym z pierwszych etapów działalności badawczej jest określenie przedmiotu i celu badań. Przedmiot badań pedagogicznych to według S. Nowaka [2007] przedmiot lub zjawisko, w odniesieniu do których formułuje się twierdzenia w odpowiedzi na stawiane pytanie problemowe.

Przedmiotem opisywanych badań są aspiracje edukacyjne i zawodowe współczesnej młodzieży uczącej się w publicznych i niepublicznych liceach ogólnokształcących. Przedsięwzięcie badawcze miało doprowadzić do rozpoznania głównych czynników warunkujących te aspiracje.

Badania naukowe służą realizacji określonych celów, przyczyniając się do wzbogacenia zarówno teorii, jak i praktyki. Dlatego podejmując je, należy sprecyzować cel, do którego mają prowadzić. „Celem badań jest poznanie umożliwiające działanie skuteczne" [Pilch, Bauman 2001: 35].

Analizując badania poprzedzające powstanie niniejszej książki, starano się osiągnąć dwa cele: teoretyczny (naukowo-poznawczy) oraz praktyczny (wdrożeniowy).

Celem teoretycznym podjętych badań jest:
- poznanie i opis aspiracji edukacyjnych i zawodowych młodzieży kształcącej się w publicznych i niepublicznych liceach ogólnokształcących,
- uchwycenie podobieństw i różnic w aspiracjach ujawnianych przez młodzież uczącą się w szkołach publicznych i niepublicznych,
- ustalenie związków i zależności między wybranymi czynnikami pedagogicznymi i środowiskowymi a poziomem aspiracji.

Celem praktycznym badań jest:
- opracowanie projektu działań pedagogicznych z młodzieżą zmierzających do optymalizacji rozwoju jej aspiracji,
- wskazanie możliwości skutecznego oddziaływania pedagogicznego w szkole i rodzinie w zakresie kształtowania i rozwoju aspiracji,
- sformułowanie konkluzji, a także wskazówek dla nauczycieli, władz oświatowych oraz rodziców, jak pomagać dzieciom w wyborze dalszego kształcenia i zawodu.

Przeprowadzone badania mają zatem charakter diagnostyczno-weryfikacyjny.

3.2. Problemy i hipotezy badawcze

Podstawową przesłanką podejmowanych badań naukowych jest określenie ich problemu oraz hipotez badawczych, które pozwolą na wyznaczenie terenu badawczych poszukiwań. Sformułowanie problemu badawczego stanowi istotny etap w przygotowawczej, koncepcyjnej fazie dociekań. Problem badawczy jest podrzędny wobec przedmiotu badań i stanowi zasadnicze uszczegółowienie i ukierunkowanie zainteresowań badacza. Jest to

> pytanie o naturę badanego zjawiska, o istotę związków między zdarzeniami lub istotami i cechami procesów, cechami zjawiska, to mówiąc inaczej – uświadomienie sobie trudności z wyjaśnieniem i zrozumieniem określonego fragmentu rzeczywistości, to mówiąc jeszcze inaczej – deklaracja o naszej niewiedzy zawarta w gramatycznej formie pytania [Pilch, Bauman 2001: 43].

Dostrzegając metodologiczny aspekt tego pojęcia, J. Pieter stwierdza, że „problemy badawcze to są pytania, na które szukamy odpowiedzi na drodze badań naukowych" [1967: 67].

Problemy badawcze mogą dotyczyć właściwości interesujących badacza faktów i zjawisk lub też zachodzących między nimi zależności. Pierwszy rodzaj określa pytania o zmienne, a drugi – relacje między zmiennymi [Łobocki 1999; Pilch 1998; Nowak 2007]. Oba rodzaje wnoszące cenne wartości poznawcze znalazły się w sformułowanych problemach badawczych.

Główne problemy badawcze, których rozwiązaniu służyły przeprowadzone badania i na które próbowano udzielić jak najszerszej odpowiedzi, przybrały postać następujących pytań:
1. Jakie są podobieństwa i różnice w aspiracjach edukacyjnych i zawodowych młodzieży kształcącej się w liceach publicznych i niepublicznych?
2. Jakie są uwarunkowania aspiracji edukacyjnych i zawodowych uczniów liceów publicznych i niepublicznych?

Ze względu na duży stopień ogólności głównych problemów badawczych sformułowano problemy szczegółowe, które sprecyzowały kierunek badań. **W ramach pierwszego problemu głównego** wyodrębniono następujące **problemy szczegółowe**:
1. Jaka jest treść aspiracji edukacyjnych i zawodowych uczniów szkół publicznych i niepublicznych?
2. Jaki jest poziom aspiracji edukacyjnych i zawodowych badanych uczniów?
3. Czy czynnik płci różnicuje aspiracje edukacyjne i zawodowe uczniów liceów publicznych i niepublicznych?

W ramach drugiego problemu głównego wyodrębniono następujące **problemy szczegółowe**:
1. Jakie czynniki pedagogiczne warunkują aspiracje edukacyjne i zawodowe uczniów liceów publicznych i niepublicznych?

1.1. W jakim stopniu organizacja procesu dydaktyczno-wychowawczego w szkołach publicznych i niepublicznych wpływa na aspiracje edukacyjne oraz zawodowe młodzieży?

1.2. Jakie działania w zakresie poradnictwa zawodowego i pomocy młodzieży w precyzowaniu planów dotyczących wyboru dalszego kształcenia i zawodu podejmują badani nauczyciele szkół publicznych i niepublicznych?

1.3. W jakim stopniu osiągnięcia szkolne uczniów wiążą się z ich aspiracjami?

2. Jakie czynniki środowiska rodzinnego warunkują aspiracje edukacyjne i zawodowe uczniów liceów publicznych i niepublicznych?

2.1. Czy istnieje związek pomiędzy poziomem wykształcenia rodziców a aspiracjami badanej młodzieży?

2.2. Czy i w jakim stopniu pochodzenie społeczne uczniów różnicuje poziom ich aspiracji?

2.3. Jaki jest związek między statusem materialno-ekonomicznym rodziny a aspiracjami badanych?

2.4. Czy tradycje zawodowe rodziny wywierają wpływ na aspiracje uczniów?

2.5. W jakim stopniu style wychowania w rodzinie wiążą się z poziomem aspiracji badanej młodzieży?

2.6. Jaki jest związek jakości współpracy rodziny ze szkołą z poziomem aspiracji uczniów?

3. Jakie są społeczno-terytorialne uwarunkowania aspiracji edukacyjnych i zawodowych uczniów liceów publicznych i niepublicznych?

3.1. Jaką rolę w wyznaczaniu aspiracji edukacyjnych i zawodowych młodzieży pełni środowisko rówieśnicze?

3.2. Jakie znaczenie w kształtowaniu aspiracji badanych mają media i instytucje kulturalno-oświatowe?

3.3. Czy i w jakim stopniu rodzaj środowiska terytorialnego wiąże się z poziomem aspiracji badanej młodzieży?

3.4. Czy w swoich aspiracjach edukacyjnych i zawodowych młodzież uwzględnia potrzeby rynku pracy?

Bezpośrednią konsekwencją metodologiczną postawionych problemów badawczych jest przyjęcie odpowiednich hipotez.

> Hipotezą nazywa się wszelkie twierdzenia częściowo tylko uzasadnione, przeto także wszelki domysł, za pomocą którego tłumaczymy dane faktyczne, a więc też i domysł w postaci uogólnienia osiągniętego na podstawie danych wyjściowych [Pilch 1998: 26].

Według M. Łobockiego [1999] hipotezę stanowią stwierdzenia, co do których istnieje pewne prawdopodobieństwo, że są właściwym rozwiązaniem sformułowanych problemów badawczych.

3.2. Problemy i hipotezy badawcze

W badaniach pedagogicznych hipoteza przybiera najczęściej kształt zależności prawdopodobnej dwu zjawisk. Powinna więc określać zależności między zmiennymi i być zbudowana na podstawie wiedzy teoretycznej o badanych zjawiskach. Hipotezy formułuje się w postaci twierdzeń i są one próbą odpowiedzi na postawione uprzednio problemy badawcze. Chcąc zatem rozwiązać problemy badawcze, należy postawić hipotezy.

W niniejszej książce na podstawie literatury przedmiotu oraz doświadczeń zawodowych autorki związanych z przedmiotem badań wysunięto następujące hipotezy:

Hipoteza pierwsza

Współczesna młodzież przejawia zróżnicowany poziom aspiracji edukacyjnych i zawodowych, na ogół wyższy w grupie uczniów ze szkół niepublicznych niż u ich rówieśników ze szkół publicznych. Różnice dotyczą najczęściej kierunku dalszego kształcenia oraz pewności osiągnięcia celu.

Hipoteza druga

Aspiracje współczesnej młodzieży są uwarunkowane przez środowisko szkolne, rodzinne i społeczno-terytorialne.

W ramach pierwszej hipotezy głównej wyodrębniono następujące **hipotezy szczegółowe:**

1. Treść aspiracji edukacyjnych i zawodowych uczniów szkół publicznych i niepublicznych jest podobna. Można przypuszczać, że osoby uczęszczające do szkół niepublicznych mają bardziej sprecyzowane dążenia i pragnienia dotyczące kierunku dalszego kształcenia, wyboru zawodu i funkcji pełnionych w ramach roli zawodowej niż ich rówieśnicy w szkołach publicznych.
2. Uczniowie szkół niepublicznych częściej wybierają wyższy poziom kształcenia niż ich rówieśnicy w szkołach publicznych. Wybór zawodu na ogół łączy się z profilem klasy licealnej.
3. Aspiracje badanych uczniów są silnie skorelowane z czynnikiem płci. Przypuszcza się, że dziewczęta przejawiają wyższe aspiracje niż ich rówieśnicy płci przeciwnej.

W ramach drugiej hipotezy głównej wyodrębniono następujące **hipotezy szczegółowe:**

1. Znaczący wpływ na kształtowanie się aspiracji edukacyjnych i zawodowych mają takie czynniki pedagogiczne, jak: organizacja procesu kształcenia, działania nauczycieli w zakresie poradnictwa zawodowego i pomocy młodzieży w precyzowaniu planów dotyczących wyboru kierunku kształcenia oraz osiągnięcia szkolne uczniów.
    1.1. Na kształtowanie się aspiracji edukacyjnych i zawodowych w istotny sposób wpływają programy kształcenia przyjęte w szkołach oraz związane z ich realizacją działania w zakresie doskonalenia metod pracy dydaktyczno-wychowawczej i stylów kierowania klasą, baza lokalowa placówek dydaktycznych i zajęcia pozalekcyjne.

1.2. Badani nauczyciele w niewystarczającym stopniu współpracują z instytucjami poradnictwa zawodowego, a szkolne formy tego poradnictwa budzą zastrzeżenia.
1.3. Osiągnięcia szkolne uczniów w znaczącym stopniu łączą się z ich aspiracjami edukacyjnymi i zawodowymi. Można przypuszczać, że dążenia młodzieży wiążą się z sukcesami i niepowodzeniami doznanymi w trakcie nauki szkolnej.
2. Poziom wykształcenia rodziców, sytuacja materialna, standard kulturowy, style wychowania w rodzinie oraz formy współpracy rodziny ze szkołą tworzą zespół czynników, które istotnie oddziałują na aspiracje edukacyjne i zawodowe młodzieży.
2.1. Duży wpływ na kształtowanie się aspiracji badanej młodzieży ma poziom wykształcenia rodziców. Młodzież pochodząca z rodzin o wyższym poziomie wykształcenia wykazuje znacznie większe aspiracje niż jej rówieśnicy, których rodzice legitymują się wykształceniem niższym.
2.2. Pochodzenie społeczne jest czynnikiem różnicującym poziom aspiracji badanych uczniów. Młodzież pochodząca ze środowisk inteligenckich aspiruje najczęściej do zdobycia wyższego wykształcenia i prestiżowych zawodów.
2.3. Sytuacja materialna badanych uczniów jest znaczącą determinantą poziomu ich aspiracji. Można przypuszczać, że uczniowie wychowywani w bardzo dobrych i dobrych warunkach bytowych częściej mają wysokie aspiracje niż ich rówieśnicy dorastający w rodzinach o niewystarczających lub złych warunkach materialnych.
2.4. Można założyć istnienie związku pomiędzy tradycjami zawodowymi rodziny a aspiracjami młodych ludzi. Badani uczniowie często powielają zawody swoich rodziców, szczególnie te o dużej randze społecznej.
2.5. Na poziom aspiracji badanej młodzieży w istotny sposób wpływają style wychowania przyjmowane przez rodziców. Stylem najbardziej sprzyjającym wysokim aspiracjom dzieci jest styl demokratyczny.
2.6. Na aspiracje uczniów ma wpływ częstotliwość i jakość współpracy rodziców ze szkołą. Zakłada się, że systematyczne kontakty rodziców z nauczycielami, udział w zebraniach klasowych, w uroczystościach i imprezach szkolnych oraz przestrzeganie zasad współpracy korzystnie wpływa na rozwój aspiracji edukacyjnych i zawodowych dzieci.
3. Drogi edukacyjne i zawodowe młodzieży zależą od znajomości aspiracji rówieśników, od środowiska terytorialnego, jak również od oddziaływania mediów, instytucji oświatowych, a także od rynku pracy.
3.1. Środowisko rówieśnicze jest jedną z determinant kształtowania się aspiracji edukacyjnych i zawodowych badanych uczniów. Należy przy-

puszczać, że młodzież zna aspiracje swoich rówieśników i częściowo się z nimi identyfikuje.

3.2. Media i instytucje kulturalno-oświatowe wywierają wpływ na cele i dążenia badanych osób. Można przypuszczać, że młodzież w różnym stopniu jest podatna na przekaz i oferty mass mediów.

3.3. Poziom aspiracji badanych uczniów jest zróżnicowany w zależności od środowiska terytorialnego i warunków życia w nim panujących. Osoby wywodzące się ze środowisk miejskich mają wyższe aspiracje niż ich rówieśnicy pochodzący ze wsi.

3.4. Należy przypuszczać, że młodzież w treści swoich aspiracji w minimalnym stopniu uwzględnia potrzeby rynku pracy.

Przedstawione hipotezy poddano weryfikacji podczas szczegółowych badań.

3.3. Zmienne i ich wskaźniki

Kolejnym ogniwem związanym z formułowaniem problemów i hipotez badawczych jest ustalenie zmiennych i dobranie do nich konkretnych wskaźników. Zmienne stanowią podstawowe cechy, które składają się na dane zjawisko, wyznaczając kierunek badań i ich cel. Muszą być empirycznie poznawane, mierzone i opisywane [Pilch 1998]. Ustalenie zmiennych pozwala na dookreślenie tego, co nas interesuje w sposób istotny w badanym wycinku rzeczywistości, oraz pozwala na uchwycenie najważniejszych zależności. Oznacza też podjętą przez badacza decyzję dotyczącą tego, pod jakim względem będzie badać dane zdarzenie lub zjawisko. Zmienną niezależną nazywa się prawdopodobne uwarunkowanie opisanego w hipotezie związku między zjawiskami, a zależną – prawdopodobne następstwo opisywanego związku [Pilch 1998].

Ponieważ zmienna (zarówno zależna, jak i niezależna) to pewna właściwość, charakterystyka, w jej opisie niezbędne jest posłużenie się określonymi wartościami – wskaźnikami. Wskaźnikiem określa się

> pewną cechę lub zjawisko, na podstawie zajścia którego wnioskujemy z pewnością bądź z określonym prawdopodobieństwem, wyższym od przeciętnego, iż zachodzi zjawisko, które nas interesuje [Nowak 2007: 49].

Wskaźniki poddają się więc obserwacji, a jednocześnie między nimi a interesującym nas zjawiskiem musi zachodzić określony związek. Dobór wskaźników i ich interpretacja stanowią ważną składową wszelkich dociekań naukowych.

W niniejszych badaniach za **zmienne zależne globalne (Zz)** uznano aspiracje edukacyjne oraz zawodowe uczniów liceów ogólnokształcących publicznych i niepublicznych. **Zmienne zależne szczegółowe** dotyczą poziomu i treści aspiracji edukacyjnych i zawodowych badanej młodzieży.

Za **zmienne niezależne globalne (Zn)** przyjęto uwarunkowania pedagogiczne, rodzinne i środowiskowe aspiracji edukacyjnych oraz zawodowych badanych uczniów liceów ogólnokształcących publicznych i niepublicznych. **Zmienne niezależne szczegółowe** dotyczą:
- organizacji procesu kształcenia,
- działań nauczycieli w zakresie poradnictwa zawodowego i pomocy młodzieży w precyzowaniu planów życiowych,
- poziomu osiągnięć uczniów,
- poziomu wykształcenia rodziców,
- pochodzenia społecznego,
- statusu materialno-ekonomicznego rodziny,
- tradycji rodzinnych,
- stylów wychowania w rodzinie,
- współpracy rodziny ze szkołą,
- wiedzy na temat aspiracji rówieśników,
- znajomości planów życiowych rówieśników,
- rodzaju środowiska terytorialnego,
- roli środowiska społecznego,
- uwzględnienia potrzeb rynku pracy.

Do pomiaru zmiennych posłużyły wskaźniki, którymi były dane z kwestionariusza ankiety dla uczniów, kwestionariusza ankiety dla nauczycieli uczących badanych uczniów oraz kwestionariusza dotyczącego analizy stylu wychowania w rodzinie. Wskaźnikami wymienionych zmiennych były również wypowiedzi respondentów (dyrektorów, pedagogów, wychowawców klas i uczniów) podczas przeprowadzonych wywiadów. Wskaźnikami uzupełniającymi były wyniki analizy dokumentów dotyczących szkoły i uczniów.

3.4. Metody, techniki i narzędzia badawcze

Przedstawiony przedmiot badań oraz cele i problemy badawcze uzasadniają zastosowanie eklektycznego modelu badań opartego na połączeniu elementów modelu ilościowego i jakościowego, co w literaturze anglo- i niemieckojęzycznej określa się mianem triangulacji [Palka 2006].

Badania mają charakter porównawczy. Zestawia się dane z dwóch typów szkół, tj. liceów ogólnokształcących publicznych i niepublicznych, z różnej wielkości miast województwa podkarpackiego. Wybór metod, technik i narzędzi badawczych pozostających ze sobą w ścisłym związku został podyktowany tematem pracy.

W literaturze przedmiotu nie ma zgodności co do określenia, czym jest metoda, a czym technika. Rozróżniając te pojęcia, przyjęto za T. Pilchem, że metoda badania naukowego to zespół teoretycznie uzasadnionych zabiegów koncepcyjnych i instrumentalnych obejmujących całość postępowania badacza zmierzającego do rozwiązania określonego problemu badawczego [1998: 42].

Natomiast techniki badań to czynności praktyczne, które są regulowane przez wypracowane dyrektywy i w konsekwencji pozwalają na uzyskanie optymalnych, sprawdzonych informacji czy opinii. Technika badań jest więc czynnością poznawczą, procesem, w który jest zaangażowany badacz i w czasie którego posługuje się on narzędziem badawczym, czyli przedmiotem służącym do realizacji tej czynności, np. kwestionariuszem, arkuszem obserwacyjnym, magnetofonem itp. [Pilch 1998]. Techniki badań są więc czynnościami podrzędnymi w stosunku do metody badań, a wykorzystywane w nich narzędzia badawcze służą do technicznego gromadzenia danych.

Metody i techniki przyjęte w celu odnalezienia odpowiedzi na sformułowane problemy badawcze zostały dobrane w ten sposób, by mogły dostarczyć informacji z pięciu źródeł – od:
- uczniów,
- nauczycieli,
- wychowawców,
- pedagogów,
- dyrektorów szkół.

Ze względu na działania badawcze o charakterze diagnostycznym za główną metodę gromadzenia materiału i organizacji badań przyjęto sondaż diagnostyczny. Jest on

> sposobem gromadzenia wiedzy o atrybutach strukturalnych i funkcjonalnych oraz dynamice zjawisk społecznych, opiniach i poglądach wybranych zbiorowości, nasilaniu się i kierunkach rozwoju określonych zjawisk i wszelkich innych zjawiskach instrumentalnie nie zlokalizowanych – posiadających znaczenie wychowawcze – w oparciu o specjalnie dobraną grupę reprezentującą populację generalną, w której badane zjawisko występuje [Pilch 1998: 52].

Charakterystyczną właściwością tej metody jest możliwość eksploracji konkretnego zjawiska społecznego, co w przypadku badań aspiracji i planów życiowych młodzieży wydaje się mieć zasadnicze znaczenie. Metoda ta była zarazem kryterium, według którego dokonano wyboru odpowiednich technik badawczych.

Zastosowanie określonych narzędzi zostało podyktowane przyjęciem wymienionych sposobów gromadzenia danych i wynikało z potrzeby rozwiązania postawionych problemów badawczych. Do pomiaru zmiennych jako podstawowe narzędzie wykorzystano autorski kwestionariusz ankiety dla ucznia. Zawarte w nim pytania powstały na podstawie problemów badawczych i dotyczyły dążeń edukacyjnych i zawodowych uczniów liceów oraz czynników warunkujących poziom aspiracji.

Uzupełnieniem kwestionariusza ankiety dla ucznia były przeprowadzone z młodzieżą wywiady. W przedstawionych badaniach zastosowano formę wywiadu w postaci ukierunkowanych pytań otwartych, co pozwoliło na uzyskanie szczegółowych informacji na temat osoby znaczącej dla ucznia. Ułatwiło to także wskazanie działań tej osoby, które wpłynęły w największym stopniu na precyzowanie przez młodego człowieka planów edukacyjnych i zawodowych. Ponadto wywiady z uczniami pozwoliły na określenie czynników mających wpływ na konkretyzację przez nich planów edukacyjnych i zawodowych. Dostarczyły również informacji o działaniach podejmowanych przez szkołę w zakresie udzielanej wychowankom pomocy w wyborze kierunku dalszego kształcenia i zawodu.

Dążąc do poznania stylu wychowania w rodzinach badanych uczniów, zastosowano kwestionariusz „Analiza stylu wychowania w rodzinie" M. Ryś [2004]. Na podstawie trzydziestu czterech twierdzeń zawartych w kwestionariuszu badani oceniali zachowania matki i ojca, które mogły mieć związek z dokonywanymi przez nich wyborami.

Dopełnieniem informacji z badanego zakresu tematycznego była analiza dokumentacji szkolnej dotyczącej danego ucznia. Pozwoliła ona określić jego osiągnięcia szkolne oraz zaznajomić się z jego sytuacją rodzinną. Szczegółowej analizie poddano dzienniki klasowe oraz arkusze ocen.

W celu zgłębienia problemu badaniami objęto także pracowników szkoły, w tym dyrektorów, nauczycieli, wychowawców i pedagogów. Z wymienionymi pracownikami (z wyjątkiem nauczycieli uczących w klasach, których członkami byli badani uczniowie) przeprowadzono wywiady na podstawie przygotowanych wcześniej dyspozycji, natomiast nauczycieli poddano badaniom za pomocą kwestionariusza ankiety.

Bliższemu poznaniu pedagogicznych uwarunkowań aspiracji i planów życiowych młodzieży służyły wywiady z dyrektorami szkół. Umożliwiły one poznanie kryteriów, jakimi kierują się dyrektorzy przy zatrudnianiu nauczycieli, oraz sposobów motywowania ich do pracy. Ponadto pozwoliły zgromadzić opinie na temat znajomości aspiracji i zainteresowań młodzieży oraz ustalić osoby odpowiedzialne za preorientację zawodową w szkole. Dzięki wywiadom można było również poznać oferty z zakresu poradnictwa zawodowego kierowane do uczniów.

Wywiady z pedagogami szkolnymi przeprowadzono z uwzględnieniem wcześniej przygotowanych dyspozycji. Wśród dyspozycji były takie, które dotyczyły informacji o stażu pracy pedagoga, przygotowaniu zawodowym, stopniu awansu oraz formach doskonalenia zawodowego. Informacje dostarczone podczas rozmowy kierowanej pozwoliły zdobyć wiedzę na temat zajęć prowadzonych z uczniami oraz form i metod preorientacji zawodowej, jak również współpracy z instytucjami poradnictwa zawodowego. Ponadto przybliżyły korzyści, jakie wypływają z tych działań dla ucznia. W czasie badania starano się aranżować sytuację zbliżoną do naturalnej rozmowy.

Na podstawie wywiadów z wychowawcami klas zgromadzono dane o ich przygotowaniu zawodowym – wykształceniu, stażu pracy w zawodzie nauczyciela, stopniu awansu zawodowego, dokształcaniu, doskonaleniu zawodowym, samokształceniu. W bezpośrednim odniesieniu do pracy wychowawczej starano się podczas rozmów ustalić, czy wychowawcy znają zainteresowania swoich uczniów, poznać tematykę prowadzonych w szkole zajęć bądź innych form pracy pomagających w rozwijaniu zainteresowań młodzieży. Rozmowy miały też pomóc w poznaniu stosowanych w danym liceum form poradnictwa zawodowego i wspierania uczniów w wyborze drogi dalszego kształcenia. Tak jak i w poprzednich wywiadach przygotowano wcześniej dyspozycje, którymi kierowano się w rozmowie z respondentami. Wypowiedzi badanych były następnie przedmiotem analitycznego przetworzenia.

W celu zgłębienia podjętej w książce problematyki poddano badaniom nauczycieli nauczających w klasach, do których chodzili badani uczniowie. Posłużono się przy tym autorskim kwestionariuszem ankiety. Zebrano dane o stażu pracy, wykształceniu, stopniu awansu zawodowego i motywach wyboru pracy w szkole. Starano się również poznać stosowane metody nauczania oraz style pracy dydaktyczno-wychowawczej. Analiza ankiet dostarczyła także informacji o warunkach pracy związanych z wyposażeniem placówek w środki dydaktyczne. Pytania zawarte w kwestionariuszu ankiety pozwoliły na uzyskanie informacji dotyczących inicjatyw nauczycieli w dziedzinie poradnictwa zawodowego oraz poznanie osób odpowiedzialnych za jego prowadzenie. Ankieta okazała się pomocna w skonfrontowaniu opinii nauczycieli na temat preferowanych metod pracy dydaktycznej i stylów kierowania klasą z opiniami uczniów oraz dyrekcji szkoły.

Zastosowane techniki i narzędzia badawcze pozwoliły na uzyskanie dwóch rodzajów danych – ilościowych i jakościowych. Stanowiły one materiał do analizy porównawczej i opisowej, której celem była próba ich interpretacji i sformułowanie propozycji możliwych rozwiązań praktycznych.

3.5. Charakterystyka terenu badań i badanej próby

Badania, które posłużyły do zebrania materiału empirycznego, zostały przeprowadzone na terenie województwa podkarpackiego, które jest jednym z szesnastu województw utworzonych w 1999 roku. Powstało ono w wyniku scalenia terenów dawnego województwa rzeszowskiego (sprzed 1975 roku), tj. województw przemyskiego, rzeszowskiego, krośnieńskiego oraz części tarnobrzeskiego i tarnowskiego. Region położony jest w południowo-wschodniej części kraju, graniczy od wschodu z obwodem lwowskim i obwodem zakarpackim Ukrainy, od południa z krajem preszowskim Słowacji oraz od północnego wschodu z województwem lubelskim, od północnego zachodu – świętokrzyskim i od zachodu – małopolskim. Obszar województwa zamieszkuje 2 097 338 osób

[*Bank danych regionalnych* 2007]. Badania odbywały się w sześciu miastach województwa podkarpackiego: Rzeszowie, Krośnie, Sanoku, Tarnobrzegu, Stalowej Woli i Jaśle.

W badaniach przyjęto metodę celowego i losowego wielostopniowego doboru próby. Próba została dobrana przy zastosowaniu następujących wymogów: wszyscy badani byli uczniami trzeciej klasy liceum ogólnokształcącego; w liceach niepublicznych badaniami objęto wszystkich uczniów klas maturalnych; w liceach publicznych dokonano losowego wyboru szkół i uczniów w liczbie odpowiadającej uczniom szkół niepublicznych. W przypadku szkół państwowych dokonano najpierw losowania placówki, a następnie klasy. Odpowiednią liczbę uczniów z danej klasy szkoły publicznej wylosowano za pomocą tablic liczb losowych [Babbie 2003]. Niezbędne było ustalenie, w jaki sposób stworzy się liczby dwucyfrowe z pięciocyfrowych, według jakiego wzorca będzie się poruszać oraz w którym miejscu się zacznie. Przyjęto, że jeżeli liczba losowa jest większa od liczby, jaką ma uczeń, to się ją pomija, jeżeli trafi się na nią drugi raz, to także się ją pomija, i tak aż do skutku. O takim właśnie wyborze próby badawczej zadecydowało założenie, że opracowanie będzie miało formę studium porównawczego, dlatego grupy badawcze były reprezentowane przez tę samą liczbę uczniów. Badaniami została objęta młodzież uczęszczająca do liceów ogólnokształcących w następujących miastach (w kolejności według liczby mieszkańców):
- w małych miastach:
  Sanok – 2 szkoły, 2 klasy
  Jasło – 2 szkoły, 2 klasy
- w średnich miastach:
  Krosno – 2 szkoły, 2 klasy
  Tarnobrzeg – 2 szkoły, 4 klasy
  Stalowa Wola – 2 szkoły, 2 klasy
- w dużych miastach:
  Rzeszów – 4 szkoły, 4 klasy

Cała populacja badawcza wynosiła 408 osób, w tym 280 uczniów klas maturalnych szkół publicznych i niepublicznych i 128 osób z kadry pedagogicznej. Aby dokonać charakterystyki badanych, przyjęto następujące zmienne: płeć, wiek, typ szkoły, środowisko terytorialne szkoły. Charakterystykę badanej próby uczniów z podziałem na typ szkoły i płeć przedstawia tabela 2.

Wśród badanych w obydwu typach szkół zauważalna jest przewaga liczebna dziewcząt (58,6%). Przy tym więcej dziewcząt uczyło się w liceach publicznych (66,45%). Chłopcy stanowili w szkołach publicznych 33,6%, a w niepublicznych 49,3%. Dane opisujące próbę badanych uczniów ze względu na wiek przedstawia tabela 3.

3.5. Charakterystyka terenu badań i badanej próby

Tabela 2. Badani uczniowie ze względu na typ szkoły i płeć

Typ szkoły	Badani uczniowie z podziałem według płci				Ogółem	
	dziewczęta		chłopcy			
	N	%	N	%	N	%
szkoła publiczna	93	66,4	47	33,6	140	100
szkoła niepubliczna	71	50,7	69	49,3	140	100
Ogółem	164	58,6	116	41,4	280	100

Źródło: opracowanie własne.

Tabela 3. Badani uczniowie ze względu na wiek

Wiek ucznia	Typ szkoły				Ogółem	
	szkoła publiczna		szkoła niepubliczna			
	N	%	N	%	N	%
16 lat	16	11,4	0	0,0	16	5,7
17 lat	30	21,4	8	5,7	38	13,6
18 lat	39	27,9	62	44,3	101	36,1
19 lat	53	37,9	63	45,0	116	41,4
20 lat	2	1,4	7	5,0	9	3,2
Ogółem	140	100,0	140	100,0	280	100,0

Źródło: opracowanie własne.

Na podstawie analizy danych z tabeli 3 można stwierdzić, że najwięcej uczniów w obu typach szkół stanowili uczniowie w wieku 19 i 18 lat, odpowiednio: 41,4% i 36,1%. Najmniej uczniów objętych badaniami było w wieku 20 lat – jedynie 3,2% całej próby.

Kolejną cechą charakteryzującą badanych uczniów było środowisko terytorialne szkoły, do której uczęszczali. Ilustruje to tabela 4. Przy określeniu środowiska terytorialnego, w jakim znajdowała się szkoła, przyjęto następujący podział:
- małe miasto – do 50 tys. mieszkańców,
- średnie miasto – od 50 do 150 tys. mieszkańców,
- duże miasto – powyżej 150 tys. mieszkańców.

Jak wynika z danych zawartych w tabeli 4, zdecydowaną większość badanej populacji tworzyli uczniowie uczęszczający do liceów ogólnokształcących w średnich miastach (64,3%). Drugą co do wielkości grupę stanowili uczniowie chodzący do liceum w dużym mieście (20,7%), a najmniej liczną grupą byli uczniowie z liceów w małych miastach (15%).

Tabela 4. Badani uczniowie według środowiska terytorialnego, w którym znajdowała się szkoła

Środowisko terytorialne szkoły	Typ szkoły				Ogółem	
	szkoła publiczna		szkoła niepubliczna			
	N	%	N	%	N	%
małe miasto	21	15,0	21	15,0	42	15,0
średnie miasto	90	64,3	90	64,3	180	64,3
duże miasto	29	20,7	29	20,7	58	20,7
Ogółem	140	100,0	140	100,0	280	100,0

Źródło: opracowanie własne.

W charakterystyce kadry pedagogicznej posłużono się podobnymi zmiennymi. Szczegółowe dane przedstawia tabela 5.

Tabela 5. Kadra pedagogiczna badanych szkół według płci

Badana kadra pedagogiczna	Płeć badanych				Ogółem	
	kobieta		mężczyzna			
	N	%	N	%	N	%
dyrektorzy	3	2,3	11	8,6	14	10,9
pedagodzy	8	6,3	0	0,0	8	6,3
nauczyciele	64	50,0	26	20,3	90	70,3
wychowawcy	10	7,8	6	4,7	16	12,5
Ogółem	85	66,4	43	33,6	128	100,0

Źródło: opracowanie własne.

Kadra pedagogiczna poddana badaniom liczyła łącznie 128 osób. Grupą, która stanowiła najwyższy odsetek, byli nauczyciele uczący w poszczególnych szkołach (70,3%). Analiza danych zamieszczonych w tabeli 5 wyraźnie wskazuje na sfeminizowanie zawodu nauczyciela. Wśród badanej kadry odsetek kobiet wynosił 66,4%. Tylko w grupie badanych dyrektorów szkół większość stanowili mężczyźni (8,6%). Na stanowisku pedagoga szkolnego nie był zatrudniony ani jeden mężczyzna. Większość badanych stanowiła kadra pedagogiczna szkół publicznych. Taka sytuacja wynikła z tego, że tylko w jednej szkole niepublicznej był zatrudniony pedagog szkolny.

Kolejną cechą charakteryzującą badaną kadrę pedagogiczną był wiek. Podział badanych z uwzględnieniem wieku oraz zajmowanego stanowiska przedstawia tabela 6.

Tabela 6. Kadra pedagogiczna według wieku

Badana kadra pedagogiczna		Wiek badanych					Ogółem
		20–25 lat	26–30 lat	31–35 lat	36–40 lat	ponad 40 lat	
dyrektorzy	N	0	1	4	5	4	14
	%	0,0	0,8	3,1	3,9	3,1	10,9
pedagodzy	N	1	6	1	0	0	8
	%	0,8	4,7	0,8	0,0	0,0	6,3
nauczyciele	N	1	14	26	23	26	90
	%	0,8	10,9	20,3	17,9	20,3	70,3
wychowawcy	N	0	2	7	4	3	16
	%	0,0	1,6	5,5	3,1	2,3	12,5
Ogółem	N	2	23	38	32	33	128
	%	1,6	17,9	29,7	25,0	25,8	100,0

Źródło: opracowanie własne.

Analiza danych zawartych w tabeli 6 wskazuje, że wśród badanej kadry pedagogicznej najwyższy odsetek stanowiły osoby w wieku 31–35 lat (29,7%), natomiast najniższy – 20–25 lat (1,6%). W przedziale 31–35 lat najliczniejszą grupę tworzyli wychowawcy i nauczyciele – odpowiednio: 43,7% i 28,9%. Najwięcej pedagogów było w wieku 26–30 lat (75%), a dyrektorów w wieku 36–40 lat (35,7%).

Tabela 7. Badani nauczyciele według środowiska terytorialnego, w którym znajdowała się szkoła

Środowisko terytorialne szkoły	Typ szkoły				Ogółem	
	szkoła publiczna		szkoła niepubliczna			
	N	%	N	%	N	%
małe miasto	15	22,4	13	21,3	28	21,9
średnie miasto	32	47,8	29	47,6	61	47,7
duże miasto	20	29,8	19	31,1	39	30,4
Ogółem	67	100,0	61	100,0	128	100,0

Źródło: opracowanie własne.

Biorąc pod uwagę środowisko terytorialne, w jakim pracowali nauczyciele w badanych szkołach, dokonano ich podziału według takich samych kryteriów jak w przypadku badanych uczniów. Przedstawia to tabela 7. Najwięcej nauczycieli pracowało w średnich miastach (47,7%), co ma związek z tym, że również największa grupa badanych uczniów uczęszczała do szkół w nich się znajdujących. Większość nauczycieli podjęła pracę w tych szkołach dlatego, że były blisko ich miejsca zamieszkania.

Wymienione zmienne charakteryzujące poszczególne grupy badanych zostaną poddane w kolejnych rozdziałach dalszej analizie, wówczas gdy będzie ustalany ich wpływ na poziom aspiracji uczniów.

3.6. Organizacja i przebieg badań

W badaniach uczestniczyło 408 osób reprezentujących różne grupy badawcze. Łącznie badaniami objęto 280 uczniów, 14 dyrektorów szkół, 16 wychowawców klas, 8 pedagogów i 90 nauczycieli.

Badania uczniów odbywały się kilka tygodni przed zakończeniem zajęć w szkołach, w czasie gdy uczniowie decydowali już o kierunku dalszego kształcenia i mieli ustabilizowane poglądy w tej sprawie. Zostały zrealizowane w trzech etapach:
- **etap pierwszy** to studia nad literaturą i opracowanie koncepcji metodologicznej, przygotowanie narzędzi oraz ich sprawdzenie w badaniach pilotażowych;
- **etap drugi** obejmował badania uczniów klas maturalnych z wykorzystaniem: kwestionariusza ankiety dla uczniów, kwestionariusza stylów życia, skali wartości oraz kwestionariusza stylu wychowania w rodzinie;
- **etap trzeci** to wywiady z uczniami klas maturalnych w celu szczegółowego poznania czynników warunkujących ich aspiracje edukacyjne i zawodowe;
- **etap czwarty** polegał na przeprowadzeniu badań kadry pedagogicznej szkół; w badaniach nauczycieli wykorzystano kwestionariusz ankiety, natomiast z dyrektorami szkół, wychowawcami i pedagogami szkolnymi przeprowadzono wywiady;
- **etap piąty** to ilościowo-statystyczne i jakościowo-pedagogiczne opracowanie uzyskanych wyników oraz ich interpretacja.

W wyniku badań zgromadzono materiał dotyczący rodzaju i poziomu aspiracji oraz ich determinant. Materiał ten poddano:
- analizie jakościowej i ilościowej, która miała na celu uporządkowanie uzyskanych informacji oraz przeprowadzenie klasyfikacji zagadnień, dokonanie obliczeń wskaźników, utworzenie tablic rozkładu danych;
- analizie opisowej, której celem było przedstawienie i opisanie rezultatów postępowań badawczych i analiz; podjęto również próbę ich wyjaśnienia i interpretacji, a także wskazania pewnych możliwych rozwiązań praktycznych.

Prezentowane badania przeprowadzono osobiście, starano się jasno przedstawić instrukcje, odpowiadać na pytania, jak również zadbać o właściwą motywację osób uczestniczących w realizacji badań.

3.7. Sposób opracowania materiału empirycznego

W toku prowadzonych badań związanych z tematem pracy zgromadzono materiał charakteryzujący obrane zmienne. Poddano go wszechstronnej analizie w celu pełnowartościowego poznania, wyjaśnienia i interpretacji zjawiska aspiracji i planów życiowych młodzieży oraz ich uwarunkowań. Zastosowano podejście ilościowe wspomagane elementami poznania jakościowego. Interpretacja wyników badań pozwoliła na rozwiązanie problemów badawczych.

Badania umożliwiły zgromadzenie materiału, na który złożyło się:
- 280 kwestionariuszy ankiet dla uczniów,
- 280 kwestionariuszy „Analizy stylu wychowania w rodzinie ucznia",
- 280 wywiadów z uczniami,
- 14 wywiadów z dyrektorami szkół,
- 8 wywiadów z pedagogami szkolnymi,
- 16 wywiadów z wychowawcami klas,
- 90 kwestionariuszy ankiet dla nauczycieli.

Zebrany w pierwotnej postaci materiał badawczy poddano zabiegom przygotowującym do wykonania podstawowych operacji matematyczno-statystycznych. Analizy zbioru danych uzyskanych w badaniach dokonano za pomocą odpowiednich metod statystycznych. Do opisu i zweryfikowania przyjętych hipotez stanowiących podstawę interpretacji wyników badań wykorzystano test χ^2 w powiązaniu ze wskaźnikiem siły związku między zmiennymi Pearsona [Guilford 1964].

Oceny istotności różnic między średnimi arytmetycznymi w analizowanych układach dokonano za pomocą testu χ^2 według ogólnie przyjętego wzoru:

$$\chi^2 = \sum \frac{(n_E - n_R)}{n}$$

gdzie:
Σ – symbol sumy,
n_E – liczebność empiryczna (zaobserwowana),
n_R – liczebność teoretyczna (oczekiwana),
n – suma badanych.

Test χ^2 umożliwia porównanie obserwowanych i oczekiwanych częstości w każdej kategorii wyznaczonej przez badaną zmienną. Ponadto pozwala sprawdzić, czy wszystkie kategorie zawierają wartości w tych samych proporcjach. Zastosowano go więc do skal pomiarowych: nominalnych (płeć, typ szkoły), porządkowych (poziom aspiracji, wykształcenie) i ilorazowych (wiek). Natomiast nie stosowano tego testu do tabel, w których choćby jedna zmienna była koniunktywna.

Dla dokonania analizy statystycznej niezbędne stało się ustalenie stopni swobody, czyli liczby niezależnych wyników obserwacji pomniejszonej o liczbę związków, które łączą te wyniki ze sobą. W celu ustalenia stopnia swobody (df) badanego zjawiska stosowano następujący wzór:

$$df = (k-1) \cdot (w-1)$$

gdzie:
k – liczba kolumn,
w – liczba wierszy.

Analiza statystyczna materiału miała na celu ustalenie, czy uzyskane statystyki charakteryzujące badanych (w grupie młodzieży szkół publicznych oraz niepublicznych) różnią się w sposób istotny, czy też dostrzeżone różnice są przypadkowe.

W celu zweryfikowania, czy obliczone wyniki badań są istotne, a różnica rzeczywiście udowodniona lub może przypadkowa, przeprowadzono dalszą standardową procedurę wyciągania wniosków. Poziom istotności różnic oznacza pewien stopień wymagań, przy którym podejmuje się decyzję o odrzuceniu lub przyjęciu hipotezy statystycznej.

Dla oceny istotności związków między zmiennymi w przedstawionych badaniach przyjęto arbitralnie stałą zależność istotną (α na poziomie 0,05 (5%), na podstawie której będzie się przyjmować hipotezę H_0 lub też ją odrzucać, opowiadając się za H_1. Ustalenie poziomu istotności 0,05 oznacza, że badacz godzi się na sytuację, że średnio w co 20. tabeli, w której odrzucono H_0 i przyjęto H_1, popełniono błąd. Wartości krytyczne będące podstawą weryfikowania hipotez dla przyjętych istotności odczytano z tabeli H.A. Snedecora [Guilford 1964]. W przypadku gdy wartość wyliczona testu χ^2 była większa od wartości krytycznej podanej w tabeli, przyjmowano hipotezę alternatywną ($H_1 \neq 0$). Jeżeli wynik testu był mniejszy niż wartość krytyczna dla przyjętego poziomu istotności (0,05), stwierdzano, że między badanymi zmiennymi nie ma związku ($H_0 = 0$) [Nowaczyk 1987a: 113]. Jeżeli:

$$\chi^2 \text{ obl} > \chi^2_{0,05(df)}, \text{ to } H_1 \neq 0$$

$$\chi^2 \text{ obl} < \chi^2_{0,05(df)}, \text{ to } H_1 = 0.$$

W celu oszacowania siły związku pomiędzy zmiennymi obliczono współczynnik korelacji r_c z testu χ^2 według wzoru Pearsona:

$$r_c = \sqrt{\frac{\chi^2}{\chi^2 + n}}$$

gdzie: n – suma uczniów.

3.7. Sposób opracowania materiału empirycznego

Wyznaczonym wartościom r_c (dla określenia zbieżności-zależności) nadano słowne oceny przyporządkowane do określeń dotyczących stwierdzonej empirycznie siły związku [Góralski 1987: 38], co przedstawia tabela 8.

Poziom współczynnika kontyngencji C Pearsona przyjmuje wartości pomiędzy 0 i 1. Daje to podstawę do określania siły związku między badanymi zmiennymi. Wartość 0 oznacza brak związku, wartości bliskie 0 wskazują na słaby związek pomiędzy zmiennymi wierszowymi i kolumnowymi, bliskie 1 – na ich silny związek, a wartość 1 oznacza pełną siłę tego związku. Procedura korelacji cząstkowych umożliwia wyliczenie współczynników korelacji cząstkowej opisujących liniową relację między dwiema zmiennymi przy wyłączeniu wpływu jednej lub wielu dodatkowych zmiennych. Korelacje są miarami powiązania liniowego. Na podstawie tych statystyk można twierdzić, że brakuje zależności pomiędzy zmiennymi zawartymi w tabeli 8 lub przeciwnie – że taka zależność istnieje i określić jej siłę.

Tabela 8. Określenie siły związku między zmiennymi

Zakresy zmienności r_p	Określenie siły związku
$r_p = 0$	brak
$0 \leq r_p < 0,1$	nikła
$0,1 \leq r_p < 0,3$	słaba
$0,3 \leq r_p < 0,5$	przeciętna
$0,5 \leq r_p < 0,7$	wysoka
$0,7 \leq r_p < 0,9$	bardzo wysoka
$0,9 \leq r_p < 1,0$	niemal pełna
$r_p = 1$	pełna

Źródło: opracowanie własne.

W czasie analizy materiału dokonano jego wielostronnej segregacji, tworząc grupy typologiczne na podstawie wyników określonej zmiennej, np. grupy uczniów według miejsca zamieszkania. Podejście statystyczne pozwoliło na weryfikację postawionych hipotez i wykazanie, które z nasuwających się wniosków można uogólnić, a które wymagają sprawdzenia w dalszych badaniach.

Rozdział 4

Dążenia edukacyjne i zawodowe badanych uczniów liceów ogólnokształcących

4.1. Treść aspiracji edukacyjnych i zawodowych uczniów szkół publicznych i niepublicznych

Działalność zawodowa to jedna z najistotniejszych części składowych życia człowieka. Wyróżnienie w badaniach aspiracji edukacyjnych i zawodowych wynika z przekonania, że sukcesy zawodowe oraz potrzeba ustawicznego uczenia się mają bezpośredni wpływ na jakość życia. Aspiracje zawodowe są silnie skorelowane z aspiracjami edukacyjnymi. To od dobrego wykształcenia i dobrych kwalifikacji będzie zależeć pokonanie konkurencji na rynku pracy oraz podjęcie ciekawej i dobrze płatnej pracy. Decyzja o wyborze szkoły i zawodu ma ogromną wagę nie tylko dla samej jednostki, lecz także dla społeczeństwa, w którym ma ona żyć i pracować.

Należy stwierdzić, że wybór zawodu i związana z tym przyszłość wywołują żywe zainteresowanie wśród badanej młodzieży. Większość badanych (88,9%) potrafi określić, jakie zawody wybrała dla siebie, ale 11,1% nie ma na ten temat wyrobionego zdania. Nie oznacza to jednak, że ci młodzi ludzie nie doceniają spraw związanych z własną przyszłością. Odkładają jednak ostateczny wybór zawodu do końca roku szkolnego. Wyniki badań przedstawia tabela 9.

Posiadanie skonkretyzowanych planów dotyczących zawodu jest uzależnione od rodzaju szkoły. Analiza statystyczna wyników badań pozwala stwierdzić różnice w zakresie wybieranych zawodów pomiędzy uczniami szkół publicznych i niepublicznych. Wskazują na to obliczenia zależności χ^2: przy liczbie stopni swobody równej 40 wartość statystyki χ^2 wynosi 84,5299514, prawdopodobieństwo rozkładu wynosi 5,0026E-05 i jest mniejsze od przyjętego poziomu istotności 0,05. Chcąc określić siłę związku pomiędzy przyjętymi zmiennymi, policzono współczynnik kontyngencji C Pearsona, który równa się 0,56825193, co świadczy o silnym związku.

Tabela 9. Zawody wybierane przez młodzież ze względu na typ szkoły

Lp.	Wybierany zawód	Badana młodzież					
		szkoła publiczna		szkoła niepubliczna		ogółem	
		N	%	N	%	N	%
1	2	3	4	5	6	7	8
1.	nauczyciel	5	3,7	8	5,7	13	4,6
2.	prawnik	5	3,7	28	20,0	33	11,9
3.	dyplomata	1	0,7	6	4,3	7	2,5
4.	inżynier produkcji	2	1,4	0	0,0	2	0,7
5.	biotechnolog	0	0,0	1	0,7	1	0,4
6.	ekonomista	12	8,6	3	2,1	15	5,4
7.	pedagog	5	3,7	4	2,9	9	3,2
8.	elektronik	3	2,1	8	5,7	11	3,9
9.	psycholog	11	7,9	17	12,2	28	10,0
10.	archeolog	1	0,7	2	1,4	3	1,1
11.	informatyk	3	2,1	2	1,4	5	1,7
12.	biznesmen	2	1,4	3	2,1	5	1,7
13.	wykładowca na uczelni	0	0,0	3	2,1	3	1,1
14.	policjant	2	1,4	1	0,7	3	1,1
15.	architekt	2	1,4	8	5,7	10	3,6
16.	lotnik	0	0,0	2	1,4	2	0,7
17.	krytyk sztuki	0	0,0	1	0,7	1	0,4
18.	tłumacz	2	1,4	3	2,1	5	1,7
19.	kartograf	1	0,7	0	0,0	1	0,4
20.	makler	2	1,4	0	0,0	2	0,7
21.	fizjoterapeuta	4	2,9	1	0,7	5	1,7
22.	konsultant	1	0,7	0	0,0	1	0,4
23.	technik	3	2,1	0	0,0	3	1,1
24.	aktor	1	0,7	4	2,9	5	1,7
25.	matematyk	2	1,4	0	0,0	2	0,7
26.	lekarz	15	10,7	9	6,3	24	8,6
27.	geolog	1	0,7	0	0,0	1	0,4
28.	historyk sztuki	2	1,4	0	0,0	2	0,7
29.	agent nieruchomości	2	1,4	3	2,1	5	1,7
30.	socjolog	3	2,1	0	0	3	1,1
31.	polityk	2	1,4	1	0,7	3	1,1
32.	żołnierz	6	4,3	0	0,0	6	2,1
33.	księgowy	4	2,9	0	0,0	4	1,2
34.	farmaceuta	3	2,1	0	0,0	3	1,1
35.	kurator	0	0,0	1	0,7	1	0,4
36.	przewodnik	0	0,0	1	0,7	1	0,4

37.	sportowiec	0	0,0	1	0,7	1	0,4
38.	pielęgniarka	4	2,9	1	0,7	5	1,7
39.	dziennikarz	8	5,7	6	4,3	14	5,0
40.	muzyk	1	0,7	0	0,0	1	0,4
41.	jeszcze nie wiem	19	13,6	12	8,7	31	11,1
	Razem	140	100,0	140	100,0	280	100,0

$\chi^2 = 84,529$
$\alpha = 0,05$
$df = 40$
$p = 5,0026E-05$
C Pearsona = = 0,56825193

Źródło: opracowanie własne.

Dokonując analizy danych z badań zawartych w tabeli 10, można wywnioskować, które zawody są najbardziej popularne wśród badanej młodzieży. Badania pokazały, że dużym uznaniem cieszą się takie zawody, jak: prawnik (11,9%), psycholog (10%), lekarz (8,6%), ekonomista (5,4%), dziennikarz (5,0%) i nauczyciel (4,6%). Można więc stwierdzić, że badana młodzież częściej preferowała pracę związaną z wiedzą humanistyczną. Uczniowie szkół publicznych najczęściej wybierali zawody: lekarza (10,7%), ekonomisty (8,6%) i psychologa (7,9%). Natomiast u ich rówieśników w szkołach niepublicznych największym powodzeniem cieszyły się zawody prawnika (20%), psychologa (12,2%) i lekarza (6,3%). Na podstawie deklaracji badanych można stwierdzić, że uczniowie szkół niepublicznych są bardziej zdecydowani w planowaniu przyszłości zawodowej.

W celu lepszego poznania uczniowskich planów zawodowych dokonano również porównania chłopców i dziewcząt. Analiza danych zawartych w tabeli 10 pozwala stwierdzić, że zawody wybierane przez młodzież odmiennej płci różnią się w sposób istotny. Chłopcy preferują pracę bezpośrednio lub pośrednio związaną z techniką. Do zawodów najczęściej przez nich wybieranych należą: ekonomista, żołnierz, informatyk, elektronik, prawnik, psycholog.

Pomimo zbieżności w ogólnych preferencjach chłopców da się zauważyć różnice dotyczące prestiżu wybieranych zawodów między uczniami szkół publicznych i niepublicznych. Uczniowie uczęszczający do placówek publicznych najczęściej wybierają zawody: ekonomisty (17,1%), żołnierza (12,6%), technika (6,4%), natomiast ich rówieśnicy w szkołach niepublicznych – prawnika (26,1%), elektronika (10,1%) i psychologa (5,8%).

W aspiracjach zawodowych dziewcząt dominują zawody związane z przedmiotami humanistycznymi. Sytuują się one najczęściej w dziedzinie opieki medycznej (lekarz, psycholog) oraz usług (prawnik). Bliższe porównanie aspiracji zawodowych uczennic (tabela 10) wskazuje na duże podobieństwa. W szkołach publicznych dziewczęta wybierają najchętniej zawód lekarza (15,1%), psychologa (10,8%), dziennikarza (8,6%), natomiast ich rówieśniczki w placówkach niepublicznych – psychologa (18,3%), prawnika (14,1%) i lekarza (8,5%).

Tabela 10. Zawody wybierane przez młodzież z podziałem na płeć

Lp.	Wybierane zawody	Badana młodzież																	
		szkoła publiczna						szkoła niepubliczna						ogółem					
		dziewczęta		chłopcy		razem		dziewczęta		chłopcy		razem		dziewczęta		chłopcy		razem	
		N	%	N	%	N	%	N	%	N	%	N	%	N	%	N	%	N	%
1	2	3	4	5	6	7	8	9	10	11	12	13	14	15	16	17	18	19	20
1.	nauczyciel	5	5,4	0	0,0	5	3,6	5	7,1	3	4,3	8	5,7	10	6,1	3	2,6	13	4,6
2.	prawnik	3	3,2	2	4,3	5	3,6	10	14,1	18	26,1	28	20,0	13	7,9	20	17,2	33	11,9
3.	dyplomata	1	1,1	0	0,0	1	0,7	2	2,8	4	5,8	6	4,4	3	1,8	4	3,4	7	2,5
4.	inżynier produkcji	0	0,0	2	4,3	2	1,4	0	0,0	0	0,0	0	0,0	0	0,0	2	1,7	2	0,7
5.	biotechnolog	0	0,0	0	0,0	0	0,0	1	1,4	0	0,0	1	0,7	1	0,6	0	0,0	1	0,4
6.	ekonomista	4	4,3	8	17,1	12	8,6	2	2,8	1	1,5	3	2,1	6	3,7	9	7,6	15	5,4
7.	pedagog	5	5,4	0	0,0	5	3,6	4	5,6	0	0,0	4	2,9	9	5,5	0	0,0	9	3,2
8.	elektronik	0	0,0	3	6,4	3	2,1	1	1,4	7	10,1	8	5,8	1	0,6	10	8,2	11	3,9
9.	psycholog	10	10,8	1	2,1	11	7,9	13	18,3	4	5,8	17	12,1	23	14,1	5	4,3	28	10,0
10.	archeolog	0	0,0	1	2,1	1	0,7	0	0,0	2	3,0	2	1,4	0	0,0	3	2,6	3	1,1
11.	informatyk	0	0,0	3	6,4	3	2,1	0	0,0	2	3,0	2	1,4	0	0,0	5	4,3	5	1,7
12.	biznesmen	1	1,1	1	1,1	2	1,4	1	1,4	2	3,0	3	2,1	2	1,2	3	2,6	5	1,7
13.	wykładowca na uczelni	0	0,0	0	0,0	0	0,0	2	2,8	1	1,5	3	2,1	2	1,2	1	0,9	3	1,1
14.	policjant	1	1,1	1	2,1	2	1,4	0	0,0	1	1,5	1	0,7	1	0,6	2	1,7	3	1,1
15.	architekt	2	2,2	0	0,0	2	1,4	5	7,1	3	4,3	8	5,8	7	4,3	3	2,6	10	3,6
16.	lotnik	0	0,0	0	0,0	0	0,0	0	0,0	2	3,0	2	1,4	0	0,0	2	1,7	2	0,7
17.	krytyk sztuki	0	0,0	0	0,0	0	0,0	1	1,4	0	0,0	1	0,7	1	0,6	0	0,0	1	0,4
18.	tłumacz	2	2,2	0	0,0	2	1,4	0	0,0	3	4,3	3	2,1	2	1,2	3	2,6	5	1,7
19.	kartograf	1	1,1	0	0,0	1	0,7	0	0,0	0	0,0	0	0,0	1	0,6	0	0,0	1	0,4
20.	makler	0	0,0	2	4,2	2	1,4	0	0,0	0	0,0	0	0,0	0	0,0	2	1,7	2	0,7
21.	fizjoterapeuta	4	4,3	0	0,0	4	2,9	1	1,4	0	0,0	1	0,7	5	3,1	0	0,0	5	1,7
22.	konsultant	1	1,1	0	0,0	1	0,7	0	0,0	0	0,0	0	0,0	1	0,6	0	0,0	1	0,4

4.1. Treść aspiracji edukacyjnych i zawodowych uczniów...

23.	technik	0	0,0	3	6,4	3	2,1	0	0,0	0	0,0	0	0,0	3	1,1
24.	aktor	1	1,1	0	0,0	1	0,7	1	1,4	4	4,3	2	2,9	5	1,7
25.	matematyk	0	0,0	2	4,2	2	1,4	0	0,0	0	0,0	0	0,0	2	0,7
26.	lekarz	14	15,1	1	2,1	15	10,8	6	8,5	9	6,4	20	12,2	24	8,6
27.	geolog	1	1,1	0	0,0	1	0,7	0	0,0	0	0,0	1	0,6	1	0,4
28.	historyk sztuki	2	2,2	0	0,0	2	1,4	0	0,0	0	0,0	2	1,2	2	0,7
29.	agent nieruchomości	1	1,1	1	2,1	2	1,4	1	1,4	3	3,0	2	1,2	5	1,7
30.	socjolog	3	3,2	0	0,0	3	2,1	0	0,0	0	0,0	3	1,8	3	1,1
31.	polityk	2	2,2	0	0,0	2	1,4	1	1,4	1	1,5	2	1,2	3	1,1
32.	żołnierz	0	0,0	6	12,8	6	4,4	0	0,0	0	0,0	0	0,0	6	2,1
33.	księgowy	2	2,2	2	4,2	4	2,9	0	0,0	0	0,0	2	1,2	4	1,4
34.	farmaceuta	3	3,2	0	0,0	3	2,1	0	0,0	0	0,0	3	1,8	3	1,1
35.	kurator	0	0,0	0	0,0	00	0,0	1	1,4	1	0,0	2	1,2	1	0,4
36.	przewodnik	0	0,0	0	0,0	0	0,0	0	0,0	1	1,5	0	0,0	1	0,4
37.	sportowiec	0	0,0	0	0,0	0	0,0	0	0,0	1	1,5	0	0,0	1	0,4
38.	pielęgniarka	4	4,3	0	0,0	4	2,9	1	1,4	1	0,0	5	3,1	5	1,7
39.	dziennikarz	8	8,6	0	0,0	8	5,8	6	8,5	6	4,4	14	8,5	14	5,0
40.	muzyk	1	1,1	0	0,0	1	0,7	0	0,0	0	0,0	1	1,2	1	0,4
41.	jeszcze nie wiem	11	11,8	8	17,1	19	13,6	6	8,5	12	10,2	18	10,8	31	11,1
	Razem	93	100,0	47	100,0	140	100,0	71	100,0	140	100,0	164	100,0	280	100,0

$\chi^2 = 82{,}4211555$
$\alpha = 0{,}05$
$df = 33$
$p = 4{,}1285E\text{-}06$
C Pearsona = 0,71834574

$\chi^2 = 44{,}6224955$
$\alpha = 0{,}05$
$df = 27$
$p = 0{,}01781542$
C Pearsona = 0,57858057

$\chi^2 = 115{,}544065$
$\alpha = 0{,}05$
$df = 40$
$p = 2{,}9213E\text{-}09$
C Pearsona = 0,63779132

Źródło: opracowanie własne.

Porównywanie wyników w badanym zakresie pozwala stwierdzić, że wybór zawodu w całej badanej populacji jest zależny od płci w stopniu wysokim (χ^2 = = 115,544065; χ^2 = 0,05; df = 40; p = 2,9213E-09; C Pearsona = 0,63779132). Zależność statystyczna porównywanych zmiennych jest na tym samym wysokim poziomie w obydwu typach szkół. W szkołach publicznych χ^2 = 115,544065; α = 0,05; df = 40; p = 2,9213E-09; C Pearsona = 0,63779132, a w niepublicznych χ^2 = 44,6224955; α = 0,05; df = 27; p = 0,01781542; C Pearsona = 0,57858057. Z analizy badań wynika, że dziewczęta uczęszczające do szkół publicznych wybrały zawody w obrębie 26 pozycji, a ich rówieśniczki w szkołach niepublicznych – 19. W grupie chłopców w szkołach publicznych wybrano w obrębie 16 pozycji, a w niepublicznych – 20.

Dokonano również podziału wybieranych przez uczniów zawodów na podstawie obowiązującej od 1 stycznia 2005 roku klasyfikacji wprowadzonej Rozporządzeniem Ministra Gospodarki i Pracy z dnia 8 grudnia 2004 r. w sprawie klasyfikacji zawodów i specjalności dla potrzeb rynku pracy oraz zakresu jej stosowania (DzU z 2004 r. nr 265, poz. 2644) oraz Rozporządzeniem Ministra Pracy i Polityki Społecznej z dnia 1 czerwca 2007 r. zmieniającym rozporządzenie w sprawie klasyfikacji zawodów i specjalności dla potrzeb rynku pracy oraz zakresu jej stosowania (DzU z 2007 r. nr 106, poz. 728). Klasyfikacja ta jest dopasowana do standardów międzynarodowych oraz uwzględnia zawody przystosowane do realiów rynku pracy w Polsce. Ponadto stanowi podstawowe narzędzie polityki zatrudnienia, poradnictwa zawodowego i pośrednictwa pracy. Jest również dokumentem wykorzystywanym w pracach badawczych przez pedagogów, ekonomistów, psychologów, socjologów itp.

Struktura klasyfikacji opiera się na systemie pojęć, z których najważniejsze to: zawód, specjalność, umiejętności oraz kwalifikacje zawodowe; jest również wynikiem grupowania zawodów na podstawie podobieństwa kwalifikacji wymaganych do realizowania zadań danego zawodu (specjalności), z uwzględnieniem obydwu aspektów kwalifikacji, tj. ich poziomu i specjalizacji. Wymienione kryteria posłużyły łączeniu poszczególnych zawodów i specjalności w grupy elementarne. W wyniku tego struktura klasyfikacji obejmuje 10 grup wielkich. Grupy wielkie oznaczono symbolem jednocyfrowym od 1 do 0, dlatego grupa 10. została opatrzona cyfrą 0. Poszczególne grupy wielkie zawodów można scharakteryzować następująco:

1. Parlamentarzyści, wyżsi urzędnicy i kierownicy. Grupa ta obejmuje zawody, w których podstawowymi zadaniami są: planowanie, określanie i realizowanie podstawowych celów i kierunków polityki państwa, formułowanie przepisów prawnych oraz kierowanie działalnością jednostek administracji publicznej, a także sprawowanie funkcji zarządzania w przedsiębiorstwach lub ich wewnętrznych jednostkach organizacyjnych.
2. Specjaliści. Grupa obejmuje zawody wymagające wysokiego poziomu wiedzy zawodowej, umiejętności oraz doświadczenia w zakresie nauk tech-

nicznych, przyrodniczych, społecznych, humanistycznych i pokrewnych. Głównymi zadaniami są tu: wdrażanie do praktyki koncepcji i teorii naukowych lub artystycznych, powiększanie dotychczasowego stanu wiedzy przez badania i twórczość oraz systematyczne nauczanie w tym zakresie.
3. Technicy i inny średni personel. Są to zawody wymagające wiedzy, umiejętności i doświadczenia niezbędnych do wykonywania głównie prac technicznych i podobnych, związanych z badaniem i stosowaniem naukowych oraz artystycznych koncepcji i metod działania.
4. Pracownicy biurowi. Zgrupowano tu zawody wymagające wiedzy, umiejętności i doświadczenia niezbędnych do zapisywania, organizowania, przechowywania i wyszukiwania informacji, obliczania danych liczbowych, finansowych i statystycznych oraz wykonywania obowiązków wobec klientów, szczególnie związanych z operacjami pieniężnymi, organizowaniem podróży, informacjami i spotkaniami w zakresie biznesu.
5. Pracownicy usług osobistych i sprzedawcy. Grupa ta obejmuje zawody wymagające wiedzy, umiejętności i doświadczenia, które są niezbędne do świadczenia usług ochrony, usług osobistych związanych m.in. z podróżą, prowadzeniem gospodarstwa, dostarczaniem żywności, opieką osobistą oraz do sprzedawania i demonstrowania towarów w sklepach hurtowych czy detalicznych.
6. Rolnicy, ogrodnicy, leśnicy i rybacy. Zebrano w tej grupie zawody wymagające wiedzy, umiejętności i doświadczenia niezbędnych do uprawy i zbioru ziemiopłodów, zbierania owoców lub roślin dziko rosnących, uprawy i eksploatacji lasów, chowu zwierząt, połowu lub hodowli ryb.
7. Robotnicy przemysłowi i rzemieślnicy. Grupa ta obejmuje zawody wymagające wiedzy, umiejętności i doświadczenia niezbędnych do uzyskiwania i obróbki surowców, wytwarzania i naprawy towarów oraz budowy, konserwacji i naprawy dróg, konstrukcji i maszyn. Główne zadania wymagają znajomości i zrozumienia charakteru pracy, stosowanych materiałów, działania maszyn i wytwarzanych produktów.
8. Operatorzy i monterzy maszyn i urządzeń. Zebrano tu zawody wymagające wiedzy, umiejętności i doświadczenia niezbędnych do prowadzenia pojazdów i innego sprzętu ruchomego, nadzorowania, kontroli oraz obserwacji pracy maszyn i urządzeń przemysłowych na miejscu lub za pomocą zdalnego sterowania oraz do montowania produktów z komponentów według ścisłych norm i metod. Wykonywanie zadań wymaga głównie znajomości i rozumienia zasad funkcjonowania obsługiwanych urządzeń.
9. Pracownicy przy pracach prostych. Są to zawody, które wymagają niskich lub podstawowych umiejętności i niewielkiej wiedzy teoretycznej niezbędnych do wykonywania przeważnie prostych i rutynowych prac z zastosowaniem narzędzi ręcznych oraz przy ograniczonej własnej inicjatywie i ocenie. W niektórych przypadkach wymagają pewnego wysiłku fizycznego.

10. Siły zbrojne. W grupie tej znajdują się żołnierze zawodowi służby stałej i kontraktowej oraz żołnierze zasadniczej i nadterminowej służby wojskowej [Korczyn 2006: 36].

Biorąc za podstawę przedstawione grupy, dokonano klasyfikacji zawodów wybieranych przez respondentów, co przedstawia tabela 11. Analizując wyniki zawarte w tej tabeli, należy stwierdzić, że badani respondenci w szkołach zarówno publicznych, jak i niepublicznych wybierali przede wszystkim zawody zaliczane do grupy specjalistów (73,6%). Od przedstawicieli należących do tej grupy zawodów wymaga się wykształcenia wyższego powiązanego z posiadaniem dużej wiedzy zawodowej oraz umiejętności na poziomie wysokim. Drugie miejsce, biorąc pod uwagę wszystkich badanych, zajmują zawody znajdujące się w grupie trzeciej, tj. technicy i inny personel średni (7,5%). Osoby, które wybierały zawody mieszczące się w tej grupie, powinny mieć wykształcenie powyżej średniego uzyskiwane w szkole policealnej lub w technikum, co pozwoli im na zdobycie wiedzy, umiejętności i doświadczenia potrzebnych do wykonywania głównie prac technicznych. Zawody z pierwszej wielkiej grupy wybrało 5,4% respondentów. Grupa ta obejmuje parlamentarzystów, wyższych urzędników oraz pełniących funkcje kierownicze w administracji publicznej i przedsiębiorstwach.

Tabela 11. Zawody wybierane przez respondentów z uwzględnieniem przynależności do wielkich grup zawodów

Lp.	Wielkie grupy zawodów	Badani uczniowie					
		szkoła publiczna		szkoła niepubliczna		razem	
		N	%	N	%	N	%
1.	parlamentarzyści, wyżsi urzędnicy i kierownicy (1)	5	3,6	10	7,1	15	5,4
2.	specjaliści (2)	96	68,5	110	78,6	206	73,6
3.	technicy i inny personel średni (3)	14	10,0	7	5,0	21	7,5
4.	pracownicy biurowi (4)						
5.	pracownicy usług osobistych i sprzedawcy (5)	–	–	1	0,7	1	0,3
6.	rolnicy, ogrodnicy, leśnicy i rybacy (6)	–	–	–	–	–	–
7.	robotnicy przemysłowi i rzemieślnicy (7)	–	–	–	–	–	–
8.	operatorzy i monterzy maszyn i urządzeń (8)	–	–	–	–	–	–
9.	zatrudnieni przy pracach prostych (9)	–	–	–	–	–	–
10.	siły zbrojne (0)	6	4,3	–	–	6	2,1
11.	niezdecydowani	19	13,9	12	8,6	31	11,1
	Razem	140	100,0	140	100,0	280	100,0

Źródło: opracowanie własne.

Różnice w wybieranych grupach zawodów w szkołach publicznych i niepublicznych przedstawia wykres 1.

Młodzież uczęszczająca do szkół niepublicznych wybiera najczęściej zawody z grupy drugiej – specjaliści (78,6%). Odsetek widzących swoją przyszłość w tej grupie zawodowej w szkołach publicznych jest mniejszy i wynosi 68,5%. Analiza danych z badań dotyczących wyboru zawodu pozwala stwierdzić istotne różnice w pozostałych grupach zawodów pomiędzy uczniami szkół publicznych i niepublicznych. Uczniowie placówek niepublicznych na kolejnych miejscach usytuowali zawody, które pozwolą im pracować w sferze polityki i przedsiębiorczości, należące do grupy pierwszej (7,1%), oraz z grupy trzeciej, czyli wymagające wiedzy technicznej (5,0%). Natomiast w przypadku ich rówieśników w szkołach publicznych na kolejnych pozycjach znalazły się zawody z grupy trzeciej (10,0%) i dziesiątej (4,3%). Wyniki te upoważniają do stwierdzenia, że uczniowie placówek niepublicznych częściej wybierają zawody wymagające wyższego poziomu wykształcenia niż osoby uczęszczające do szkół publicznych.

Wykres 1. Grupy zawodów wybierane przez młodzież w szkołach publicznych i niepublicznych

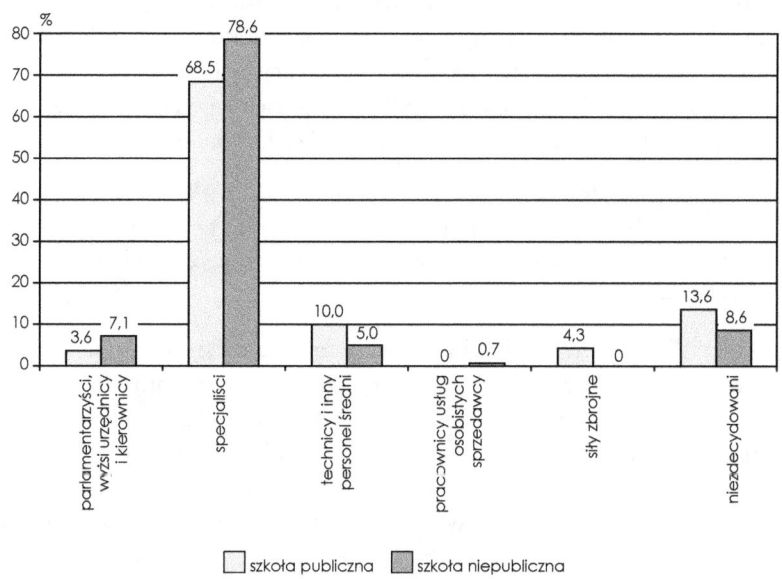

Źródło: opracowanie własne.

Decyzje dotyczące przyszłości edukacyjnej zapadają na ogół wraz z decyzjami zawodowymi. Wykonywanie zawodów wymaga spełnienia określonych warunków. Jednym z nich jest odpowiedni poziom wykształcenia. To, jaki zawód chcą zdobyć młodzi ludzie, ukierunkowuje drogę kształcenia. Preferencje w zakresie wyboru dróg edukacyjnych i zawodowych badanej młodzieży są jednak w małym stopniu skorelowane z prognozami dotyczącymi zmian struktury gospodarki [Karpiński, Paradysz, Ziemiecki 1999].

Młodzi ludzie zdają sobie sprawę z tego, że wybór drogi edukacyjnej i zawodowej w dużej mierze wpływa na jakość i styl przyszłego życia. Dzięki pracy zawodowej możliwe jest bowiem osiągnięcie określonej pozycji materialnej i prestiżu społecznego. Jednak praca ta nie jest celem samym w sobie, lecz środkiem do celu, którym jest spokojne życie na satysfakcjonującym poziomie.

4.2. Poziom aspiracji uczniów szkół publicznych i niepublicznych

Obserwowany w latach dziewięćdziesiątych wzrost zainteresowania wykształceniem był zapewne spowodowany zwiększeniem możliwości kształcenia się oraz traktowaniem wykształcenia jako kapitału. Uzyskanie odpowiedniego poziomu edukacji jest więc postrzegane jako szansa na lepsze dalsze życie i uzyskanie stabilizacji materialnej.

Poziom aspiracji w sferze wykształcenia to jedna z miar dążeń życiowych, postrzegania możliwych do osiągnięcia celów oraz określenia realnych perspektyw dalszego życia. W okresie głębokich przemian społecznych edukacja nabiera szczególnego znaczenia, a aspiracje edukacyjne są tego naturalną kontynuacją. Jak prognozują autorzy *Białej Księgi Kształcenia i Doskonalenia*,

> sytuacja każdego z nas będzie w coraz większym stopniu zależała od zdobytej wiedzy. Społeczeństwo jutra będzie inwestować w wiedzę i stanie się społeczeństwem uczenia się i nauczania, w którym każdy będzie tworzył własne kwalifikacje [Cresson, Flynn 1997: 23].

Aby określić poziom aspiracji, należy przede wszystkim stwierdzić fakt ich występowania oraz określić treść. W przedstawionych badaniach przyjęto założenie, że wskaźnikiem posiadania planów edukacyjnych jest dążenie do ukończenia liceum oraz zamiar kontynuowania nauki. Deklaracje młodych respondentów dotyczące wyboru dalszego kształcenia pozostają w związku z ogólnopolskimi tendencjami widocznymi m.in. w cyklicznych badaniach CBOS. Poziom wykształcenia, jaki zamierza osiągnąć badana młodzież, przedstawia tabela 12.

Dane uzyskane w badaniach wskazują, że w końcowym okresie pobytu w liceum niemal wszyscy uczniowie podjęli decyzję o kontynuowaniu kształcenia. Zainteresowanie zdobyciem wykształcenia jest widoczne u uczniów uczęszczających zarówno do szkół publicznych, jak i niepublicznych. Przy czym więcej osób (87,9%) deklarujących chęć uzyskania wykształcenia na poziomie wyższym uczęszcza do szkół niepublicznych. Zdobycie dyplomu uczelni wyższej jest ambicją badanej młodzieży i kluczem otwierającym wiele drzwi. Nasuwa się wniosek, że młodzi ludzie są świadomi czekających ich wyzwań i wymagań na rynku pracy zarówno polskim, jak i europejskim, chcą więc dążyć do zdobycia wyższego wykształcenia. Przedstawiane wyniki są zbieżne z wynikami wcześniejszych badań poziomu aspiracji (por. rozdział 2.4).

Tabela 12. Poziom wykształcenia, do jakiego aspiruje młodzież, według typu szkoły

Poziom wykształcenia	Badana młodzież					
	szkoła publiczna		szkoła niepubliczna		ogółem	
	N	%	N	%	N	%
wykształcenie wyższe	114	81,4	123	87,9	237	84,6
wykształcenie pomaturalne	9	6,5	6	4,3	15	5,4
wykształcenie średnie	12	8,6	8	5,7	20	14,3
niezdecydowani	5	3,5	3	2,1	8	5,7
Razem	140	100,0	140	100,0	280	100,0

$\chi^2 = 2,24177215$
$\alpha = 0,05; df = 3$
$p = 0,5237675$

Źródło: opracowanie własne.

Tabela 13. Poziom aspiracji badanej młodzieży

Poziom aspiracji	Badana młodzież					
	szkoła publiczna		szkoła niepubliczna		ogółem	
	N	%	N	%	N	%
wysoki	114	81,4	123	87,9	237	84,6
średni	9	6,5	6	4,3	15	5,4
niski	17	12,1	11	7,8	28	10,0
Razem	140	100,0	140	100,0	280	100,0

$\chi^2 = 2,22748644$
$\alpha = 0,05; df = 2$
$p = 0,3283276$

Źródło: opracowanie własne.

Planowanie przyszłości edukacyjnej pozostaje w ścisłym związku z poziomem aspiracji. Stopień aspiracji ucznia jest rozpatrywany na tle aspiracji grupy, w której dana osoba się znajduje. Przyjęto założenie, że o poziomie dążeń badanej młodzieży będą świadczyć wybierane przez nią drogi kształcenia. Wyodrębniono trzy poziomy aspiracji: wysoki, średni, niski. Przy wysokim uczeń stawia sobie dużo wyższe cele niż te, które dotychczas osiągnął. Przy średnim wyznaczone cele są nieco wyższe od już osiągniętych. Natomiast z niskim poziomem aspiracji mamy do czynienia wówczas, gdy stawiane sobie przez ucznia cele odpowiadają tym już uzyskanym. Za wysoki poziom aspiracji w przedstawionych badaniach uważa się dokonany przez respondenta wybór wykształcenia na poziomie wyższym, za średni – na poziomie maturalnym, natomiast za niski – na poziomie średnim. Określenie poziomu aspiracji zgodnie z podanymi założeniami przedstawia tabela 13.

Porównano poziom aspiracji uczniów z obu typów szkół. Okazało się, że w obu badanych grupach wyraźna jest ta sama tendencja do aspiracji na poziomie wysokim – odpowiednio w szkole publicznej 81,4%, a w niepublicznej 84,6%. Największe różnice ujawniono w przypadku aspiracji na poziomie niskim – w placówkach publicznych niskie aspiracje ma 12,1% badanej młodzieży, a w niepublicznych 7,8% badanych (wykres 2).

Wykres 2. Poziom aspiracji w szkołach publicznych i niepublicznych

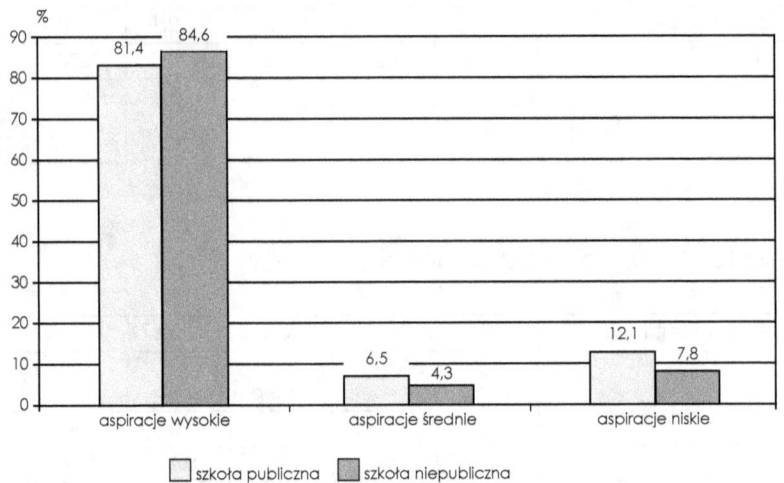

Źródło: opracowanie własne.

Taka struktura poziomu aspiracji wyraźnie pokazuje wiarę młodzieży w osiągnięcie sukcesu życiowego. Umiejętność wyboru właściwego kierunku nauczania, pragnienie poszerzania wiedzy świadczą o dojrzałości jednostki i mają doniosłe znaczenie dla formowania się jej planów i kształtowania osobowości.

Poziom aspiracji uczniów szkół publicznych i niepublicznych zależy od płci badanych (wykres 3 i tabela 14). W obu grupach kształtuje się zgodnie z tą samą tendencją do dominacji aspiracji na poziomie wysokim, przy czym wyższe aspiracje wyraźnie zauważa się wśród dziewcząt – zarówno w szkołach publicznych (91,4%), jak i niepublicznych (88,7%). Istotna różnica występuje przy niskim poziomie aspiracji. W szkołach publicznych zdecydowanie więcej badanych uczniów (31,9%) niż uczennic (2,2%) określa swoje aspiracje na poziomie niskim.

W placówkach niepublicznych z kolei aspiracje na poziomie niskim częściej mają dziewczęta (8,5%) niż chłopcy (7,2%). W liceach publicznych większość uczniów stanowią dziewczęta (66,4%), natomiast w niepublicznych proporcje są niemal równe – dziewczęta stanowią 50,7% badanych, a chłopcy 49,3%.

Wykres 3. Rozkład aspiracji uczniów szkół publicznych i niepublicznych ze względu na płeć

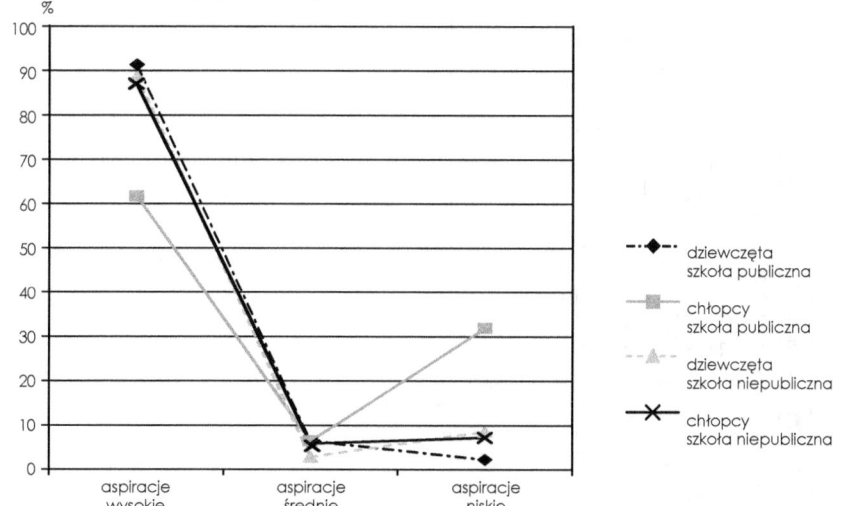

Źródło: opracowanie własne.

Na podstawie analizy statystycznej należy stwierdzić, że w ogólnej populacji badanych wykazano zależność pomiędzy płcią a poziomem aspiracji (χ^2 = 12,0220162; α = 0,05; df = 2; p = 0,00245162; C Pearsona = 0,26634155). Zależność ta kształtuje się na poziomie słabym.

Ogólnie można stwierdzić, że licealiści mają wysokie aspiracje. Kontynuowanie nauki na studiach staje się dla osób badanych normą. Oznacza to wiarę młodzieży w wartość wykształcenia wyższego, co jest naturalną konsekwencją zmian na rynku pracy i w funkcjonowaniu gospodarki. Aspiracje edukacyjne badanych wypływają z przekonania, że nauka jest najważniejszą drogą do osiągnięcia sukcesu zawodowego, oraz z poglądu, że bycie człowiekiem wykształconym jest kulturowo cenne. Aspiracje edukacyjne przekładają się bezpośrednio na obierane drogi kształcenia i łączą się przede wszystkim ze studiami wyższymi. Wybrany typ szkoły, którym jest liceum ogólnokształcące, stwarza optymalne warunki do realizacji długofalowych wysokich aspiracji edukacyjnych i zawodowych. Kończąc liceum, uczniowie mają w większości sprecyzowane zamierzenia dotyczące dalszej nauki, co w konsekwencji prowadzi do zdobycia określonego zawodu oraz podjęcia pracy. Wysokie aspiracje edukacyjne badanej młodzieży przekładają się bezpośrednio na obierane zawody.

Tabela 14. Poziom aspiracji badanej młodzieży ze względu na płeć

Poziom aspiracji	Badana młodzież											
	szkoła publiczna |||||| szkoła niepubliczna |||||| ogółem					
	kobieta		mężczyzna		ogółem		kobieta		mężczyzna		ogółem		kobieta		mężczyzna		ogółem	
	N	%	N	%	N	%	N	%	N	%	N	%	N	%	N	%	N	%
wysoki	85	91,4	29	61,7	114	81,4	63	88,7	60	87,0	123	87,9	148	90,2	89	76,7	237	84,6
średni	6	6,4	3	6,4	9	6,5	2	2,8	4	5,8	6	4,3	8	4,9	7	6,1	15	5,4
niski	2	2,2	15	31,9	17	12,1	6	8,5	5	7,2	11	7,8	8	4,9	20	17,2	28	10,0
Razem	93	100,0	47	100,0	140	100,0	71	100,0	69	100,0	140	100,0	164	100,0	116	100,0	280	100,0

$\chi^2 = 2,22748644$
$\alpha = 0,05$
$df = 2$
$p = 0,32832766$

$\chi^2 = 0,8023388$
$\alpha = 0,05$
$df = 2$
$p = 0,66953663$

$\chi^2 = 12,0220162$
$\alpha = 0,05$
$df = 2$
$p = 0,00245162$
$C\ Pearsona = 0,26634155$

Źródło: opracowanie własne.

Rozdział 5

Pedagogiczne uwarunkowania wyborów edukacyjno-zawodowych młodzieży

Aspiracje pojawiają się i kształtują pod wpływem wielu czynników. Literatura przedmiotu wskazuje, że przy rozpatrywaniu wpływu różnych czynników na kształtowanie się dążeń młodzieży należy uwzględnić uwarunkowania osobowościowe, środowiskowe i pedagogiczne. Czynniki te są ze sobą ściśle powiązane, a przeplatając się, oddziałują na tworzenie się aspiracji. Doceniając w pełni wpływ osobowościowych uwarunkowań na kształtowanie się dążeń młodzieży, w tym rozdziale skupiono uwagę na czynnikach pedagogicznych.

Na podstawie badań różnych autorów (por. podrozdziały 2.3.1 i 2.4) stwierdzono, że problematyka aspiracji jest ściśle powiązana z uwarunkowaniami pedagogicznymi. Wśród nich wyróżnia się przyczyny związane z osobą nauczyciela, a więc z jego przygotowaniem zawodowym, cechami osobowościowymi, metodami i stylem pracy dydaktycznej, oraz przyczyny tkwiące w środowisku szkolnym (np. programy nauczania, atmosfera wychowawcza, życie wewnętrzne klasy, działalność pozalekcyjna).

Mając na uwadze pedagogiczne determinanty kształtowania się aspiracji młodzieży, poddano badaniom następujące kategorie czynników:
- kadrę pedagogiczną,
- organizację procesu kształcenia,
- style i metody pracy wychowawczej nauczycieli,
- działalność pozalekcyjną szkół.

5.1. Kadra pedagogiczna badanych szkół a aspiracje edukacyjno-zawodowe młodzieży

Ważną częścią składową każdej szkoły jest kadra pedagogiczna, która zależnie od specyfiki szkoły musi być zróżnicowana pod względem kwalifikacji zawodowych. Współcześnie od nauczyciela wymaga się profesjonalizmu w zakresie przygotowania merytorycznego, pedagogicznego, psychologicznego oraz metodycznego. Jest oczywiste, że dobrze przygotowana do pracy i ciągle podnosząca kwalifikacje oraz znająca zainteresowania i potrzeby uczniów kadra pedagogiczna gwarantuje wysoki poziom pracy edukacyjnej.

Współczesny nauczyciel występuje w podwójnej roli: ma być zarówno przykładem dla uczniów w procesie kształtowania się wartości, jak i mistrzem i przewodnikiem po obszarze wiedzy i umiejętności. Dlatego w jego pracy niezmiernie ważne są takie czynniki, jak: przygotowanie pedagogiczne oraz odpowiedzialność za wybrany zawód i kształcenie uczniów.

Analiza struktury zatrudnienia nauczycieli w badanych szkołach ze względu na płeć i wiek (tabela 15) wyraźnie wskazuje na feminizację zawodu. Wśród badanych nauczycieli kobiety stanowią 67,7%. W szkołach publicznych odsetek zatrudnionych kobiet wynosi 68,8%, natomiast w niepublicznych – 66,6%. Związek funkcyjny między zmiennymi kształtuje się na poziomie wysokim i jest widoczny tylko w szkołach publicznych (χ^2 = 12,6303283; α = 0,05; df = 5; p = 0,00550823; C Pearsona = 0,58462262).

Analizując dane dotyczące wieku nauczycieli w badanych szkołach, można zauważyć, że dominują dwie kategorie wiekowe. Najliczniejszą grupę stanowią osoby w przedziale 31–35 lat oraz w wieku ponad 41 lat (po 28,9%). Występuje wyraźna różnica w wieku nauczycieli ze względu na typ szkoły. W szkołach publicznych najwyższy odsetek stanową nauczyciele po 41. roku życia (35,5%), a w niepublicznych w wieku 31–35 lat (28,9%). Średnia wieku nauczycieli w placówkach niepublicznych wynosi 34,6, a w publicznych 37,9. Taka sytuacja powoduje w miarę stabilne zatrudnienie dla zespołu nauczycielskiego, ale równocześnie tworzy ryzyko braku możliwości zatrudnienia absolwentów.

Ważnym składnikiem w analizie obrazu zatrudnionych nauczycieli jest poziom ich wykształcenia. Literatura przedmiotu oraz codzienna praktyka dowodzą, że istnieją ścisłe zależności między pracą zawodową nauczyciela a jego wykształceniem. Dane dotyczące kwalifikacji badanych osób przedstawia tabela 16. Sprawdzając relacje między zmiennymi oraz siłę ich związku, udało się uchwycić zależność statystyczną tylko w szkołach publicznych, gdzie kształtowała się na poziomie przeciętnym (χ^2 = 6,28707425; α = 0,05; df = 1; p = 0,01216217; C Pearsona = 0,45959829).

Zdecydowana większość ogółu badanych nauczycieli ma wykształcenie wyższe magisterskie – 88,9%. Najwyższy odsetek osób z takim przygotowaniem jest zatrudnionych w szkołach niepublicznych – 93,4%, niższy w szkołach publicznych – 84,4%. W szkołach państwowych obserwuje się także wyższy odsetek osób z wykształceniem licencjackim – 15,6% niż w niepaństwowych – 4,4%. Można jednak przypuszczać, że są to osoby, które aktualnie podnoszą kwalifikacje zawodowe.

5.1. Kadra pedagogiczna badanych szkół...

Tabela 15. Miejsce pracy a wiek i płeć nauczycieli

Wiek nauczycieli	Miejsce pracy													
	szkoła publiczna						szkoła niepubliczna						ogółem	
	kobieta		mężczyzna		razem		kobieta		mężczyzna		razem			
	N	%	N	%	N	%	N	%	N	%	N	%	N	%
20–25 lat	0	0,0	0	0,0	0	0,0	1	3,3	0	0,0	1	2,2	1	1,1
26–30 lat	0	0,0	3	21,4	3	6,7	8	26,7	3	20,0	11	24,5	14	15,6
31–35 lat	7	22,6	6	**42,9**	13	28,9	10	**33,3**	3	20,0	13	**28,9**	26	**28,9**
36–40 lat	9	29,0	4	28,6	13	28,9	6	20,0	4	26,7	10	22,2	23	25,5
Ponad 41	15	**48,4**	1	7,1	16	**35,5**	5	16,7	5	**33,3**	10	22,2	26	**28,9**
Razem	31	100,0	14	100,0	45	100,0	30	100,0	15	100,0	45	100,0	90	100,0

$\chi^2 = 12,6303283$; $\alpha = 0,05$; $df = 5$; $p = 0,00550823$; C Pearsona $= 0,58462262$

$\chi^2 = 2,7472028$; $\alpha = 0,05$; $df = 4$; $p = 0,60098037$

$\chi^2 = 2,3333532$; $\alpha = 0,05$; $df = 4$; $p = 0,67470338$

Źródło: opracowanie własne.

Tabela 16. Wykształcenie nauczycieli z podziałem na miejsce pracy i płeć

Wykształcenie nauczycieli	Miejsce pracy													
	szkoła publiczna						szkoła niepubliczna						ogółem	
	kobieta		mężczyzna		razem		kobieta		mężczyzna		razem			
	N	%	N	%	N	%	N	%	N	%	N	%	N	%
kolegium nauczycielskie	0	0,0	0	0,0	0	0,0	0	0,0	1	6,7	1	2,2	1	1,1
studia licencjackie	2	6,5	5	35,7	7	15,6	2	6,7	0	0,0	2	4,4	9	10,0
studia magisterskie	29	**93,5**	9	**64,3**	38	84,4	28	**93,3**	14	**93,3**	42	**93,4**	80	**88,9**
Razem	31	100,0	14	100,0	45	100,0	30	100,0	15	100,0	45	100,0	90	100,0

$\chi^2 = 6,28707425$; $\alpha = 0,05$; $df = 1$; $p = 0,01216217$; C Pearsona $= 0,45959829$

$\chi^2 = 3$; $\alpha = 0,05$; $df = 2$; $p = 0,22313016$

$\chi^2 = 4,7887224$; $\alpha = 0,05$; $df = 2$; $p = 0,09123094$

Źródło: opracowanie własne.

Badani nauczyciele dużą wagę przykładają do dokształcania i podnoszenia umiejętności zawodowych. Odbywa się to najczęściej na kursach doskonalących, konferencjach metodycznych i warsztatach przedmiotowych (76,1%). Wart odnotowania jest fakt, że 31,2% ogółu badanych nauczycieli ukończyło studia podyplomowe kwalifikacyjne najczęściej z zakresu zarządzania w oświacie, terapii pedagogicznej oraz dydaktyki. Ponad 11% badanych odbyło dodatkowo studia doskonalące – najczęściej dla nauczycieli języków obcych oraz dotyczące nauczania w zreformowanym gimnazjum i liceum. Analizując zakres tematyczny realizowanego przez nauczycieli dokształcania i doskonalenia zawodowego, należy stwierdzić, że widać wyraźnie tendencję do wybierania zagadnień związanych z dydaktyką i metodyką nauczania przedmiotów. Można również zauważyć, że uczący w szkołach niepublicznych częściej wybierają studia podyplomowe jako formę dokształcania, a w placówkach publicznych – wszelkiego rodzaju kursy doskonalące.

Awans zawodowy niewątpliwie ma wpływ na poczynania dydaktyczne nauczycieli, ich aktywność i chęć poprawy jakości pracy. Strukturę zatrudnienia nauczycieli według stopnia awansu zawodowego w badanych szkołach przedstawiają dane zamieszczone w tabeli 17. Analiza wyników badań pozwala na stwierdzenie, że najliczniejszą grupę w obydwu typach szkół stanowią nauczyciele mianowani – 52,2%. Drugą co do wielkości grupą są nauczyciele dyplomowani – 27,8%. Nauczyciele kontraktowi stanowią 17,8% ogółu zatrudnionych nauczycieli. Uwagę zwraca niski odsetek stażystów, zaledwie 2,2%. Biorąc pod uwagę typ szkoły, można stwierdzić, że w szkołach publicznych najwięcej jest nauczycieli mianowanych – 46,7% i dyplomowanych – 28,9%. W szkołach niepublicznych podobnie – największy odsetek stanowią nauczyciele mianowani – 57,8% oraz dyplomowani – 26,7%.

Różnice między zmiennymi nie są istotne statystycznie. Można zatem stwierdzić, że w obydwu typach szkół pracują nauczyciele o wysokich kwalifikacjach zawodowych. Są przygotowani zarówno w zakresie umiejętności dydaktycznych, jak i realizacji zadań wychowawczych, co predysponuje ich do osiągania sukcesów w zawodzie.

Warte podkreślenia jest to, że nauczyciele w wyborze zawodu kierowali się przede wszystkim zamiłowaniem do pracy – 58,9%, oraz zainteresowaniem pracą pedagogiczną – 48,7%. Badani doceniają rolę samokształcenia w rozwoju zawodowym. Wśród form samokształcenia najczęściej wymieniają: czytanie literatury – 82,9%, korzystanie z Internetu – 12,1%, naukę języka obcego – 14,3%. Niepokoją jednak dane, że 17,8% nauczycieli w szkołach niepublicznych oraz 26,7% w placówkach publicznych nie stosuje żadnych form samokształcenia.

W celu pełnego opisania kadry pracującej w badanych szkołach konieczne wydaje się poznanie opinii uczniów na temat ich nauczycieli. Badani uczniowie podkreślają ważność kompetencji i umiejętności nauczycieli, ich postaw i stylu pracy. Oprócz zalet intelektualnych pedagogów, takich jak: poziom wiedzy,

Tabela 17. Stopień awansu zawodowego a typ szkoły

Stopień awansu zawodowego	Miejsce pracy																	
	szkoła publiczna							szkoła niepubliczna								ogółem	
	kobieta		mężczyzna		razem			kobieta		mężczyzna		razem					
	N	%	N	%	N	%		N	%	N	%	N	%			N	%
stażysta	0	0,0	0	0,0	0	0,0		2	6,6	0	0,0	2	4,4			2	2,2
kontraktowy	7	22,6	4	28,6	11	24,4		3	10,0	2	13,3	5	11,1			16	17,8
mianowany	13	**41,9**	8	**57,1**	21	46,7		17	**56,7**	9	**60,0**	26	**57,8**			47	**52,2**
dyplomowany	11	35,5	2	14,3	13	28,9		8	26,7	4	26,7	12	26,7			25	27,8
Razem	31	100,0	14	100,0	45	100,0		30	100,0	15	100,0	45	100,0			90	100,0
	$\chi^2 = 2{,}11972359$ $\alpha = 0{,}05$ $df = 2$ $p = 0{,}34650369$							$\chi^2 = 1{,}11923077$ $\alpha = 0{,}05$ $df = 3$ $p = 0{,}77243385$								$\chi^2 = 2{,}2642074$ $\alpha = 0{,}05$ $df = 3$ $p = 0{,}51941248$	

Źródło: opracowanie własne.

zaangażowanie, umiejętność zaciekawienia przedmiotem, uczniowie dostrzegają także ich walory osobiste. Na pozytywny obraz uczącego wpływa postrzeganie go jako sprawiedliwego, wymagającego i stanowczego oraz kontaktowego i szanującego godność wychowanków. Uczniowie zwracali także uwagę na takie cechy, jak cierpliwość, wyrozumiałość oraz serdeczność i przyjazne nastawienie. Ocena nauczycieli przez badaną młodzież obejmowała również stosunek pedagogów do uczniów oraz zaangażowanie w prowadzenie zajęć (tabela 18).

Tabela 18. Ocena nauczycieli przez uczniów badanych szkół

Lp.	Określenia nauczycieli	Opinie	Badani uczniowie					
			szkoła publiczna		szkoła niepubliczna		razem	
			N	%	N	%	N	%
1.	Uczą samodzielnego myślenia	wszyscy	6	4,3	15	10,7	21	7,5
		większość	61	43,6	97	**69,3**	158	**56,4**
		niektórzy	69	**49,3**	27	19,3	96	34,3
		żaden	4	2,9	1	0,7	5	1,8
2.	Zachowują się *fair* i z wyczuciem wobec uczniów	wszyscy	3	2,1	16	11,4	19	6,8
		większość	56	40,0	81	**57,9**	137	**48,9**
		niektórzy	77	**55,0**	41	29,3	118	42,2
		żaden	4	2,9	2	1,4	6	2,1
3.	Tak naprawdę nie zależy im, aby czegoś nauczyć, chcą tylko zrealizować program	wszyscy	3	2,1	1	0,7	4	1,4
		większość	98	**70,0**	12	8,6	110	**39,3**
		niektórzy	26	18,8	51	36,4	77	27,5
		żaden	13	9,3	76	**54,3**	89	31,8
4.	Dyskutują otwarcie o problemach i konfliktach w szkole i o tym, jak je rozwiązać	wszyscy	8	5,7	96	**68,6**	104	**37,1**
		większość	36	25,7	41	31,4	77	27,5
		niektórzy	77	**55,0**	3	2,1	80	28,6
		żaden	19	13,6	0	0,0	19	6,8
5.	Są bardziej zainteresowani uczniami, którzy mają dobre wyniki, a zaniedbują słabszych	wszyscy	7	5,0	9	6,4	16	5,7
		większość	72	**51,4**	20	14,3	92	32,9
		niektórzy	37	26,4	76	**54,3**	113	**40,4**
		żaden	24	17,1	35	25,0	59	21,1

Źródło: opracowanie własne.

Biorąc pod uwagę ocenę nauczycieli dokonaną przez uczniów, należy stwierdzić, że między zmiennymi, którymi są szkoły publiczne i niepubliczne, zachodzą zależności, jednak z różnym nasileniem. Największa siła związku wystąpiła w przypadku dwóch określeń: „tak naprawdę nie zależy im, aby czegoś nauczyć, chcą tylko realizować program" – siła związku wysoka (χ^2 = 120,94875; α = 0,05; df = 3; p = 4,8206E-26; C Pearsona = 0,69826624) – oraz „dyskutują otwarcie o problemach i konfliktach w szkole i o tym, jak je rozwiązać" – siła związku bardzo wysoka (χ^2 = 162,236214; α = 0,05; df = 3; p = 6,0328E-35; C Pearsona = 0,77003689). Zależności między zmiennymi na poziomie przeciętnym stwierdzono przy określeniach nauczycieli: „uczą samodzielnego myślenia" (χ^2 = 32,2346745; α = 0,05; df = 3; p = 4,6701E-07; C Pearsona = 0,40849417) oraz „są bardziej zainteresowani uczniami, którzy mają dobre wyniki, a zaniedbują słabszych" (χ^2 = 4,51523288; α = 0,05; df = 3; p = 8,588E-10; C Pearsona = = 0,47376331).

Wyniki badań zawarte w analizowanej tabeli pozwalają na stwierdzenie, że większość nauczycieli w obydwu typach badanych szkół uczy samodzielnego myślenia – 56,4%, i zachowuje się *fair* wobec uczniów – 48,9%. Nauczyciele szkół publicznych rzadziej jednak zachowują się *fair* wobec wychowanków (55,0%) i uczą samodzielnego myślenia (49,3%) niż nauczyciele w placówkach niepublicznych (odpowiednio: 57,9% i 69,3%). Niepokojące wydaje się, że większość nauczycieli w szkołach publicznych (70%) skupia się tylko na realizacji programu nauczania i jest bardziej zainteresowana uczniami mającymi dobre wyniki w nauce niż osobami słabszymi – 51,4%. Tylko 5,7% nauczycieli placówek publicznych potrafi rozmawiać z wychowankami na temat problemów i konfliktów w szkole oraz sposobów ich rozwiązywania. Odmienny obraz nauczycieli, zdecydowanie na ich korzyść, przedstawiają uczniowie szkół niepublicznych. Ich nauczyciele w 68,6% są otwarci na dyskusje o problemach wychowanków. Dla większości z nich najważniejsze staje się przekazanie wiedzy oraz okazanie zainteresowania zarówno uczniem słabszym, jak i tym bardziej zdolnym.

Nie ulega wątpliwości, że warunkiem skutecznej realizacji pracy dydaktycznej i wychowawczej są kwalifikacje zawodowe nauczyciela. Zwracają na to uwagę w swoich opracowaniach m.in.: T. Lewowicki [1986], C. Banach [1998], K. Żegnałek [1995], Z. Skorny [1982b], J. Gęsicki [1991], H. Kwiatkowska [1988], J. Niemiec [1991], J. Szempruch [2000], M. Żebrowska [2002] i inni. Niekiedy jednak wysokie formalne kwalifikacje nauczyciela nie zapewniają wysokich osiągnięć uczniów, zwłaszcza gdy jest on odbierany jako osoba nieżyczliwa, nietaktowna i mało pomysłowa.

Kadra pedagogiczna wpływa na formowanie się aspiracji i planów życiowych młodzieży. Analiza badań dotyczących poziomu dążeń licealistów wskazała na kształtowanie się aspiracji w obydwu typach szkół na poziomie wysokim (por. rozdział 4.2), przy czym uczniowie placówek niepublicznych przejawiali nieco wyższe aspiracje. Podobnie nieco wyższe kwalifikacje mieli nauczyciele ze szkół niepublicznych. Można zatem wnioskować, że kwalifikacje nauczycieli stanowią jeden z czynników, chociaż nie najistotniejszy, wpływających na kształtowanie się aspiracji edukacyjnych i zawodowych uczniów.

5.2. Organizacja procesu kształcenia w szkołach publicznych i niepublicznych

Wśród pedagogicznych uwarunkowań aspiracji związanych ze szkołą warto zwrócić uwagę na te, które dotyczą procesu kształcenia. Jego organizacja ma duży wpływ na całokształt pracy szkoły, dlatego dyrektor ma obowiązek tak zaplanować proces kształcenia w podległej mu placówce, aby umożliwiał realizację zadań szkoły oraz osiągnięcie celów i założeń programowych. Organizacja procesu kształcenia ma zapewnić każdemu uczniowi szansę rozwoju, uwzględniając cele stawiane przez nauczyciela, ucznia i szkołę. W procesie kształcenia nauczyciel nie ogranicza się tylko do przekazywania wiadomości i sprawdzania stopnia ich przyswojenia, lecz także stymuluje działalność uczniów, wpływa na motywację do uczenia się, organizuje sytuacje dydaktyczne, dobiera metody przekazywania wiadomości.

Literatura przedmiotu dotycząca organizacji i warunków pracy szkoły, liczby klas w szkole i uczniów w klasach oraz działalności dydaktyczno-wychowawczej szkoły podkreśla wpływ tych czynników na powstawanie i realizację aspiracji uczniów. Zwracali na to uwagę m.in.: B. Borowicz [1980], Z. Kwieciński [1980], J. Niemiec [1993], M. Szymański [1973, 1998a], B. Śliwerski [1997], T. Lewowicki [1987 i 2001].

Analiza dokumentacji szkół oraz przeprowadzone z dyrektorami wywiady pozwalają stwierdzić, że w każdej szkole organizacja procesu kształcenia opiera się na arkuszu organizacyjnym sporządzonym zgodnie z prawem oświatowym, zaopiniowanym przez radę pedagogiczną i zatwierdzonym przez organ prowadzący. Na jego podstawie ustala się rozkłady zajęć. Badani nauczyciele (60%) w obydwu typach szkół są zgodni co do tego, że plany te uwzględniają w dużym zakresie indywidualne potrzeby i zainteresowania uczniów. Podobnie wypowiadają się uczniowie. Zdaniem 56,4% wszystkich badanych uczniów programy zajęć uwzględniają w dużym stopniu ich indywidualne potrzeby. Przy tym wyraźna jest tu różnica w poszczególnych typach szkół. W placówkach niepublicznych uważa tak 69,3% badanych, a w publicznych już tylko 43,6% uczniów.

Do prawidłowej realizacji procesu kształcenia niezbędna jest baza dydaktyczna szkoły. Na podstawie badań przeprowadzonych w placówkach oświatowych można stwierdzić, że mają one różnorodną bazę dydaktyczną. Widoczne są jednak znaczące różnice w ich wyposażeniu. We wszystkich szkołach jest wystarczająca liczba sal lekcyjnych. Są w nich pracownie komputerowe z dostępem do Internetu, niektóre – z tablicą multimedialną, biblioteka, pracownie przedmiotowe wyposażone w odpowiedni sprzęt, liczne materiały dydaktyczne, sale gimnastyczne.

Chcąc wskazać zasadnicze różnice w bazie dydaktycznej zachodzące między typami szkół, należy stwierdzić, że placówki publiczne są lepiej wyposażone

5.2. Organizacja procesu kształcenia w szkołach...

w sale gimnastyczne i boiska sportowe. Z kolei niepubliczne dysponują większą liczbą nowoczesnego sprzętu komputerowego, salami fonetycznymi do nauczania języków obcych, zatrudniają ponadto psychologa lub/i specjalistę od terapii pedagogicznej. Trzeba jednak podkreślić, że baza dydaktyczna szkół jest systematycznie rozwijana i unowocześniana.

W realizacji procesu kształcenia istotna jest liczebność klas. W szkołach publicznych klasy mają na ogół od 10 do 22 uczniów. Szkoły niepubliczne są z reguły placówkami o mniejszej liczbie uczniów, dlatego młodzież uczy się w nich na jedną zmianę (w większości szkół publicznych na dwie zmiany). Jeśli liczbę uczniów w klasie uzna się za jeden z ważnych czynników podnoszących warunki pracy nauczyciela i jakość pracy dydaktyczno-wychowawczej, to należy stwierdzić, że w badanych szkołach niepublicznych szanse na osiągnięcie sukcesu edukacyjnego są większe niż w publicznych.

Nie bez wpływu na rezultaty dydaktycznych poczynań nauczycieli pozostają wprowadzane w placówkach oświatowych innowacje pedagogiczne. Są one wręcz niezbędnym warunkiem unowocześnienia i zwiększenia efektywności procesu nauczania. Można zatem stwierdzić, że ważnym czynnikiem postępu w edukacji jest nauczyciel pomysłowy, twórczy, który w procesie dydaktycznym nie tylko korzysta ze sprawdzonych rozwiązań, ale sam opracowuje nowe metody i rozwiązania przyczyniające się do ulepszania pracy oraz osiągnięcia lepszych rezultatów kształcenia [Okoń 1985; Nęcka 1994; Lewowicki 1997; Szempruch 2000; Bereźnicki 2004 i inni].

Działalność innowacyjna obejmuje m.in. wprowadzanie do danego przedmiotu nowych elementów, nauczanie zindywidualizowane, stosowanie różnych form i metod aktywizacji myślenia, uczenia się, rozwijanie samodzielności, doskonalenie metod oceniania i samooceny, tworzenie autorskich programów nauczania. Stosowanie innowacji przez nauczycieli ilustruje tabela 19, a wykres 4 wskazuje na różnice w zakresie wdrażania innowacji między poszczególnymi typami szkół.

Tabela 19. Innowacje pedagogiczne stosowane przez nauczycieli

Czy nauczyciel stosuje innowacje pedagogiczne?	Badani nauczyciele					
	szkoła publiczna		szkoła niepubliczna		ogółem	
	N	%	N	%	N	%
tak	13	28,9	25	56,6	38	42,2
nie	32	71,1	20	44,4	52	57,8
Razem	45	100,0	45	100,0	90	100,0

$\chi^2 = 6,55870445$
$\alpha = 0,05$
$df = 1$
$p = 0,01043723$
C Pearsona $= 0,36857707$

Źródło: opracowanie własne.

Wykres 4. Różnice w stosowaniu innowacji przez nauczycieli w szkołach publicznych i niepublicznych

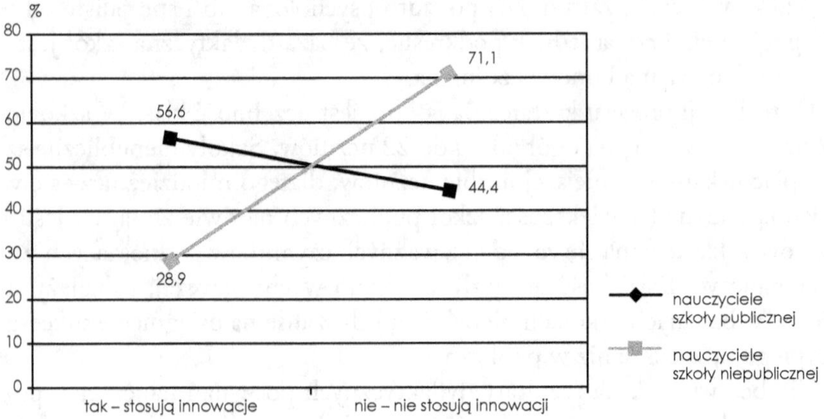

Źródło: opracowanie własne.

Jeśli zestawimy stosowanie innowacji pedagogicznych w obu typach badanych szkół, to okaże się, że w szkołach niepublicznych więcej nauczycieli (56,6%) wdraża nowe rozwiązania pedagogiczne, najczęściej z zakresu swojego przedmiotu nauczania. W placówkach publicznych innowacje pedagogiczne stosuje tylko 28,9% nauczycieli. Badani nauczyciele w szkołach niepublicznych są zgodni co do tego, że praca w szkole niepublicznej niejako zmusza ich do wprowadzania innowacji. Dlatego też w celu lepszego oddziaływania na uczniów częściej studiują literaturę z zakresu koncepcji pedagogicznych i psychologicznych. Między badanymi zmiennymi występuje zależność statystyczna o przeciętnej sile (χ^2 = = 6,55870445; α = 0,05; df = 1; p = 0,01043723; C Pearsona = 0,47376331).

Spośród rozwiązań innowacyjnych badani nauczyciele wprowadzają najczęściej metody aktywizujące, wykorzystanie multimediów i Internetu (tabela 20). W szkołach publicznych do najczęściej stosowanych innowacji należą lekcje prowadzone metodą projektów (13,3%), a w niepublicznych – wszelkiego rodzaju metody aktywizujące (26,7%). Respondenci rzadziej wskazywali na takie nowatorskie rozwiązania, jak: zajęcia fakultatywne, prowadzenie lekcji w terenie, zadawanie prac domowych włączających rodziców, hodowle szkolne prowadzone przez uczniów, eksponowanie prac na wystawach szkolnych, współpraca z uczelniami, przygotowywanie prezentacji przez uczniów, relaksacja i gimnastyka odprężająca.

Tabela 20. Rodzaje innowacji pedagogicznych stosowanych
przez nauczycieli

Lp.	Rodzaje innowacji pedagogicznych	Badani nauczyciele					
		szkoła publiczna		szkoła niepubliczna		ogółem	
		N	%	N	%	N	%
1.	lekcje metodą projektów	6	**13,3**	10	**22,2**	16	**17,8**
2.	zajęcia fakultatywne	1	2,2	4	8,0	5	5,6
3.	metody aktywizujące	4	**8,9**	12	**26,7**	16	**17,8**
4.	wykorzystanie multimediów i Internetu	3	6,7	11	**24,4**	14	15,5
5.	edukacja regionalna	0	0,0	2	4,4	2	2,2
6.	korelacja z innymi przedmiotami	0	0,0	3	6,7	3	3,3
7.	prowadzenie lekcji w terenie	1	2,2	2	4,4	3	3,3
8.	zadawanie prac domowych włączających rodziców	2	4,4	0	0,0	2	2,2
9.	hodowle szkolne prowadzone przez uczniów	3	6,7	0	0,0	3	3,3
10.	eksponowanie prac na wystawach szkolnych	3	6,7	2	4,4	5	5,6
11.	współpraca z uczelniami	0	0,0	2	4,4	2	2,2
12.	inne	4	**8,9**	6	13,3	10	11,1

Uwaga: zmienna koniunktywna – procenty nie sumują się, gdyż niektórzy nauczyciele wybierali więcej niż jeden rodzaj innowacji.

Źródło: opracowanie własne.

W rozwoju innowacji wdrażanych na terenie szkoły duże znaczenie ma osoba zarządzająca placówką, a więc dyrektor, który powinien sprzyjać postępowi. Od jego postawy zależy, w jakim kierunku pójdzie nowatorstwo nauczycieli. Dyrektor ceniący zachowania twórcze stosowane w procesie dydaktycznym potrafi stworzyć warunki do działalności innowacyjnej. W placówce dydaktyczno-opiekuńczej i wychowawczej dyrektor szkoły stoi więc przed niełatwym zadaniem nakłonienia środowiska do inspirującej i przynoszącej wymierne rezultaty pracy. Jego zadaniem, poza licznymi obowiązkami wynikającymi z zajmowanego stanowiska, jest wzbudzenie motywacji u pracowników, kierowanie nią, a następnie utrzymanie na odpowiednio wysokim poziomie.

Dyrektor znający potrzeby i oczekiwania pracowników, świadom jednocześnie swojej roli i władzy, którą dysponuje, może osiągać wraz ze swoją kadrą wspaniałe wyniki w pracy dydaktyczno-opiekuńczej bez względu na typ szkoły, jej usytuowanie czy wielkość zaplecza bazowo-finansowego. Dla dyrektora szkoły ważna jest zatem znajomość potrzeb i oczekiwań pracowników oraz posiadanie odpowiednich narzędzi służących motywacji. Dyrektor zawsze musi być blisko swoich pracowników i zadań, które realizują. Motywowanie nie może mieć charakteru doraźnego. Aby było skuteczne, musi być procesem ciągłym. Niewątpliwie motywująca jest świadomość odpowiedzialności za wykonywaną pracę, możliwość samorealizacji, poczucie bycia potrzebnym oraz swoboda w stosowaniu innowacji.

W przeprowadzonych wywiadach to dyrektorzy szkół niepublicznych częściej podkreślają duże znaczenie motywowania pracy nauczycieli, które pozwala na stworzenie skutecznie działającej placówki, spełniającej oczekiwania uczniów, rodziców i samych nauczycieli. Dyrektorzy ci zdają sobie sprawę również z tego, że ludzie odnoszący sukces wierzą w innych i chętnie pomagają się im rozwijać. Potrafią dowartościowywać nauczycieli-innowatorów, pokazując, że ich cenią i szanują. Nie wahają się więc, aby pochwalić takie osoby na radzie pedagogicznej oraz wobec rodziców czy wymienić ich zasługi w wywiadzie dla lokalnych mediów, przydzielić nagrodę i w ten sposób utrwalać postawy innowacyjne.

Badani dyrektorzy stosują różne środki motywacji nauczycieli pracujących w szkole. Najczęściej są to pochwały na radach pedagogicznych i dodatkowe wynagrodzenie (61,5%), możliwość udziału w zajęciach rekreacyjnych (15,4%), jak również w kursach dokształcających (7,7%).

Dyrektor szkoły jest także nauczycielem i w określonym przedziale swojego czasu pracy prowadzi zajęcia dydaktyczno-wychowawcze z młodzieżą. Pomyślna realizacja tak rozległych i różnorodnych ról wymaga od niego dobrze zorganizowanej i systematycznej pracy, a także wysokich kwalifikacji kierowniczych, stałego wzbogacania wiedzy i doskonalenia działalności. Dyrektorzy w przeprowadzanych wywiadach podkreślają, że ich rola jako osób kierujących szkołą jest trudna. Wielu dyrektorów – szczególnie szkół publicznych – ma poczucie ograniczenia swej autonomii. Ujawnia się ono zwłaszcza wówczas, gdy rozwiązanie problemu wymaga decyzji finansowej. Ponadto kierownicy szkół wskazują na niejednoznaczność norm prawnych i ich zmienność oraz niemożność uzyskania na czas wyjaśnień ministerstwa czy kuratorium, co dodatkowo stresuje ich przy podejmowaniu ważnych decyzji.

Od dyrektora szkoły oczekuje się, by był realizatorem polityki oświatowej. Powinien respektować przyjęte ustalenia odpowiednich władz oświatowych i samorządów lokalnych, a także wytyczne pośrednich ogniw systemu zarządzania oświatą, i wreszcie oczekiwania rodziców. W szkołach niepublicznych dyrektorzy mają większą swobodę i niezależność działań. Mogą pozwolić sobie np. na znaczące zróżnicowanie nauczycielskich pensji. Środowiska szkół niepublicznych bardziej niż państwowych sprzyjają asymilacji (przyswajaniu z zewnątrz) tendencji do zmian oraz doskonałą własną organizację wewnętrzną w celu jej dostosowania do nowych rozwiązań edukacyjnych. Pozwala to na uwzględnienie rzeczywistych potrzeb uczniów i rodziców oraz ich pełniejsze zaspokajanie.

Stosunek społeczeństwa do edukacji powoli się zmienia. Wiara w profesjonalizm nauczyciela i skuteczność systemu nauczania jest obecnie znacznie mniejsza niż przed laty. Rodzice, szczególnie uczniów szkół niepublicznych, podchodzą znacznie sceptyczniej do deklarowanego przez środowisko nauczycieli profesjonalizmu. Żądają „dowodów" na to, że ich dzieci otrzymają właściwe wykształcenie. Traktują naukę w szkole jak część swojej inwestycji w przyszłość potomstwa. Wymagania te zaostrzają się ze względu na fakt, że w coraz większym stopniu to rodzice dofinansowują utrzymanie szkół prywatnych.

Wydaje się więc, że warunkiem efektywnego funkcjonowania szkoły jest osiągnięcie przez kierującego nią dyrektora wysokiego poziomu kultury organizacyjnej. Kreowana kultura organizacyjna i jakość pracy tworzą wewnętrzną siłę placówki oświatowej, a tym samym doskonalszą ofertę edukacyjną.

Jednym z czynników wpływających na jakość nauczania w szkole jest kompetentny personel, narzucający sobie wysokie standardy pracy, akceptowane przez dyrektora. Kadra szkolna powinna uznać własną odpowiedzialność za działanie placówki. Nowoczesny dyrektor tworzy zaś szkołę jako organizację uczącą się. Odpowiada za powstawanie instytucji, jest w niej projektantem, aranżerem, nauczycielem. Jako kierownik szkoły musi mieć klarowną wizję działalności swojej placówki i otwarty umysł, by podejmować inicjatywy, udzielać wsparcia, być elastycznym, wykorzystywać strategie odgórne i oddolne. Jak wskazuje P. Senge [2002], powinien kierować, nie kierując. Zwracali na to uwagę również m.in. P. Dalin [1999], C. Banach [1997], J. Szempruch [2001], K. Kruszewski [2006], E. Potulicka [2008].

Założeniem reformy oświaty był m.in. wzrost roli szkoły i nauczyciela w tworzeniu programów nauczania. Dało to nauczycielom szansę korzystania z autorskich programów nauczania dostosowanych do poziomu i zainteresowań uczniów oraz możliwości bazowych szkoły i własnych doświadczeń. Jeśli dokona się porównania wybieranych przez nauczycieli programów, to można stwierdzić, że w badanych szkołach niepublicznych czworo nauczycieli pracuje według ułożonego przez siebie programu nauczania, opartego na programie wydawniczym, a w szkołach publicznych tylko jeden nauczyciel. Pozostali respondenci uczą na podstawie ogólnodostępnych programów wydawniczych. Wszyscy badani nauczyciele stwierdzili zgodnie, że mieli wpływ na wybór obowiązujących w szkole podręczników dla uczniów w ramach swojego przedmiotu nauczania.

Na podstawie analizy materiału empirycznego można wskazać utrudnienia, jakie napotykają nauczyciele w realizacji celów dydaktycznych. Przeszkody takie dostrzega stosunkowo mała liczba uczących w szkołach niepublicznych, nieco większa – w placówkach publicznych. Wśród trudności najczęściej wymienia się: brak doradztwa metodycznego, dużą liczebność klas, brak współpracy rodziców ze szkołą oraz kłopoty wychowawcze stwarzane przez uczniów.

Na podstawie materiału empirycznego zebranego w tabeli 21 można zauważyć, że najwięcej – bo aż 89,5% – uczniów ma wysokie aspiracje, ucząc się pod kierunkiem nauczycieli stosujących innowacje pedagogiczne. Wśród młodzieży prowadzonej przez nauczycieli niestosujących w procesie dydaktycznym innowacji osób z wysokimi aspiracjami jest 78,9%. Z kolei odsetek uczniów mających niskie aspiracje w klasach nauczycieli-innowatorów wynosi 6,6%, a u nauczycieli, którzy nie stosują innowacji – 14,1%.

Interpretacja wyników prowadzi do wniosku, że uczniowie uczestniczący w lekcjach, na których stosuje się innowacje pedagogiczne, częściej mają wysoki poziom aspiracji niż ich rówieśnicy pozbawieni możliwości uczestniczenia w działaniach nowatorskich. Mając na uwadze to, że 78,9% uczniów biorących udział w lekcjach prowadzonych tradycyjnie przejawia wysokie aspiracje, można stwierdzić, że stosowane przez nauczycieli innowacje są tylko jednym z wielu, lecz nie głównym czynnikiem wpływającym na poziom aspiracji młodych ludzi.

Zebrany i opracowany materiał statystyczny dotyczący zależności między zmiennymi pozwala stwierdzić, że ta zależność jest słaba (χ^2 = 6,04173606; α = 0,05; df = 2; p = 0,04875888; C Pearsona = 0,19077622).

Tabela 21. Innowacje pedagogiczne a poziom aspiracji badanych

Lp.	Poziom aspiracji badanych uczniów		Stosowanie przez nauczycieli innowacji		Ogółem
			tak	nie	
1.	wysoki	N	136	101	237
		%	89,5	78,9	84,6
2.	średni	N	6	9	15
		%	3,9	7,0	5,4
3.	niski	N	10	18	28
		%	6,6	14,1	10,0
	Razem	N	152	128	280
		%	100,0	45,7	100,0

χ^2 = 6,04173606
α = 0,05
df = 2
p = 0,04875888
C Pearsona = = 0,19077622

Źródło: opracowanie własne.

Właściwa, nowoczesna organizacja procesu kształcenia ma wpływ na poziom pracy nauczycieli oraz kształtowanie się aspiracji zarówno edukacyjnych, jak i zawodowych młodzieży. Dyrektorzy i nauczyciele są świadomi, że dobra szkoła to placówka otwarta na nowości oraz mająca twórczą kadrę, stale wzbogacającą wiedzę merytoryczną i podnoszącą kwalifikacje zawodowe.

W szkołach niepublicznych nauczyciele mają poczucie większej podmiotowości oraz autonomii myślenia i działania. To prowadzi do personalizacji, do indywidualnego i niepowtarzalnego wpływu na uczniów. Nowatorstwo dla tych nauczycieli oznacza przede wszystkim świadome, twórcze wykonywanie zawodu, wprowadzanie zmian mających na celu efektywniejszą i wielokierunkową pracę z uczniem. Nauczyciele ci bardziej identyfikują się ze swoją misją wpływania na kształt szkolnictwa niepublicznego. Zdają sobie sprawę z konkurencyjności i są bardziej otwarci na świat, twórczy, chętni do odrzucania stereotypów. Większy opór przeciw innowacjom pedagogicznym można zaobserwować w szkołach publicznych. Wynika on zapewne z przywiązania do tradycji, ustabilizowanych form i metod nauczania, a często niechęci do wprowadzania jakichkolwiek zmian.

Od pracy nauczyciela w dużej mierze zależy organizacja procesu uczenia się. Z kolei ta oddziałuje na kształtowanie się aspiracji i planów życiowych młodzieży. Ponadto wzajemne relacje między nauczycielem a uczniem mają znaczny wpływ na wyniki nauczania. Mając na uwadze to, że proces kształcenia jest działaniem planowym i celowym, należy sądzić, że ujęcie go w dobrze przemyślane ramy organizacyjne powinno uczynić go bardziej skutecznym.

5.3. Style i metody pracy wychowawczej nauczycieli szkół publicznych i niepublicznych a aspiracje młodzieży

Ważnym czynnikiem pedagogicznym, od którego w znacznej mierze zależy kształtowanie się aspiracji uczniów, są metody, formy i środki nauczania. Istotne są również style nauczania, które odnoszą się do sposobów pracy dydaktycznej nauczyciela i zależą od celów kształcenia oraz metod prowadzących do osiągnięcia tych celów. To, jaki styl pracy przyjmuje dany nauczyciel, jak prowadzi proces dydaktyczny, wynika z obranych przez niego celów i postrzegania własnej roli. Dlatego od początku pracy zawodowej powinien on wykształcać własny styl, który zależy przede wszystkim od jego predyspozycji, wiedzy i świadomości. Najbardziej pożądanym sposobem nauczania wydaje się ten, który jest dostosowany do potrzeb i oczekiwań uczniów. W literaturze przedmiotu wymienia się najczęściej trzy style pracy nauczycieli: autokratyczny, demokratyczny, liberalny [Janowski 2002].

Biorąc pod uwagę analizę wyników badań dotyczących preferowanego stylu pracy nauczycieli w obydwu typach szkół, należy stwierdzić, że stosują oni najczęściej style: demokratyczny (43,3%) i autokratyczny (33,4%). Przy czym zauważa się różnice w wyborach sposobu kształcenia ze względu na typ szkoły.

W szkołach publicznych dominuje styl autokratyczny (37,7%), sprzyjający mniejszej aktywności oraz obniżający uczniowską inicjatywę i samodzielność myślenia. Styl demokratyczny w tych placówkach wybiera 33,3% nauczycieli.

Odmiennie przedstawia się sytuacja w szkołach niepublicznych. Wśród badanych nauczycieli w tych placówkach wyraźnie dominuje demokratyczny styl pracy (53,3%). Nauczyciele ci uważają, że sukces nauczania gwarantuje styl demokratyczny, oparty na życzliwości, współpracy i partnerstwie. Stwarzając warunki do swobodnej pracy, umożliwiają uczniom wykazanie się inwencją twórczą i pomysłowością oraz samodzielnością. Styl autokratyczny w tych szkołach stosuje 17,8% nauczycieli. Badani podkreślali, że zdarza im się stosować mieszane style pracy w zależności od konkretnie zaistniałej sytuacji.

Związki pomiędzy stylami pracy nauczycieli i aspiracjami uczniów są modyfikowane przez wiele innych czynników. Bodźcami różnicującymi dążenia młodzieży są m.in. metody pracy dydaktycznej uczących, które decydują nie tylko o efektywności nauczania, lecz także o jego atrakcyjności. W literaturze przedmiotu istnieje wiele metod nauczania i spotkać można różne ich klasyfikacje. Podział najbardziej pełny, wynikający z koncepcji kształcenia wielostronnego, uwzględnia cztery rodzaje metod:
- podające,
- problemowe,
- eksponujące,
- praktyczne [Okoń 2004: 64].

Wybór metody nauczania ma na celu skuteczne przedstawienie uczniom nowych wiadomości oraz umożliwienie im ich opanowania, jak również nabycie umiejętności wykorzystania wiedzy w praktyce. Współczesne trendy w nauczaniu wymagają stosowania takich metod, które pobudzą możliwości twórcze młodzieży. Wiedza w szkole musi być przekazywana w sposób atrakcyjny, motywujący do twórczego myślenia i działania, angażujący różne rodzaje aktywności oraz uwzględniający przygotowanie do samorozwoju. Stąd też sugestia naukowców, by stosować metody aktywne, oparte na samodzielnej działalności uczniów o charakterze twórczym, odkrywczym i badawczym [Śnieżyński 2003; Szempruch 2001; Lewowicki 1987; Andrukowicz 2000; Więckowski 1992].

W celu zebrania informacji dotyczących metod pracy najczęściej stosowanych w badanych szkołach posłużono się ankietami dla nauczycieli i uczniów. Wyniki tych badań przedstawiają tabele 22 i 23.

Tabela 22. Metody pracy dydaktycznej wskazywane przez nauczycieli

Lp.	Metody pracy dydaktycznej	Badani nauczyciele					
		szkoła publiczna		szkoła niepubliczna		razem	
		N	%	N	%	N	%
1.	podające	39	86,7	36	80,0	75	83,3
2.	problemowe	36	80,0	39	86,7	75	83,3
3.	eksponujące	9	20,0	20	44,4	29	32,2
4.	praktyczne	26	57,8	29	64,4	55	61,1
	Razem	45	100,0	45	100,0	90	100,0

Uwaga: procenty nie sumują się – zmienna koniunktywna.
Źródło: opracowanie własne.

5.3. Style i metody pracy wychowawczej nauczycieli...

Biorąc pod uwagę wyniki badań nauczycieli w obydwu typach szkół, należy stwierdzić, że wśród metod pracy dydaktycznej równorzędnie wybrali oni metody podające i problemowe – po 83,3%, a następnie praktyczne – 61,1%. Podczas analizy materiału empirycznego dotyczącego wyboru przez uczących metod pracy dydaktycznej widoczne są różnice między typami szkół. W placówkach publicznych do najczęściej wybieranych metod należy zaliczyć podające (86,7%), w tym przede wszystkim wykład i opowiadanie, oraz problemowe (80%), w szczególności dyskusje problemowe. Natomiast w szkołach niepublicznych nauczyciele najczęściej stosują problemowe metody pracy (86,7%), w tym najchętniej gry dydaktyczne i dyskusje problemowe, oraz metody podające (80%), w tym przede wszystkim wykład i pogadankę.

Mimo że wykład określa się jako monolog dydaktyczny i metodę mało efektywną, gdyż niepobudzającą uczniów do aktywności, dominuje ona wśród metod stosowanych przez nauczycieli szkół publicznych [Śnieżyński 2001]. Stosowanie wykładu – zdaniem nauczycieli – dostarcza uczniom nie tylko wiadomości, lecz także przygotowuje ich do korzystania z tej formy podawczej w szkolnictwie ponadśrednim.

Nauczyciele szkół niepublicznych podkreślają wartość stosowanych przez nich metod problemowych, aktywizujących uczniów, wspomagających w skutecznym przyswajaniu wiedzy, rozwijaniu zainteresowań, postawy twórczej, pracy zespołowej oraz pozwalających na zerwanie z atmosferą nudy i lęku na lekcjach. Ponadto zwracają uwagę na inne zalety stosowania metod aktywizujących, m.in. rozwijanie samodzielności ucznia oraz doskonalenie umiejętności przydatnych nie tylko w czasie lekcji, lecz także w codziennym życiu, takich jak: wyciąganie wniosków, rozumowanie analityczne i myślenie krytyczne.

Analiza zgromadzonego materiału badawczego (tabela 23) wskazuje, że uczniowie szkół publicznych uważają, że nauczyciele stosują na ogół metody podające (86,4%), w tym najczęściej wykład, oraz metody problemowe (59,3%), najczęściej dyskusję. Natomiast ich rówieśnicy w placówkach niepublicznych wśród metod pracy wymieniają metody: problemowe (82,1%), najczęściej burzę mózgów, oraz podające (62,1%), w tym przede wszystkim wykład i pogadankę. Badani uczniowie podkreślają, że nie lubią wykładów przeładowanych informacjami, mało urozmaiconych, określając je jako nużące. Metody problemowe oceniają jako sposoby nauczania dające im szansę wykazania się umiejętnościami analizy, aktywnością i samodzielnością oraz umiejętnością współpracy w grupie i twórczymi rozwiązaniami.

Na podstawie wyników badań można również stwierdzić, że występują niewielkie różnice w dokonanych przez uczniów wskazaniach stosowanych przez nauczycieli metod pracy (wykres 5). Interesujące jest to, że młodzież z obydwu typów szkół ma takie same preferencje w zakresie metod nauczania jak jej nauczyciele. Można zatem przyjąć, że rozkład dotyczący wyboru najczęściej stosowanych metod nauczania jest jednakowy w przypadku obydwu grup respondentów.

Tabela 23. Metody pracy stosowane zdaniem uczniów przez nauczycieli

Lp.	Metody nauczania	Badani uczniowie					
		szkoła publiczna		szkoła niepubliczna		razem	
		N	%	N	%	N	%
1.	podające	121	**86,4**	87	**62,1**	208	**74,2**
2.	problemowe	83	**59,3**	115	**82,1**	198	**70,7**
3.	eksponujące	18	12,8	24	17,1	42	15,0
4.	praktyczne	61	**43,5**	72	**51,4**	133	**47,5**
Razem		140	100,0	140	100,0	280	100,0

Uwaga: procenty nie kumulują się – zmienna koniunktywna.

Źródło: opracowanie własne.

Wykres 5. Różnice w opiniach między nauczycielami a uczniami dotyczące stosowanych przez nauczycieli metod pracy

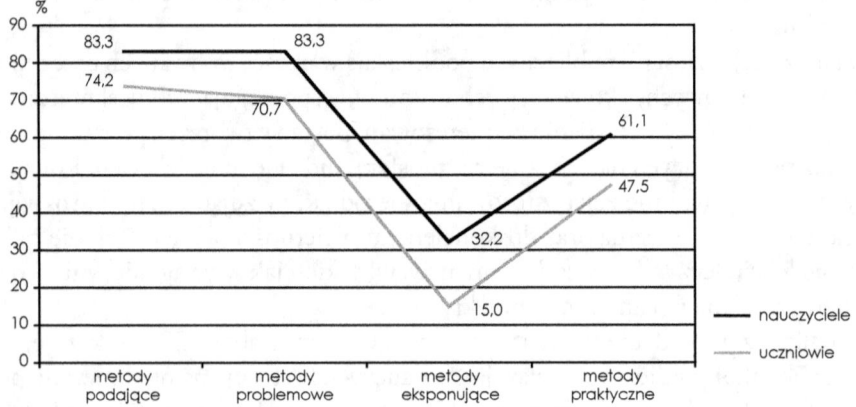

Źródło: opracowanie własne.

Podsumowując, należy stwierdzić, że badani nauczyciele stosują – mając na uwadze wyzwalanie aktywności poznawczej u uczniów – różnorodne metody nauczania. Nauczyciele szkół niepublicznych znacznie częściej wykorzystują w swojej pracy metody problemowe, wymagające od uczącego kreatywności, wysokiego kunsztu pedagogicznego, umiejętnego zainteresowania uczniów tematem, systematyzowania i wykorzystywania nabytej wiedzy oraz ciągłej interakcji między nauczycielem a uczniami. Podkreślają ponadto, że metody problemowe pomagają młodym ludziom uwierzyć w siebie, wyzwalają siły, które w nich tkwią, oraz uczą ich samodzielnie rozwiązywać problemy. Natomiast nauczyciele w szkołach publicznych opowiadają się za stosowaniem metod podających jako tych, które zapewniają szybką realizację programu oraz bezpośrednie przekazanie znacznej liczby informacji.

Stosowane przez uczących metody nauczania i współdziałanie z wychowankiem wpływają niewątpliwie na kształtowanie się aspiracji i ich realizację. Korelację między metodami nauczania a poziomem aspiracji przedstawia tabela 24.

Tabela 24. Metody nauczania a poziom aspiracji uczniów

Lp.	Metody nauczania	Poziom aspiracji badanych uczniów						Ogółem	
		wysoki		średni		niski			
		N	%	N	%	N	%	N	%
1.	podające	168	70,9	14	93,3	26	92,8	208	74,2
2.	problemowe	173	73,0	7	46,7	18	64,3	198	70,7
3.	eksponujące	31	13,1	4	26,7	7	25,0	42	15,0
4.	praktyczne	108	45,7	12	80,0	13	46,4	133	47,5
Ogółem		237	100,0	15	100,0	28	100,0	280	100,0

Uwaga: zmienna koniunktywna – ze względu na możliwość wyboru kilku odpowiedzi procenty nie sumują się do 100.

Źródło: opracowanie własne.

Wykres 6. Współzależność między metodami nauczania a poziomem aspiracji uczniów

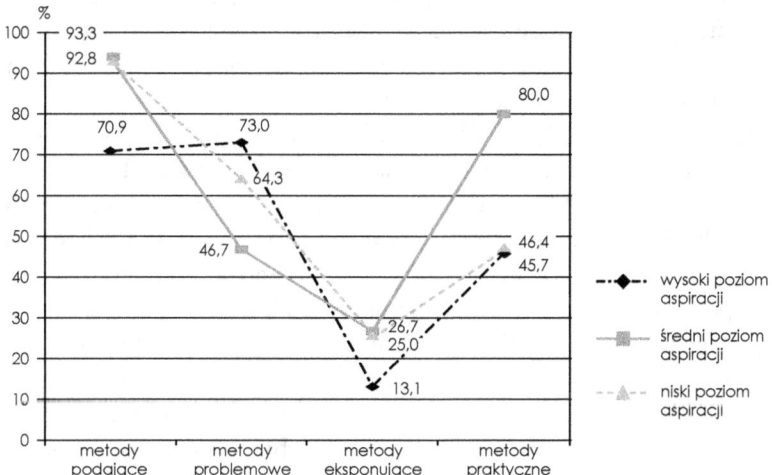

Źródło: opracowanie własne.

Analiza wyników badań zawartych w tabeli 24 oraz na wykresie 6 wskazuje wyraźnie, że nauczyciele osób mających wysoki poziom aspiracji wykorzystywali przede wszystkim problemowe (73,0%) i podające (70,9%) metody nauczania. Uczniowie ze średnim poziomem aspiracji uczestniczyli w lekcjach prowadzonych zazwyczaj metodami podającymi (93,3%) i praktycznymi (80%). Natomiast nauczyciele młodych ludzi mających niski poziom aspiracji stosowali na lekcjach podające (92,8%) i problemowe (64,3%) metody nauczania. Uwzględniwszy, że uczniowie przejawiający wysokie aspiracje częściej brali udział w lekcjach prowadzonych metodami problemowymi, można stwierdzić, że stosowanie metod aktywizujących wychowanka ma znaczący wpływ na kształtowanie się poziomu jego aspiracji.

Wyniki badań przedstawione w tej książce potwierdzają wcześniejsze ustalenia [Lewowicki 1987b i inni], że na jakość uczniowskich aspiracji mają wpływ m.in. styl i metody pracy nauczycieli. Dlatego w celu podniesienia efektywności oddziaływania na poziom dążeń koniecznie trzeba wyselekcjonować metody nauczania pozwalające uczniom na wszechstronny rozwój. Nieodzowne w pracy nauczyciela staje się więc stosowanie wielu metod sprzyjających integrowaniu różnych dziedzin wiedzy i umiejętności. Skuteczność owych sposobów będzie zależeć w dużej mierze od samego nauczyciela, jego zaangażowania i przygotowania do prowadzenia zajęć. Aranżowanie różnorodnych sytuacji dydaktycznych wydaje się sprzyjać obu stronom procesu edukacji.

Podsumowując rozważania na temat wpływu kadry pedagogicznej na kształtowanie się poziomu aspiracji, należy podkreślić, że działalność dydaktyczna i wychowawcza warunkuje w dużym stopniu dążenia i plany życiowe młodzieży. Współczesny nauczyciel to profesjonalista pod względem przygotowania zarówno merytorycznego, jak i metodologicznego, pedagogicznego oraz psychologicznego. Od uczącego oczekuje się więc skutecznego przekazywania wiedzy wychowankom, a przede wszystkim organizowania i inicjowania działań, które mają na celu wspomaganie ich rozwoju i przygotowanie do samostanowienia. Nauczyciel występuje więc w podwójnej roli – ma być dla uczniów zarówno przykładem wyboru właściwych wartości, jak i mistrzem oraz przewodnikiem po obszarze wiedzy i umiejętności. Miarą jakości wykształcenia nauczyciela jest nie tylko fachowa wiedza i umiejętność jej praktycznego zastosowania, lecz także osobowość oraz przygotowanie do pełnienia funkcji społeczno-zawodowych i własny styl życia w społeczeństwie. Znaczącą rolę nauczyciela-pedagoga w zmieniającej się współczesnej szkole podkreśla Z. Kwieciński [2005: 124], stwierdzając, że pedagog to osoba, która prowadzi innego człowieka do pełni jego rozwoju „wśród zawiłości ścieżek życiowych i nieustannych na nich wyborów". To osoba, która potrafi doradzić lub odradzić w taki sposób, by uczeń stał się samodzielnym i aktywnym twórcą swojego losu. Praca zawodowa nauczyciela wymaga więc od niego nie tylko coraz lepszego wykształcenia, lecz także coraz większego wkładu osobistego, zdolności i zamiłowania, a jej efektywność jest uzależniona od osobowości pedagoga, etyki pracy oraz od dojrzałości i poziomu umysłowego grupy, z którą pracuje.

5.4. Działalność pozalekcyjna szkół a aspiracje uczniów

Współczesna szkoła powinna dbać, zgodnie z podstawowym założeniem reformy systemu edukacji, o wszechstronny rozwój osobowości ucznia, kształtować w nim otwartość, aktywność, kreatywność i zaangażowanie. Realizacji tego zadania sprzyja organizacja zajęć pozalekcyjnych, które są przedłużeniem procesu dydaktyczno-wychowawczego, a zarazem formą rozwijającą uczniowskie zainteresowania i uzdolnienia. Do podstawowych form pracy pozalekcyjnej w badanych szkołach należą: koła zainteresowań, zajęcia wyrównawcze oraz działalność turystyczno-krajoznawcza. Uczniowie, podkreślając wartość zajęć pozalekcyjnych, stwierdzają, że nie obowiązuje na nich odgórnie ustalony i jednolity program, a udział jest dobrowolny.

Tabela 25. Zajęcia pozalekcyjne organizowane w szkołach

Lp.	Rodzaj zajęć pozalekcyjnych	Badani uczniowie				Razem	
		szkoła publiczna		szkoła niepubliczna			
		N	%	N	%	N	%
1.	koła zainteresowań	90	64,3	72	51,4	162	57,9
2.	zespoły wyrównawcze	16	11,4	26	18,6	42	15,0
3.	inne formy działalności	65	46,4	82	58,6	147	52,5
4.	brak wskazań	50	35,7	56	40,0	106	37,9

Uwaga: zmienna koniunktywna – ze względu na możliwość kilku odpowiedzi procenty nie sumują się do 100.

Źródło: opracowanie własne.

Udział młodzieży w zajęciach pozalekcyjnych w badanych szkołach przedstawia tabela 25. Analiza danych zawartych w tabeli wskazuje, że w organizowanych przez szkoły zajęciach pozalekcyjnych bierze udział ponad połowa badanej młodzieży. Najwięcej osób uczestniczy w kołach zainteresowań (57,9%) i innych formach działalności pozalekcyjnej (52,5%). Okazuje się, że uczniowie szkół publicznych częściej niż ich rówieśnicy ze szkół niepublicznych działają w kołach zainteresowań – odpowiednio 64,3% i 51,4%. Natomiast w innych formach działalności organizowanych przez szkoły częściej uczestniczą wychowankowie placówek niepublicznych (58,6%) niż publicznych (46,4%).

Największą popularnością w obydwu typach szkół cieszą się przedmiotowe kółka zainteresowań. W szkołach państwowych są to najczęściej kółka matematyczne i fizyczne, natomiast w prywatnych – z języka angielskiego i chemiczne. Popularne są także koła hobbistyczne, a wśród nich: teatralne, dziennikarskie oraz muzyczne. Spośród innych form działalności badani uczniowie podają zajęcia na basenie i SKS. Bardzo rzadko wskazują na wolontariat i aerobik.

Niepokoją informacje, że 40% uczniów w szkołach niepublicznych i 35,7% w szkołach publicznych nie bierze udziału w żadnych zajęciach pozalekcyjnych. Uczniowie tłumaczą to brakiem wolnego czasu, ponieważ często uczestniczą w dodatkowych zajęciach pozaszkolnych, opłacanych przez rodziców. Licealiści ze szkół publicznych wymieniają takie utrudnienia, jak ograniczenia komunikacyjne i czas odbywania się tych zajęć w szkole. Optymizmem napawa jednak fakt, że 76,4% badanej młodzieży podkreśla, że organizowane w szkołach zajęcia pozalekcyjne są przydatne, ponieważ pozwalają na rozwijanie zainteresowań, na rozwój intelektualny przez pogłębienie zdobytych na lekcjach wiadomości, a ponadto umożliwiają miłe i pożyteczne spędzanie wolnego czasu.

Zalety zajęć pozalekcyjnych dostrzegają również badani nauczyciele. Twierdzą, że praca pozalekcyjna podnosi walory dydaktyczno-wychowawcze szkoły, ponieważ wszelkie formy tej działalności służą rozwijaniu uczniowskiej aktywności i samodzielności, a także umacnianiu wartości wychowawczych, organizowaniu wolnego czasu wychowanka oraz przyczyniają się do rozwoju i pogłębiania jego zainteresowań, co wiąże się ściśle z przygotowaniem młodzieży do zawodu i dorosłego życia. Ponadto udział w zajęciach pozalekcyjnych poszerza wiedzę przewidzianą do przyswojenia w programie. Nauczyciele wśród trudności napotykanych przy organizowaniu tych zajęć wymieniają brak wystarczających środków pieniężnych, jak również często brak odpowiedniej bazy, tj.: pomieszczeń, odpowiednich środków dydaktycznych i sprzętu, który zapewne uatrakcyjniłby pracę.

Podsumowując, należy stwierdzić, że nauczyciele w badanych szkołach wychodzą naprzeciw zainteresowaniom i aspiracjom młodzieży i od wielu lat prowadzą działalność pozalekcyjną. Prowadzone przez nich na zasadach dobrowolności dodatkowe zajęcia sprzyjają rozwijaniu samowychowania, samodyscypliny, samokontroli i przede wszystkim zainteresowań młodzieży. Nauczyciele, którzy angażują się w działalność pozalekcyjną w szkole, częściej niż ci niepodejmujący takiej aktywności pozytywnie oceniają zaangażowanie, inicjatywę i aktywność społeczną młodych ludzi. Działalność pozalekcyjna w placówkach oświatowych jest prowadzona w formach stałych, okresowych lub okazjonalnych w zależności od potrzeb i zainteresowań uczniów. Część zajęć przygotowuje licealistów do egzaminów zewnętrznych, co w rezultacie sprzyja kształtowaniu się aspiracji młodzieży. Twórcze formy zajęć pozwalają uczniom na dowartościowanie się, odkrycie własnych możliwości i zdolności oraz nabranie poczucia pewności i wiary we własne siły. Młodzież musi mieć możliwość realizacji zainteresowań i rozwoju osobowości. Najlepszą formą prowadzącą do osiągnięcia tych celów wydają się właśnie zajęcia pozalekcyjne.

5.5. Osiągnięcia szkolne uczniów a ich aspiracje

Niewątpliwe znaczenie dla powstawania aspiracji młodych ludzi, w szczególności tych, które dotyczą dalszego kształcenia, mają osiągane przez nich wyniki nauczania. Potwierdzają to badania różnych autorów, m.in.: M. Łoś [1972], A. Sokołowskiej [1967], A. Janowskiego [1977], Z. Skornego [1980a], Z. Kwiecińskiego [1980], G. Pańtak [1985], E. Narkiewicz-Niedbalec [1996], A. Zandeckiego [2000], T. Lewowickiego [1991], P. Radkiewicza [2002], W. Sikorskiego [1999], H. Liberskiej [2004].

Osiągnięcia szkolne są wynikiem celowego i planowego organizowania procesu dydaktyczno-wychowawczego i z reguły przewidziane są programami kształcenia. Na osiągnięcia szkolne wpływają m.in.: poziom rozwoju intelektualnego i sprawności fizycznej uczniów, ich sukcesy i niepowodzenia, a także kształtowanie się zainteresowań, uzdolnień i poglądów oraz skuteczność pracy nauczycieli.

Osiągnięcia szkolne wychowanków są sprawdzane przez uczących nauczycieli na podstawie wewnątrzszkolnego systemu oceniania, który zawiera dla wszystkich uczniów danej placówki edukacyjnej jednolite wymagania edukacyjne i jednolite zasady oceniania. Ocena szkolna jest więc informacją o wyniku kształcenia wyrażoną w stopniach szkolnych [Niemierko 1999]. Wyniki nauki szkolnej podawane w ten sposób oraz średnie ocen uczniów pozwalają na porównywanie osiągnięć szkolnych i aspiracji.

Wpływ osiągnięć szkolnych uczniów na ich aspiracje i plany życiowe jest uzależniony od ich wyników w nauce (tabela 26). Siła tego związku jest wysoka (χ^2 = = 42,4910776; α = 0,05; df = 4; p = 1,3195E-08; C Pearsona = 0,59098123). Korelacja analizowanych wyników różni się w poszczególnych typach szkół. W placówkach publicznych siła związku zależności między wskazanymi wartościami jest przeciętna (χ^2 = 15,3257684; α = 0,05; df = 4; p = 0,00407112; C Pearsona = = 0,38471135), a w niepublicznych wysoka (χ^2 = 42,4910776; α = 0,05; df = 4; p = 1,3195E-08; C Pearsona = 0,59098123). Można zatem wysnuć wniosek, że w szkołach prywatnych osiągane przez uczniów wyniki w nauce w stopniu wyższym niż u licealistów w szkołach państwowych determinują poziom aspiracji i planów życiowych.

Analizując dane zawarte w tabeli 26, należy stwierdzić, że w obydwu typach szkół najwięcej uczniów (70,7%) uzyskuje średnią ocen w przedziale 3,4–4,6. Jeśli bierze się pod uwagę rodzaj szkoły, to widać, że wśród uczniów liceów publicznych osób osiągających średnią w przedziale 3,4–4,6 jest więcej (77,9%) niż wśród uczących się w szkołach niepublicznych (63,6%). Wyniki licealistów w obu typach szkół nie są zbyt zróżnicowane. Zauważalna jest tendencja do zdobywania ocen na poziomie średnim.

Rozważając zależności pomiędzy średnią uzyskiwanych ocen a aspiracjami badanych uczniów, można zaobserwować, że w szkołach publicznych najwięcej

Tabela 26. Osiągnięcia szkolne uczniów a poziom aspiracji badanej młodzieży

Osiągane wyniki w nauce	Poziom aspiracji badanej młodzieży																Ogółem	
	szkoła publiczna								szkoła niepubliczna									
	wysoki		średni		niski		razem		wysoki		średni		niski		razem			
	N	%	N	%	N	%	N	%	N	%	N	%	N	%	N	%	N	%
wysokie średnia ocen 4,7–6,0	19	13,6	3	2,1	1	0,7	23	16,4	38	27,2	2	1,4	0	0,0	40	28,6	63	22,5
średnie średnia ocen 3,4–4,6	92	65,7	5	3,6	12	8,5	109	77,9	81	57,9	0	0,0	8	5,7	89	63,6	198	70,7
niskie średnia ocen 2,0–3,3	3	2,1	1	0,7	4	2,9	8	5,7	4	2,8	4	2,9	3	2,1	11	7,8	19	6,8
Razem	114	81,4	9	6,4	17	12,1	140	100,0	123	87,9	6	4,3	11	7,8	140	100,0	280	100,0

$\chi^2 = 15{,}3257684$
$\alpha = 0{,}05$
$df = 4$
$p = 0{,}00407112$
C Pearsona $= 0{,}38471135$

$\chi^2 = 42{,}4910776$
$\alpha = 0{,}05$
$df = 4$
$p = 1{,}3195E{-}08$
C Pearsona $= 0{,}59098123$

$\chi^2 = 42{,}491077$
$\alpha = 0{,}05$
$df = 4$
$p = 1{,}3195E08$
C Pearsona $= 0{,}59098123$

Źródło: opracowanie własne.

uczniów ze średnią ocen 3,4–4,6 przejawia aspiracje wysokie (84,4%). Wśród uczniów tych szkół osiągających średnią ocen w przedziale 4,7–6,0 odsetek ten wynosi 82,6%. Najwięcej licealistów mających niskie aspiracje w szkołach publicznych uzyskuje średnią ocen 2,0–3,3 (50% badanych). W placówkach niepublicznych największy odsetek uczniów o wysokim poziomie aspiracji (95%) jest wśród osób osiągających średnią ocen 4,7–6,0. W tej samej grupie nie ma ani jednej osoby przejawiającej niskie aspiracje. Interesujące jest to, że wśród uczniów osiągających średnią ocen 3,4–4,6 nie ma uczniów o średnich aspiracjach. W gronie tych licealistów 91,1% ma wysoki poziom aspiracji, a 8,9% niski.

Wolno zatem stwierdzić, że wysokie wyniki w nauce znajdują odzwierciedlenie w aspiracjach badanych, podczas gdy niskie obniżają aspiracje. Najwyższy odsetek uczniów mających niski poziom aspiracji wywodzi się z grupy osiągającej najniższe wyniki w nauce. Licealiści ci zadowalają się zdobyciem świadectwa ukończenia szkoły średniej. Są jednak w tej grupie uczniowie, którym brak sukcesów w nauce nie przeszkadza w przyznawaniu się do wysokich aspiracji. Wydaje się jednak, biorąc pod uwagę uzyskane przez tych licealistów wyniki, że ich ambicje są zawyżone w stosunku do faktycznych możliwości. Wskazuje to na zbyt małe uzależnianie przez tę grupę przyszłych planów od wyników nauczania, a także niezbyt trzeźwą i krytyczną samoocenę.

5.6. Rodzaj szkoły a przygotowanie młodzieży do podejmowania decyzji dotyczących własnej przyszłości

Dokonanie odpowiedniego wyboru kierunku dalszego kształcenia jest jedną z ważniejszych decyzji podejmowanych przez młodych ludzi po ukończeniu liceum. Niejednokrotnie pierwsza decyzja dotycząca przyszłego zawodu, którą podejmują uczniowie, jest przypadkowa. Często wynika z presji najbliższego środowiska bądź aktualnej mody na dany kierunek kształcenia. Jednakże ten pierwszy wybór w kwestii dalszego kształcenia i zawodu często determinuje i ukierunkowuje przyszłe losy. Dlatego jednym z najważniejszych zadań współczesnej szkoły jest zapewnienie uczniom warunków do wielostronnego rozwoju osobowości. Rozwój ten nabiera szczególnego znaczenia w okresie dorastania, kiedy młodzież musi dokonać wielu ważnych dla siebie wyborów, m.in. drogi przyszłego kształcenia, zawodu oraz pracy. Stąd też m.in. na nauczycielach ciąży obowiązek przygotowania uczniów do podjęcia mądrej i trafnej decyzji dotyczącej przyszłości.

Ustawa z dnia 7 września 1991 r. o systemie oświaty zobowiązuje placówki oświatowe do „przygotowania uczniów do wyboru zawodu i kierunku kształcenia" (art. 1, pkt 14). Ponadto ramowe statuty szkół ponadpodstawowych nakładają na dyrektorów i rady pedagogiczne obowiązek organizacji wewnątrzszkolnego systemu poradnictwa zawodowego oraz zajęć związanych z wyborem kierunku kształcenia i zawodu. Konieczność prowadzenia z młodzieżą zajęć dotyczących planowania przez nią własnej przyszłości podkreślało wielu naukowców [Kozakiewicz 1984; Rachalska 1987; Kargulowa 1979, 2006; Piorunek 1991; Sikorski 2000; Baścik 1994; Sołtysińska 1999; Baraniak 2007; Czerwińska-Jasiewicz 1997; Parzęcki 2004 i inni].

Reforma systemu szkolnictwa w Polsce wprowadziła wiele zmian, m.in. zobowiązała szkoły do zatrudnienia doradców zawodowych. Na podstawie wywiadów przeprowadzonych w badanych szkołach z dyrektorami stwierdzono, że jak dotychczas nie mają oni etatów dla doradców zawodowych. Działalność w zakresie preorientacji zawodowej prowadzą zatrudnieni w tych placówkach pedagodzy szkolni. Kilka badanych szkół nie zatrudnia pedagogów, więc funkcję doradcy zawodowego przejmują dyrektorzy, wychowawcy klas lub wyznaczeni przez dyrektora nauczyciele. Wyniki badań dotyczące osób odpowiedzialnych w szkołach za preorientację zawodową przedstawia wykres 7.

Analiza danych empirycznych pozwala stwierdzić, że we wszystkich badanych szkołach publicznych za preorientację zawodową odpowiadają pedagodzy szkolni. Inaczej jest w placówkach niepublicznych – zapewne dlatego, że tylko w jednej z nich zatrudniano pedagoga. Za preorientację zawodową w tych szkołach są odpowiedzialni przede wszystkim wychowawcy klas, dyrektor szkoły oraz wyznaczony przez niego nauczyciel. Dyrektorzy w przeprowadzonych z nimi wywiadach podkreślali zgodnie, że właściwie wszyscy nauczyciele uczący w danej klasie są włączani w proces preorientacji zawodowej uczniów.

Wykres 7. Osoby odpowiedzialne za preorientację zawodową w szkołach

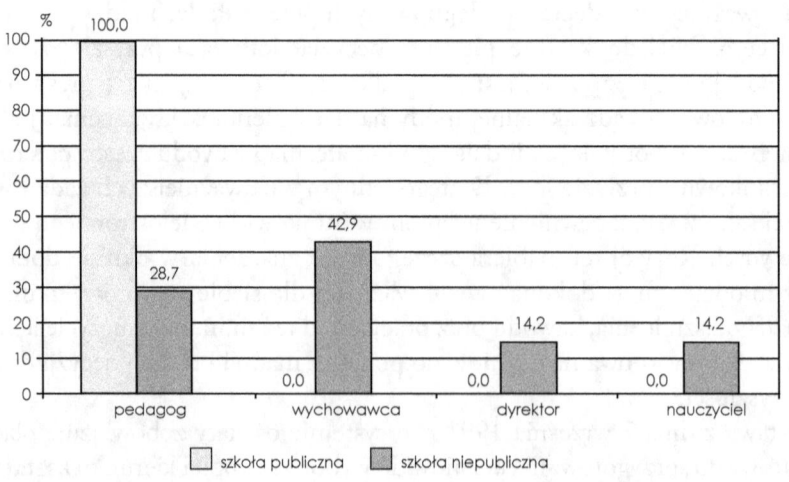

Źródło: opracowanie własne.

Biorąc pod uwagę wielkość miasta, w którym znajduje się szkoła, nasuwa się następujący wniosek: w miastach średnich i dużych za preorientację odpowiadają pedagodzy, natomiast w miastach małych przede wszystkim wychowawcy. Dzieje się tak, ponieważ placówki niepubliczne w małych miastach nie zatrudniają pedagogów. Dyrektorzy twierdzą, że mała liczebność uczniów w tych szkołach i ograniczone środki finansowe nie pozwalają na zatrudnianie pedagoga, dlatego jego obowiązki są rozłożone na wszystkich nauczycieli.

Na podstawie analizy zebranego materiału dotyczącego programu doradztwa zawodowego można stwierdzić, że dyrektorzy wskazują na pierwszym miejscu przeprowadzanie analizy osobowości i predyspozycji ucznia. Taką formą pomocy w wyborze zawodu, zdaniem dyrektorów, jest objętych 100% uczniów szkół niepublicznych i 71,4% uczniów szkół publicznych. W placówkach prywatnych jest mniej uczniów w klasach, co w większym stopniu umożliwia indywidualną pracę z młodzieżą. W zakresie preorientacji zawodowej dyrektorzy wskazują jeszcze na współpracę z centrami informacji i planowania kariery, poradniami psychologiczno-pedagogicznymi oraz uczelniami.

W celu pełnego zobrazowania omawianego tematu badaniom poddano również wychowawców klas. Wychowawcy twierdzą, że znają dobrze swoich uczniów, ich zainteresowania oraz predyspozycje fizyczne i psychiczne, co pozwala im na skuteczną pomoc w trafnym wyborze dalszej drogi życiowej. Formy pomocy udzielane licealistom przez nauczycieli w tym zakresie przedstawia tabela 27.

Tabela 27. Formy pomocy uczniom w wyborze drogi kształcenia

Lp.	Formy pomocy w wyborze dalszego kształcenia	Badani uczniowie				Ogółem N-16	
		szkoła publiczna N-8		szkoła niepubliczna N-8			
		N	%	N	%	N	%
1.	rozmowy na temat wyboru zawodu lub studiów	5	62,5	7	87,5	12	75,0
2.	doradzanie uczniom	2	25,0	5	62,5	7	43,7
3.	konsultacje z doradcą zawodowym	1	12,5	3	37,5	4	25,0
4.	realizacja programu doradztwa zawodowego	1	12,5	0	0,0	1	6,2
5.	spotkania z byłymi uczniami, obecnie studentami	2	25,0	6	75,0	8	50,0
6.	spotkania z pracownikami wyższych uczelni	4	50,0	3	37,5	7	43,7
7.	wyjazdy na dni otwarte organizowane na uczelniach	2	25,0	4	50,0	6	37,5

Uwaga: zmienna koniunktywna – ze względu na możliwość kilku odpowiedzi procenty nie sumują się do 100.

Źródło: opracowanie własne.

Najbardziej popularnym sposobem pomocy w wyborze dalszego kształcenia w obydwu typach szkół są, zdaniem wychowawców, rozmowy z uczniami na temat wyboru zawodu lub kierunku studiów. Wychowawcy klas w szkołach publicznych wskazują na dużą rolę spotkań z pracownikami szkół wyższych (50%). Natomiast w placówkach niepublicznych wychowawcy doceniają wartość spotkań z absolwentami, którzy podjęli studia, i 75% korzysta z tej formy pomocy licealistom.

Uwzględniając lokalizację szkoły, można powiedzieć, że wychowawcy pracujący w średnich i małych miastach najczęściej prowadzą rozmowy z uczniami, a w dużych miastach popularne są spotkania z absolwentami danego liceum. Na taki rozkład form pomocy wpływa zapewne fakt, że w dużych aglomeracjach miejskich znajduje się więcej uczelni wyższych, co ułatwia zaproszenie studentów do szkół. Formy poradnictwa zawodowego stosowane przez wychowawców przedstawia tabela 28.

Tabela 28. Formy poradnictwa zawodowego stosowane przez wychowawców

Lp.	Formy poradnictwa zawodowego	Badani wychowawcy				Ogółem N-16	
		szkoła publiczna N-8		szkoła niepubliczna N-8			
		N	%	N	%	N	%
1.	konsultacje z pedagogiem	4	50,0	2	25,0	6	37,5
2.	spotkania z doradcą zawodowym	1	12,5	3	37,5	4	25,0
3.	informatory z uczelni	2	25,0	7	87,5	9	56,2
4.	udział w dniach otwartych	2	25,0	4	50,0	6	37,5
5.	organizowanie giełdy zawodów	0	0,0	1	12,5	1	6,2
6.	spotkania z pracownikami uczelni	4	50,0	3	37,5	7	43,7
7.	spotkania z pracownikami urzędu pracy	1	12,5	1	12,5	2	12,5
8.	spotkania z pracownikami poradni psychologiczno--pedagogicznej	1	12,5	4	50,0	5	31,2

Uwaga: zmienna koniunktywna – ze względu na możliwość kilku odpowiedzi procenty nie sumują się do 100.

Źródło: opracowanie własne.

Uzyskane w trakcie badań dane wskazują, że dominującą formą preorientacji zawodowej w obydwu typach szkół w opinii wychowawców są rozpowszechniane materiały informacyjne z uczelni. Ponad 1/3 badanych nauczycieli chętnie uczestniczy z uczniami w dniach otwartych szkół wyższych, podczas których licealiści mają możliwość zapoznania się z kierunkami kształcenia oraz warunkami przyjęcia na studia. Niepokojący wydaje się niemal całkowity brak udziału w preorientacji zawodowej zakładów pracy. Poza sferą oddziaływania instytucji zajmujących się zawodowo tego typu poradnictwem znajduje się około 70% uczniów. Sytuacja ta pozwala stwierdzić, że działania dotyczące wyboru przez młodzież zawodu to przede wszystkim inicjatywy szkoły, które są zawężone niemal wyłącznie do jej terenu.

Ważną rolę w zakresie wyboru dalszego kształcenia i drogi zawodowej uczniów odgrywa na terenie szkoły pedagog szkolny. W placówkach, które zatrudniają pedagogów, są oni głównymi inicjatorami wszelkich działań w zakresie preorientacji zawodowej. Badani pedagodzy wskazują na liczne formy pracy z uczniami w celu przygotowania ich do wybrania odpowiedniej drogi dalszego rozwoju. Są to przede wszystkim indywidualne rozmowy (100%) i skierowania do doradców zawodowych (62,5%) oraz współpraca z licznymi instytucjami poradnictwa zawodowego, tj. centrami informacji i planowania kariery (87,5%), urzędami pracy (59,0%), poradniami psychologiczno-pedagogicznymi (25%). Przejawem tej współpracy są według pedagogów warsztaty z uczniami organizowane przez osoby pracujące w tych instytucjach oraz spotkania z doradcami zawodowymi.

Kadra pedagogiczna zajmująca się poradnictwem zawodowym w szkołach swoją pracę ocenia wysoko, podkreślając wielość podejmowanych działań. Badani nauczyciele wskazują, że realizują i koordynują działania w zakresie wyboru kierunku kształcenia i szeroko rozumianej preorientacji zawodowej. Niestety, opinie uczniów nie potwierdzają tego, często są odmienne.

W celu pełnego zobrazowania działań dotyczących przygotowania młodzieży do podejmowania decyzji dotyczącej własnej przyszłości poddano badaniom również licealistów. Niepokojące jest to, że tylko 30,3% badanych uczniów w obydwu typach szkół potwierdza organizowanie poradnictwa zawodowego, przy czym odbywa się ono częściej w szkołach publicznych (36,4%) niż niepublicznych (24,3%). Opinie uczniów na temat form poradnictwa organizowanych przez szkołę przedstawia tabela 29.

Rozkład wyników badań dotyczących wskazanego powyżej zagadnienia w opinii uczniów, którzy potwierdzili prowadzenie w swoich szkołach poradnictwa zawodowego, wskazuje, że najwięcej działań w tym zakresie podejmują pedagodzy szkolni przez rozmowy indywidualne (74,1%) oraz udostępnianie ulotek informacyjnych (58,8%). Badani uczniowie szkół publicznych na kolejnych miejscach wskazali spotkania z pracownikami poradni (29,4%) oraz warsztaty zawodowe (11,8%). Natomiast ich rówieśnicy w placówkach niepublicznych oprócz rozmów z pedagogiem i dostępności ulotek wskazują na spotkania z pracownikami uczelni (61,8%) oraz z absolwentami liceów (58,8%). Uczniowie szkół publicznych nie mieli sposobności spotkać się z pracownikami urzędów pracy w celu otrzymania od nich porad na temat zawodu. Wychowankowie liceów niepublicznych z taką formą poradnictwa zetknęli się w 26,5%. Okazuje się więc, że większość badanej młodzieży znajduje się poza wpływem instytucji poradnictwa zawodowego.

Tabela 29. Formy poradnictwa zawodowego stosowane przez szkołę w opinii uczniów

Lp.	Formy poradnictwa zawodowego	Badani uczniowie potwierdzający istnienie poradnictwa w szkole				Ogółem N-85	
		szkoła publiczna N-51		szkoła niepubliczna N-34			
		N	%	N	%	N	%
1.	rozmowy z psychologiem	1	2,0	9	26,5	10	11,8
2.	rozmowy z pedagogiem szkolnym	38	74,5	25	73,5	63	74,1
3.	spotkania z pracownikami urzędu pracy	0	0,0	9	26,5	9	10,6
4.	spotkania z pracownikami poradni psychologiczno-pedagogicznej	15	29,4	10	29,4	25	29,4
5.	testy psychologiczne pomagające wybrać zawód	3	5,9	8	23,5	11	12,9
6.	warsztaty zawodowe	6	11,8	5	14,7	11	12,9
7.	ulotki	20	39,2	30	88,2	50	58,8
8.	spotkania z pracownikami uczelni	4	7,8	21	61,8	25	29,4
9.	spotkania z byłymi uczniami szkoły	0	0,0	20	58,8	20	34,5

Uwaga: zmienna koniunktywna – ze względu na możliwość kilku odpowiedzi procenty nie sumują się do 100.

Źródło: opracowanie własne.

Dokonując podsumowania analizy informacji zebranych od wszystkich grup badanych, należy stwierdzić, że występują między nimi znaczne różnice w ocenie działalności kadry pedagogicznej w zakresie przygotowania młodzieży do podejmowania decyzji dotyczącej własnej przyszłości. Ustalono, że ponad połowa młodzieży uczestniczy w różnych formach zajęć, przede wszystkim w kołach zainteresowań przedmiotowych i hobbystycznych (por. podrozdział 5.4). Nie są to zajęcia prowadzone w ramach preorientacji zawodowej, ale pozwalają na rozwijanie i realizację zainteresowań oraz mogą wpływać na plany dotyczące dalszego kształcenia.

5.6. Rodzaj szkoły a przygotowanie młodzieży do podejmowania decyzji... 123

Uczniowie kończący liceum w zdecydowanej większości nie mają rozeznania, na jakie zawody czy specjalności będzie zapotrzebowanie na rynku pracy. Wybierając drogę kształcenia, nie biorą raczej tego aspektu pod uwagę. Stan przygotowania przez szkołę młodzieży do podejmowania decyzji dotyczącej jej przyszłości nie jest zadowalający, świadczy o tym analiza przeprowadzonych badań ukazująca poziom preorientacji zawodowej.

Uczniowie często wybierają drogę kształcenia, nie zwracając uwagi, do jakich zawodów ono przygotowuje i czy będzie na nie zapotrzebowanie. Przy wyborze studiów często sugerują się ambicjami, życzeniami rodziców bądź też łatwością studiowania danego kierunku.

Nauczyciele zasadniczo nie prowadzą poradnictwa zawodowego, lecz stosują formy zastępcze. Odbywa się to na lekcjach wychowawczych lub podczas luźnych rozmów z uczniami. Natomiast głównym źródłem informacji są ulotki informacyjne uzyskane za pośrednictwem szkoły. Niepokojące jest to, że znaczna część młodzieży pozostaje poza zasięgiem preorientacji zawodowej. Mimo ustawowego obowiązku organizacji systemu doradztwa w większości szkół nie jest ono realizowane. Kadra badanych szkół w swoich wypowiedziach wskazuje, że takie działania podejmuje, jednak nie znajduje to potwierdzenia w relacjach uczniów. Dlatego niezmiernie pilne wydaje się zatrudnianie w szkołach doradców zawodowych i umożliwienie licealistom nabywania doświadczeń przedzawodowych i prozawodowych, tym bardziej że młodzież negatywnie ocenia (47%) dotychczasowe działania szkoły wspomagające wybór kierunku kształcenia. Na korzyść placówek oświatowych przemawia to, że 86,1% badanych licealistów stwierdziło, że szkoła przygotowuje ich dobrze do dalszej nauki, a tylko 7,2% uczniów podało, że jest inaczej.

O wyborze drogi swojej przyszłej kariery uczniowie decydują przede wszystkim sami. Liczą się jednak ze zdaniem rodziców i dalszej rodziny. Wśród osób mających wpływ na ich przyszłe losy uczniowie wskazują ojca (39,6%), babcię (29,2%) i rówieśników (18,8%). Nie zwalnia to jednak szkoły z obowiązku przekazywania licealistom wiedzy na temat orientacji zawodowej. Zadania szkoły w tym zakresie powinny również obejmować pomoc w korygowaniu niesłusznych czy nietrafnych wyborów zawodowych uczniów.

Rozdział 6

Rodzinne i środowiskowe uwarunkowania aspiracji edukacyjnych i zawodowych młodzieży

W wyniku badań przeprowadzonych przez różnych autorów (por. podrozdziały 2.3.3 i 2.4) stwierdzono, że problematyka aspiracji i planów życiowych łączy się ściśle z warunkami środowiskowymi, zwłaszcza rodzinnymi. Rodzina już z racji swoich pierwotnych funkcji wpływa na rozwój dziecka w każdym obszarze jego życia. Prawidłowo funkcjonująca zabezpiecza podstawowe potrzeby potomków, na podstawie których są również realizowane potrzeby edukacyjne.

Mając na uwadze to, że to właśnie rodzina odgrywa doniosłą rolę w całokształcie wychowania, w tym rozdziale podjęto próbę odpowiedzi na pytanie, czy i jakie czynniki rodzinne wpływają na decyzje młodzieży dotyczące aspiracji. Spośród czynników rodzinnych badaniom poddano: poziom wykształcenia rodziców, pochodzenie społeczne licealistów, status materialno-ekonomiczny rodziny, tradycje zawodowe, style wychowania oraz współpracę rodziny ze szkołą.

Chcąc możliwie wszechstronnie ukazać środowiskowe uwarunkowania aspiracji edukacyjnych i zawodowych, nie można pominąć oddziaływań środowiska społecznego, które w większym lub mniejszym zakresie determinuje aktywność młodzieży. Ponadto to dzięki niemu przekazuje się tradycje i wartości kultury, a także przygotowuje młodego człowieka do aktywnego udziału w życiu społecznym.

Poziom edukacyjny młodzieży zależy również od stopnia urbanizacji danej miejscowości. Różne typy środowisk lokalnych tworzą odmienne warunki i specyficzne otoczenia wychowawcze o różnej mocy tworzenia szans życiowych dzieci i młodzieży. Władze każdego typu aglomeracji coraz częściej zwracają także uwagę na stworzenie jak najlepszych warunków do zorganizowania czasu wolnego przez instytucje działające w środowisku lokalnym.

Z literatury przedmiotu (por. podrozdział 2.3.3) wynika, że na kształtowanie się aspiracji młodzieży ma wpływ również grupa rówieśnicza. Jej oddziaływanie zaznacza się bardzo wcześnie w rozwoju i procesie wychowania jednostki. Rówieśnicy dostarczają bowiem określonych modeli zachowania, wpływają na kształtowanie hierarchii wartości, która z kolei oddziałuje na tworzenie się aspiracji.

Wśród środowiskowych uwarunkowań aspiracji młodzieży poddano badaniom: wpływ grupy rówieśniczej, rodzaj środowiska terytorialnego i społecznego oraz potrzeby rynku pracy. Analiza wymienionych powyżej rodzinnych i środowiskowych czynników determinujących dążenia młodzieży pozwoli określić ich wpływ na wybory dokonywane przez badanych.

6.1. Wykształcenie rodziców a aspiracje edukacyjno-zawodowe młodzieży

Za jeden z podstawowych warunków osiągnięcia życiowego sukcesu i wysokich zarobków uważa się powszechnie wykształcenie. Jego wysoki poziom postrzega się jako klucz do zdobycia odpowiedniej pozycji zawodowej oraz prestiżu społecznego. Istotną rolę w wyborze drogi życiowej dziecka odgrywają rodzice. W swych planach odnośnie do potomstwa często odzwierciedlają własne, być może niespełnione marzenia.

Literatura przedmiotu pozwala stwierdzić, że edukacyjne i zawodowe szanse młodzieży regulują takie czynniki, jak potrzeby i tradycje kształcenia w rodzinie, wykształcenie rodziców oraz wynikający z tego ogólny poziom kultury w domu sprzyjający powstawaniu nawyku obcowania z dobrami kultury. Badania dowiodły, że szanse awansu dzieci osób najmniej wykształconych są znacznie ograniczone. Natomiast im wyższe wykształcenie mają rodzice i im wyższą zajmują pozycję zawodową, tym wyższe są zwykle ich aspiracje edukacyjne w stosunku do potomstwa. Istnieje też wówczas duże prawdopodobieństwo ukształtowania się u dzieci wysokich aspiracji edukacyjnych. Wykształcenie rodziców wpływa bowiem na postawy dzieci wobec nauki [Kwieciński 1980; Lewowicki 1987; Szymański 1988; Wilk 2002; Skorny 1980b; Gurnik 1987; Grudniewski 1997; Ścisłowicz 1994 i inni]. W związku z tymi dość oczywistymi przeświadczeniami próbowano w wyniku badań ustalić, na ile posiadane przez rodziców wykształcenie wpływa na poziom aspiracji dzieci. Rozkład wykształcenia badanych rodziców przedstawiają dane zawarte w tabeli 30 oraz na wykresie 8.

Analizując problem wpływu wykształcenia rodziców na dokonywany przez dzieci wybór typu szkoły, należy stwierdzić, że w przypadku ogółu badanych jest on zależny w stopniu słabym (χ^2 = 33,6464692; α = 0,05; df = 5; p = 2,7997E-06; C Pearsona = 0,29566674). Biorąc pod uwagę płeć rodzica, nie stwierdzono istotnych różnic statystycznych.

Tabela 30. Poziom wykształcenia rodziców badanej młodzieży

Poziom wykształcenia	Szkoła publiczna						Szkoła niepubliczna						Ogółem	
	ojciec		matka		razem		ojciec		matka		razem			
	N	%	N	%	N	%	N	%	N	%	N	%	N	%
podstawowe	3	2,2	0	0	3	1,1	3	2,2	1	0,7	4	1,5	7	1,3
zasadnicze	15	10,9	8	5,7	23	8,3	2	1,5	3	2,1	5	1,8	28	5,1
niepełne średnie	6	4,4	2	1,4	8	2,9	0	0	2	1,4	2	0,7	10	1,8
średnie	52	**38,0**	65	**46,4**	117	**42,2**	42	30,9	42	30,0	84	30,4	201	36,3
niepełne wyższe	15	10,9	13	9,3	28	10,1	7	5,1	19	13,6	26	9,4	54	9,8
wyższe	46	33,6	52	37,1	98	35,4	82	**60,3**	73	**52,2**	155	**56,2**	253	**45,7**
Razem	137	100,0	140	100,0	277	100,0	136	100,0	140	100,0	276	100,0	553	100,0

$\chi^2 = 9{,}5365429$; $\alpha = 0{,}05$; $df = 5$; $p = 0{,}10694311$

$\chi^2 = 9{,}20500459$; $\alpha = 0{,}05$; $df = 5$; $p = 0{,}10116134$

$\chi^2 = 33{,}6464692$; $\alpha = 0{,}05$; $df = 5$; $p = 2{,}7997\text{E-}06$; $C\ Pearsona = 0{,}29566674$

Uwaga: wykształcenie niepełne średnie to ukończona szkoła średnia bez egzaminu maturalnego; wyższe to licencjat, studia inżynierskie, studia magisterskie; niepełne wyższe to ukończone studia bez obrony pracy magisterskiej.

Źródło: opracowanie własne.

Wykres 8. Różnice w poziomie wykształcenia rodziców badanej młodzieży

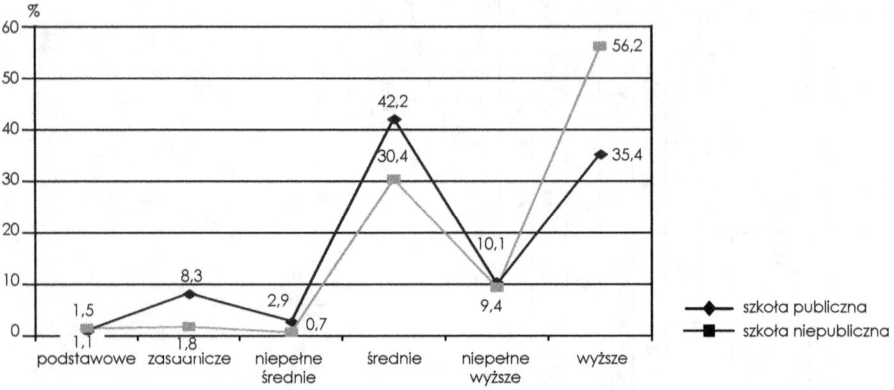

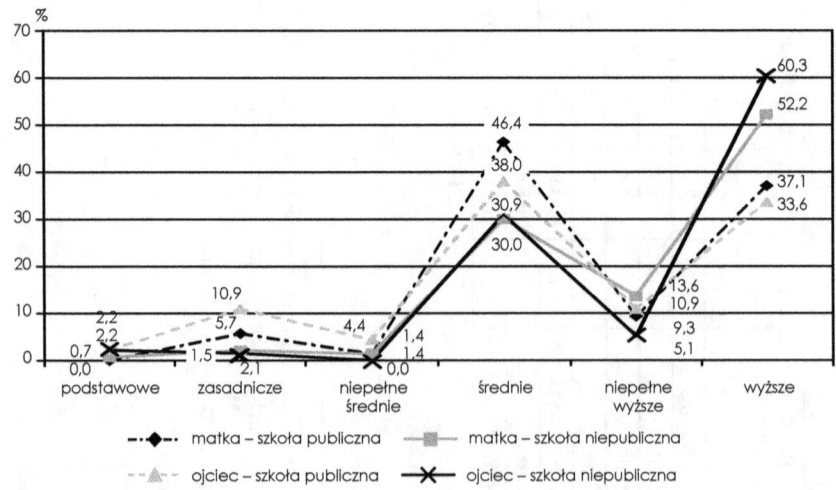

Źródło: opracowanie własne.

Z analizy badań własnych wynika, że najwięcej osób spośród badanych rodziców (45,7%) legitymuje się wykształceniem wyższym. Jest to zauważalne szczególnie wśród rodziców uczniów szkół niepublicznych (56,2%). Natomiast rodzice licealistów uczęszczających do szkół publicznych najczęściej mają wykształcenie średnie (42,2%). Zwraca uwagę bardzo mały odsetek osób mających wykształcenie podstawowe (1,3%) oraz zasadnicze (5,1%). Uwzględniając powyższe wyniki, należy stwierdzić, że rodzice uczniów szkół niepublicznych stanowią grupę mającą wyższy poziom wykształcenia niż rodzice uczniów szkół publicznych. Matki i ojcowie badanych pozostają na zbliżonym poziomie edukacyjnym (wykres 9).

Wykres 9. Poziom wykształcenia rodziców badanej młodzieży ze względu na płeć

Źródło: opracowanie własne.

Tabela 31. Wykształcenie rodziców a poziom aspiracji badanych uczniów

Wykształcenie rodziców	Poziom aspiracji badanych uczniów																	
	szkoła publiczna N-140						szkoła niepubliczna N-140						ogółem N-280					
	wysoki		średni		niski		wysoki		średni		niski		wysoki		średni		niski	
	N	%	N	%	N	%	N	%	N	%	N	%	N	%	N	%	N	%
podstawowe	1	0,7	1	0,7	0	0,0	1	0,7	2	1,4	0	0,0	2	0,7	3	1,0	0	0,0
zasadnicze	6	4,3	2	1,4	5	3,6	0	0,0	1	0,7	2	1,4	6	2,1	3	1,0	7	2,5
niepełne średnie	0	0,0	1	0,7	4	2,8	1	0,7	0	0,0	0	0,0	1	0,4	1	0,4	4	1,4
średnie	53	37,8	3	2,2	5	3,6	41	29,3	3	2,2	2	1,4	94	33,6	6	2,2	7	2,5
niepełne wyższe	6	4,3	1	0,7	1	0,7	7	5,0	0	0	6	4,3	13	4,6	1	0,4	7	2,5
wyższe	48	34,3	1	0,7	2	1,4	73	52,2	0	0	1	0,7	121	43,2	1	0,4	3	1,0
Razem	114	81,4	9	6,4	17	12,1	123	87,9	6	4,3	11	7,8	237	84,6	15	5,4	28	10,0
	$\chi^2 = 49{,}0328957$ $\alpha = 0{,}05$ df = 10 $p = 4{,}0171\text{E-}07$ C Pearsona = 0,58900337						$\chi^2 = 86{,}3158682$ $\alpha = 0{,}05$ df = 10 $p = 2{,}8704\text{E-}14$ C Pearsona = 0,71421755						$\chi^2 = 109{,}703442$ $\alpha = 0{,}05$ df = 10 $p = 6{,}1234\text{E-}19$ C Pearsona = 0,6136005					

Źródło: opracowanie własne.

Aby określić związek pomiędzy wykształceniem rodziców a poziomem aspiracji młodzieży, dokonano porównania tych dwu czynników. Przedstawiają to dane w tabeli 31 oraz na wykresie 10.

Na podstawie badań własnych stwierdzono statystycznie, że pomiędzy poziomem wykształcenia rodziców a poziomem aspiracji badanych licealistów istnieje wysoka zależność (χ^2 = 109,703442; α = 0,05; df = 10; p = 6,1234E-19; C Pearsona = 0,6136005). Zależność ta jest silniejsza w szkołach niepublicznych (χ^2 = 86,3158682; α = 0,05; df = 10; p = 2,8704E-14; C Pearsona = 0,71421755) i występuje na poziomie bardzo wysokim. W szkołach publicznych siła tego związku kształtuje się na poziomie wysokim (χ^2 = 49,0328957; α = 0,05; df =10; p = 4,0171E-07; C Pearsona = 0,58900337).

Wykres 10. Związek pomiędzy poziomem wykształcenia rodziców a poziomem aspiracji ich dzieci

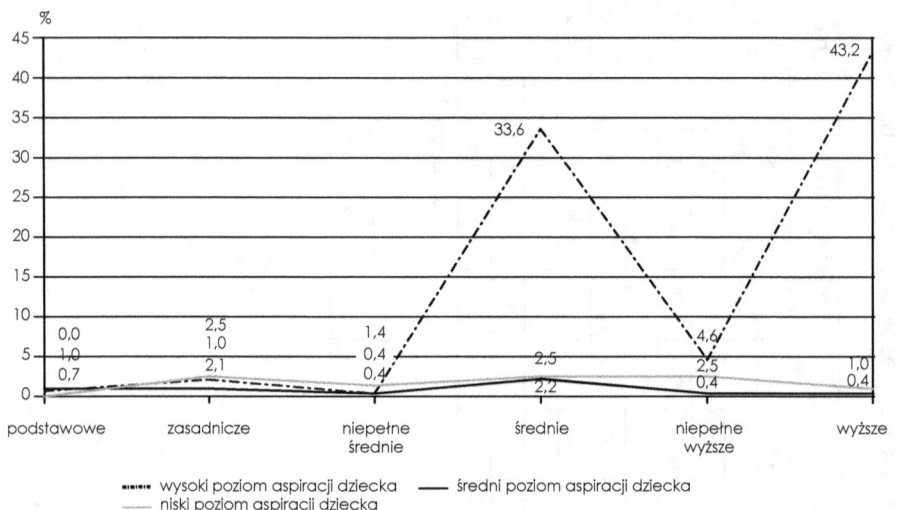

Źródło: opracowanie własne.

Porównując poziom wykształcenia rodziców z poziomem wykształcenia, do jakiego aspiruje młodzież, można zauważyć systematyczny wzrost poziomu aspiracji wraz ze wzrostem poziomu wykształcenia rodziców. Młodzież pochodząca z rodzin, których członkowie mają niższe wykształcenie, wykazuje znacznie niższe aspiracje niż młodzież, której rodzice legitymują się wykształceniem wyższym. Poczynione ustalenia potwierdzają więc dość często sygnalizowaną przez badaczy [np. Kwieciński 2002; Lewowicki 1987] prawidłowość, że poziom kulturalny rodziców, ich ambicje i aspiracje odbijają się w dążeniach dzieci. Tylko sporadycznie (1%) wśród badanych uczniów pojawili się ci, którzy nie chcą dorównać wykształceniu rodziców. Dla młodzieży wywodzącej się z rodzin, których członkowie są dobrze wykształceni, dążenie do ukończenia studiów jest czymś całkowicie naturalnym. Wśród uczniów, którzy pochodzą z rodzin z podstawowym wykształceniem, 0,7% aspiruje do uzyskania wykształcenia wyższego a 1% – na poziomie średnim. Licealiści ci nie chcą powtarzać sytuacji życiowej swoich rodziców, pragną zdobyć lepsze niż oni wykształcenie, co da im możliwość osiągnięcia wyższej pozycji społecznej.

Reasumując: ustalono mocny wpływ wzorca rodziców na aspiracje dzieci. Wyższym aspiracjom sprzyja wyższe wykształcenie matki i ojca. Łączy się z tym zapewne poziom wiedzy rodziców, ich możliwości intelektualne i poznawcze, co z kolei wpływa na szansę realizacji aspiracji przez potomstwo. Rodzicom lepiej wykształconym łatwiej jest pomóc dziecku, kiedy ma ono kłopoty z nauką, ponadto są oni wsparciem w tworzeniu wizji jego kariery dzięki pozytywnemu wzmacnianiu, co z kolei rozbudza wiarę dziecka we własne siły, a w rezultacie prowadzi do powstania ambitniejszych planów kształceniowych. Matka i ojciec mający niski poziom wykształcenia i niską pozycję społeczną często nie mają możliwości zapewnienia swoim potomkom odpowiednich warunków rozwoju. Ogólnie można jednak stwierdzić, że badana młodzież aspiruje do wykształcenia, jakie mają rodzice lub wyższego.

6.2. Sytuacja materialna badanych rodzin

Badacze zajmujący się problematyką rodzinnych uwarunkowań aspiracji wiele uwagi poświęcili roli statusu materialno-ekonomicznego rodziny, wskazując, że czynnik ten różnicuje szanse życiowe dziecka oraz determinuje wybór drogi życiowej, a także decyduje o karierze zawodowej [Lewowicki, Galas 1987; Sułek 1989; Bakiera 1996; Tarkowska 2000; Kwieciński 2002; Liberska 2004 i inni].

Niejednolite warunki ekonomiczne, w jakich żyje badana młodzież i jej rodziny, wywierają także wpływ na zróżnicowanie i wybór aspiracji, szczególnie tych, które dotyczą dalszego kształcenia. Wiąże się ono bowiem z kosztami, które muszą być ponoszone na wszystkich szczeblach szkolnictwa. Wydatki związane z kupowaniem podręczników i innych materiałów szkolnych, dojazdami do szkoły, a w szkołach niepublicznych dodatkowo opłata czesnego stanowią istotne obciążenie finansowe dla rodziny osób uczących się.

Analizując poziom życia rodzin, w pierwszej kolejności zwrócono uwagę na dochody. Sytuacja materialna badanych rodzin jest zmienną złożoną, gdyż obejmuje bezpośrednie dochody z pracy zawodowej matki i ojca oraz świadczenia socjalne przysługujące członkom rodziny z różnych powodów. Przyjęto więc, że na dochód danej rodziny składa się wynagrodzenie za pracę rodziców, zasiłki rodzinne, renty, alimenty, zasiłki dla bezrobotnych oraz stałe zasiłki z ośrodków pomocy społecznej. Za wskaźnik sytuacji materialnej rodziny przyjęto przeciętne dochody przypadające na jednego jej członka. Uznano, że bardzo dobre warunki ekonomiczne mają rodziny o bardzo wysokim miesięcznym dochodzie na jednego członka. Dobre warunki mają zaś te posiadające stały dochód miesięczny pozwalający na zaspokojenie potrzeb materialnych. Przeciętne warunki ekonomiczne są w rodzinach mających dochody pozwalające na zaspokojenie niezbędnych potrzeb materialnych. Niewystarczające warunki materialne – w rodzinach z niskim miesięcznym dochodem na jednego członka, zwłaszcza gdy jedno z rodziców nie ma pracy. Natomiast o złych warunkach materialnych można mówić w przypadku rodzin, w których matka i ojciec nie mają pracy i korzystają ze wsparcia instytucji świadczących pomoc. Sytuację materialną rodzin przedstawia tabela 32.

Tabela 32. Dochody rodziców badanej młodzieży

Dochody rodziców	Badana młodzież				Ogółem	
	szkoła publiczna		szkoła niepubliczna			
	N	%	N	%	N	%
bardzo dobre	15	10,7	68	48,6	83	29,6
dobre	92	65,7	60	42,8	152	54,3
przeciętne	23	16,4	12	8,6	35	12,5
niewystarczające	7	5,0	0	0,0	7	2,5
złe	3	2,2	0	0,0	3	1,1
Razem	140	100,0	140	100,0	280	100,0
					χ^2 = 54,0373585 α = 0,05 df = 4 p = 5,1687E-11 C Pearsona = 0,5022771	

Źródło: opracowanie własne.

Analizując – pod względem statystycznym – dochody rodziców badanych uczniów oraz wpływ tych dochodów na wybór typu szkoły przez dzieci, stwierdzono istnienie zależności w stopniu wysokim (χ^2 = 54,0373585; α = 0,05; df = 4; p = 5,1687E-11; C Pearsona = 0,5022771).

Z danych zawartych w tabeli 32 wynika, że 54,3% całej badanej populacji młodzieży wychowuje się w rodzinach, w których panują dobre warunki materialne. Bardzo dobre warunki materialne ma 29,6% badanych rodzin. Tylko u 1,1% warunki te są złe. Można więc stwierdzić, że większość uczniów (96,4%) żyje w rodzinach, które są w stanie zaspokajać ich potrzeby.

Stwierdzono ponadto znaczne różnice pomiędzy sytuacją materialną rodzin dzieci uczęszczających do szkół publicznych i niepublicznych (wykres 11). Licealiści ze szkół publicznych są wychowywani w większości w rodzinach mających dobre (65,7%) i przeciętne (16,4%) warunki materialne, natomiast ich rówieśnicy w szkołach niepublicznych pochodzą z rodzin o bardzo dobrych

6.2. Sytuacja materialna badanych rodzin

(48,6%) i dobrych (42,8%) warunkach materialnych. Ponadto wśród uczniów placówek niepublicznych nie ma ani jednej osoby, która by się wychowywała w niewystarczających i złych warunkach materialnych. W szkołach państwowych odsetek uczniów żyjących w niewystarczających i złych warunkach ekonomicznych wynosi odpowiednio: 5,0% i 2,2%.

Wykres 11. Warunki materialne w rodzinach badanej młodzieży

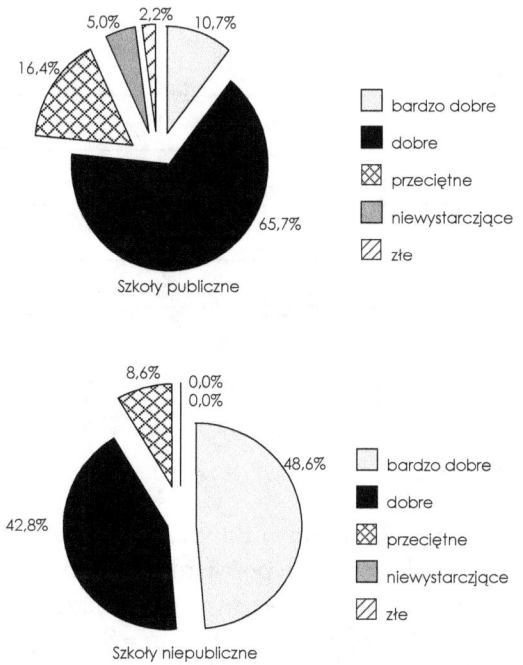

Źródło: opracowanie własne.

Na sytuację materialną rodziny wpływa przede wszystkim dochód z pracy zarobkowej rodziców. W szkołach niepublicznych odsetek niepracujących rodziców wynosi: wśród matek 22,8% i ojców 10,3%. Trzeba jednak podkreślić, że osoby te nie pracują, gdyż nie mają takiej potrzeby, i jest to ich własny wybór. Dochody z pracy zarobkowej jednego z rodziców są w stanie zapewnić odpowiedni poziom życia całej rodzinie. Nieco inaczej przedstawia się sytuacja rodzin uczniów szkół publicznych. Odsetek niepracujących matek i ojców wynosi odpowiednio: 31,5% i 12,5%. Spora część tych osób, bo 29,3%, korzysta z zasiłku dla bezrobotnych, przy czym 14,1% pozostaje bez prawa do ekwiwalentu pieniężnego. Można zatem wysnuć wniosek, że sytuacja ekonomiczna rodzin uczniów liceów niepublicznych jest zdecydowanie korzystniejsza niż ich rówieśników w szkołach publicznych.

Zakładając, że na kształtowanie się poziomu aspiracji ma wpływ m.in. sytuacja materialna rodziny, badano, w jakim stopniu czynnik ten wpływa na poziom dążeń młodzieży. Korelacje między tymi dwiema zmiennymi przedstawia wykres 12.

Wykres 12. Wpływ sytuacji materialnej rodziny na poziom aspiracji dzieci

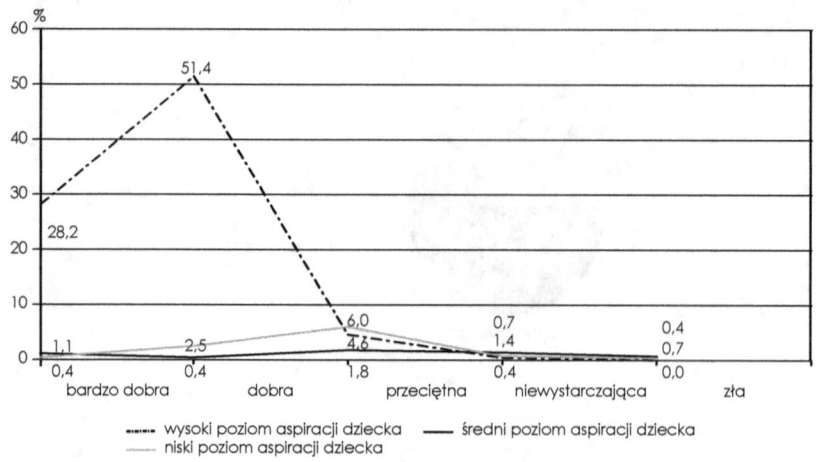

źródło: opracowanie własne.

Analiza statystyczna wyników badań dotycząca wpływu sytuacji materialnej rodzin uczniów na poziom ich aspiracji potwierdziła ten związek. Siła zależności między tymi zmiennymi wśród ogółu badanych rodzin kształtowała się na poziomie bardzo wysokim (χ^2 = 153,880317; α = 0,05; df = 8; p = 3,0385E-29; C Pearsona = 0,69615492). W szkołach publicznych siła związku między omawianymi zmiennymi osiągnęła poziom bardzo wysoki (χ^2 = 94,2903362; α = 0,05; df = 8; p = 6,2401E-17; C Pearsona = 0,74157613), a w niepublicznych – wysoki (χ^2 = = 55,576772; α = 0,05; df = 4; p = 2,4597E-11; C Pearsona = 0,62314248). Można zatem stwierdzić, że sytuacja materialna rodzin badanych licealistów jest znaczącą determinantą uczniowskich aspiracji.

Na wskaźnik dochodu na jednego członka rodziny wpływa obok omawianych już czynników także jej liczebność. Duża liczba dzieci, zwłaszcza w uboższych rodzinach, pogarsza sytuację materialną, a tym samym wpływa na możliwości kształcenia się. Związek pomiędzy liczebnością rodziny a poziomem aspiracji dzieci przedstawia tabela 33.

6.2. Sytuacja materialna badanych rodzin

Tabela 33. Liczebność rodziny a poziom aspiracji badanej młodzieży

Liczba dzieci w rodzinie	Poziom aspiracji badanych uczniów																	
	szkoła publiczna N-140						szkoła niepubliczna N-140						ogółem N-280					
	wysoki		średni		niski		wysoki		średni		niski		wysoki		średni		niski	
	N	%	N	%	N	%	N	%	N	%	N	%	N	%	N	%	N	%
1 dziecko	39	27,8	0	0,0	2	1,4	47	33,6	3	2,1	5	3,6	86	30,7	3	1,1	7	2,5
2 dzieci	20	14,3	3	2,1	1	0,7	42	30,0	0	0	3	2,1	62	22,1	3	1,1	4	1,4
3 dzieci	31	22,2	5	3,6	8	5,7	28	20,0	1	0,7	0	0	59	21,1	6	2,1	8	2,9
4 i więcej dzieci	24	17,1	1	0,7	6	4,3	6	4,3	2	1,4	3	2,1	30	10,7	3	1,1	9	3,2
Razem	114	81,4	9	6,4	17	12,1	123	87,9	6	4,3	11	7,8	237	84,6	15	5,4	28	10,0
	$\chi^2 = 13,5290166$ $\alpha = 0,05$ $df = 6$ $p = 0,03536339$ C Pearsona = 0,35286382						$\chi^2 = 16,6800353$ $\alpha = 0,05$ $df = 6$ $p = 0,01053396$ C Pearsona = 0,38784741						$\chi^2 = 11,3567738$ $\alpha = 0,05$ $df = 6$ $p = 0,07795623$					

Źródło: opracowanie własne.

W zakresie wpływu liczebności rodziny na poziom aspiracji uczniów w całej populacji badanych nie zanotowano zależności statystycznej (χ^2 = 11,3567738; α = 0,05; df = 6; p = 0,07795623). Natomiast zależność ta występuje w poszczególnych typach szkół – zarówno w szkole publicznej (χ^2 = 13,5290166; α = 0,05; df = 6; p = 0,03536339; C Pearsona = 0,35286382), jak i niepublicznej (χ^2 = 16,6800353; α = 0,05; df = 6; p = 0,01053396; C Pearsona = 0,38784741) i kształtuje się na poziomie przeciętnym.

Rozpatrując liczebność dzieci w rodzinach, należy stwierdzić, że optymalne warunki do ukształtowania się rozległych aspiracji mają uczniowie pochodzący z rodzin z jednym dzieckiem, jak również z dwojgiem, a nawet trojgiem potomków. Poziom aspiracji wywodzącej się z tych rodzin młodzieży jest wysoki i stosunkowo mało zróżnicowany procentowo. Uwzględniając typ szkoły, okazuje się, że w placówkach publicznych najwięcej jest uczniów z rodzin mających jedno i troje dzieci, a w niepublicznych – jedno i dwoje. Należy jednak zaznaczyć, że pewna liczba licealistów pochodzących z rodzin wielodzietnych również przejawia wysoki poziom aspiracji.

Warunki ekonomiczne wraz z warunkami mieszkaniowymi wpływają na funkcjonowanie rodziny. Przestrzeń mieszkalna określa samopoczucie mieszkańców oraz wywiera duży wpływ na kształtowanie się stosunków między członkami rodziny. Warunki mieszkaniowe ogółu badanej młodzieży są w większości bardzo dobre i dobre. Własny dom posiada 65% rodzin badanej młodzieży, 31% ma mieszkanie w bloku, a 4% mieszka wspólnie z dziadkami. Oddzielny pokój ma 70,7% uczniów, pozostali dzielą pokój z rodzeństwem.

W świetle przedstawionych wyników badań widać, że sytuacja materialna, mimo że bywa jedną z przyczyn różnicujących dążenia oraz drogi edukacyjne i zawodowe badanych, nie odgrywa pierwszoplanowej roli. Znaczenie czynnika materialnego w kształtowaniu się aspiracji młodzieży wyraźnie osłabło. Warunki materialne w mniejszym stopniu determinują poziom aspiracji, są natomiast czynnikiem współdecydującym o możliwościach ich realizacji. Powyższe wyniki badań korespondują m.in. z ustaleniami C. Banacha [1974] i T. Lewowickiego [1987]. Możliwości finansowe rodziny są zatem liczącym się, ale nie jedynym wyznacznikiem aspiracji młodzieży, warunkują je, ale nie przesądzają o ich realizacji.

6.3. Związek aspiracji młodzieży z funkcjonowaniem rodziny

Rodzina jest powszechnie traktowana jako podstawowa komórka społeczna oddziałująca na wychowanie dziecka. Prawidłowo funkcjonująca zapewnia mu odpowiednie warunki bytowe, możliwości rozwoju fizycznego, psychicznego i społecznego. Wychowujący się w niej człowiek ma możliwość uczenia się pożądanych wzorców życia rodzinnego i społecznego. Rodzina dzięki stałości swego środowiska daje oparcie i poczucie bezpieczeństwa. Stabilność ta jest ważnym czynnikiem równowagi emocjonalnej dziecka i wpływa na jego przyszłe wybory. Od tego, jak funkcjonuje rodzina, zależy osobisty rozwój młodego człowieka. Wytwarza ona swoistą atmosferę, która nie ma stałego charakteru, lecz podlega zmianom w zależności od sytuacji rodzinnej. Atmosfera i postawy matki i ojca wpływają z kolei na style wychowania w rodzinie i skuteczność metod wychowawczych.

Każdą rodzinę charakteryzuje swoisty styl wychowania decydujący o sile i jakości oddziaływań na dziecko. Jest on jakby wypadkową sposobów i metod oddziaływania na dziecko wszystkich członków rodziny [Przetacznikowa 1980]. Omawiając sytuację rodzinną uczniów, uwzględniono zebrane w toku badań dane dotyczące niektórych wpływających na jej obraz elementów, a zwłaszcza ogólną atmosferę domu rodzinnego oraz stosowane przez rodziców style wychowania. Stosunki interpersonalne, które wpływają na atmosferę domową, równocześnie decydują o samopoczuciu dorastających tam dzieci. Ocenę samopoczucia badanej młodzieży w domu przedstawia wykres 13.

Wykres 13. Ocena samopoczucia w domu a poziom aspiracji badanych uczniów

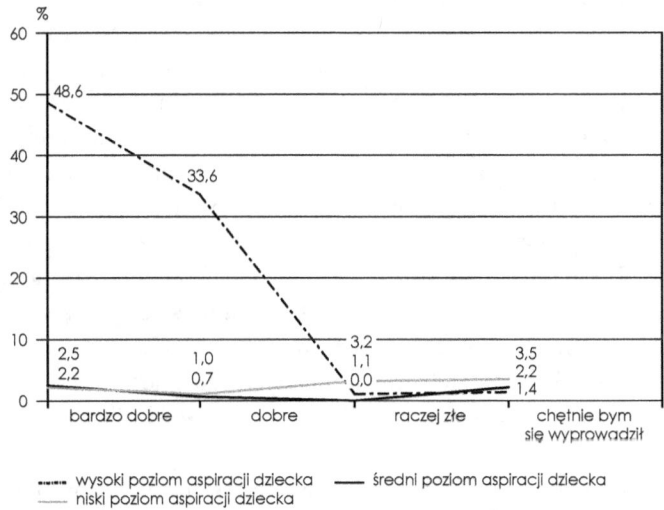

Źródło: opracowanie własne.

Samopoczucie uczniów w domu okazało się niezmiernie ważne w kształtowaniu się poziomu ich aspiracji. Analiza statystyczna wyników badań wskazuje na wysoką zależność tych zmiennych w całej populacji badanych (χ^2 = 135,251827; α = 0,05; df = 6; p = 1,0057E-26; C Pearsona = 0,67839875). Wskaźnik siły związku między samopoczuciem ucznia w domu a poziomem aspiracji kształtuje się na tym samym, wysokim poziomie zarówno w szkołach publicznych (χ^2 = 72,1565367; α = 0,05; df = 6; p = 1,4755E-13; C Pearsona = 0,69323244), jak i niepublicznych (χ^2 = 71,6421437; α = 0,05; df = 6; p = 1,8819E-13; C Pearsona = 0,69159598).

W domu czuje się bardzo dobrze 53,2% wszystkich badanych uczniów, a 35,4% – dobrze. Z tego można wnosić, że w tych domach panują właściwe stosunki między rodzicami a dziećmi. Rodzice ci z reguły stwarzają dobry klimat uczuciowy, pełny akceptacji i życzliwości dla swoich dzieci. Brak poważniejszych rozdźwięków między matką i ojcem, szczerość, serdeczność i zrozumienie sprzyjają kształtowaniu się wysokich aspiracji młodzieży. Źle w swoim domu czuje się 4,2% badanej młodzieży, a z domu chętnie by się wyprowadziło 7,1% badanych. Na taką atmosferę wpływa rygoryzm rodziców, brak czasu dla dzieci, a także nierzadko konflikty między matką i ojcem. Rodzice ci na ogół zabezpieczają potrzeby materialne potomstwa, ale nie zaspokajają potrzeb emocjonalnych. Zła atmosfera domowa wywołuje zaburzenia w życiu uczuciowym dzieci i często powoduje osłabienie motywacji do nauki. Uczniowie wychowujący się w rodzinach stwarzających atmosferę korzystną dla ich rozwoju mają wyższe aspiracje niż ich rówieśnicy wychowujący się w atmosferze niekorzystnej.

Z atmosferą w rodzinie, postawami matek i ojców łączą się ściśle style wychowania przyjmowane przez rodziców. W każdej rodzinie można określić dominujący styl wychowawczy, który decyduje o ilości i jakości oddziaływań na dziecko w domu [Zaborowski 1980; Obuchowska 1996; Rostowska 1995, Herwas-Napierała 2003]. Najczęściej spotykane style wychowania w rodzinie to: styl demokratyczny, autokratyczny, liberalny: kochający i niekochający [Field 1996].

Opierając się na opisie typologii rodzin D. Fielda i badaniach własnych z wykorzystaniem narzędzia badawczego stylów wychowania w rodzinie M. Ryś [2004], podjęto próbę określenia stylów wychowawczych stosowanych przez rodziców osób badanych, by poznać wpływ ich środowisk macierzystych (wykres 14) na aspiracje. Uzyskane wyniki wskazują na słabą zależność statystyczną między zmiennymi w szkołach publicznych (χ^2 = 4,1729857; α = 0,05; df = 3; p = 0,24338044). W szkołach niepublicznych zależność między omawianymi zmiennymi występuje w stopniu nikłym (χ^2 = 6,68451286; α = 0,05; df = 3; p = 0,082663).

Z analiz wyraźnie widać, że dominującymi stylami wychowania w rodzinach badanych, przejawianymi zarówno przez ojców, jak i matki, były styl demokratyczny (49,2%) i liberalny kochający (34,9%), przy czym częściej obydwa te style prezentowały matki badanych niż ojcowie. Rodzice ci szanują prawa i uczucia swoich dzieci, darzą je zaufaniem i często zostawiają im swobodę działania. Wychodzą z założenia, że wraz z dorastaniem dzieci będą dokonywały właściwych wyborów. Takie postępowanie sprzyja kształtowaniu się odpowiedzialności oraz świadomym wyborom zasad postępowania przez młodych ludzi. Styl liberalny niekochający, najmniej pożądany w wychowaniu, przejawiają rodzice 5,2% ogółu badanych uczniów. Rodzice ci okazują dzieciom obojętność oraz chłód emocjonalny. Młodzi pozostawieni są sami sobie, a dorośli nie interesują się ich sprawami.

Wykres 14. Style wychowania stosowane przez ojców i matki uczniów szkół publicznych i niepublicznych

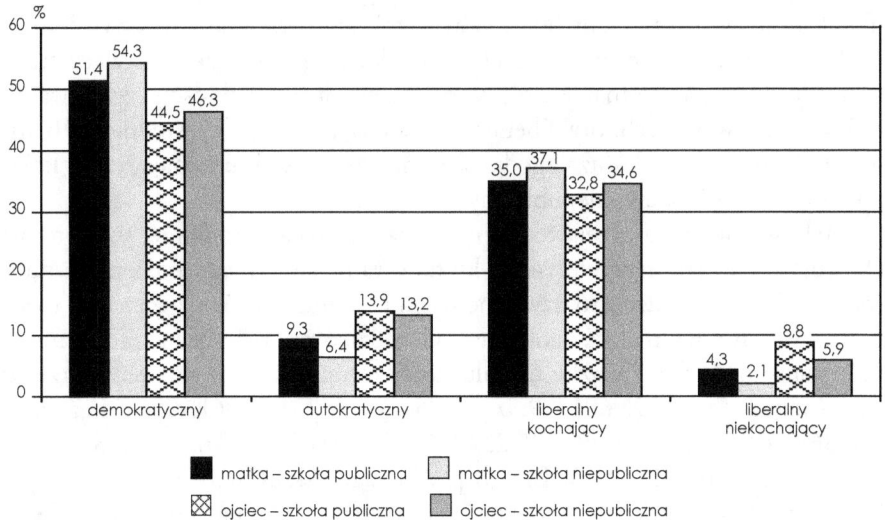

Źródło: opracowanie własne.

Tabela 34. Średnia poziomu stylów wychowania przyjmowanych przez rodziców

Średnia przyjmowanych stylów	Typ szkoły		
	publiczna	niepubliczna	ogółem
styl demokratyczny (matka)	22,4214	23,1857	22,8036
styl autokratyczny (matka)	8,0857	8,5571	8,3214
styl liberalny kochający (matka)	18,3321	19,2071	18,7696
styl liberalny niekochający (matka)	6,0607	6,7714	6,4161
styl demokratyczny (ojciec)	20,0893	21,2821	20,6857
styl autokratyczny (ojciec)	8,9536	9,3214	9,1375
styl liberalny kochający (ojciec)	16,4464	17,4893	16,9679
styl liberalny niekochający (ojciec)	7,5321	7,8607	7,6964

Uwaga: Wartościom nadano rangę, licząc średnią po odwróceniu „punktowania". Wartości plasującej się na pierwszym miejscu przypisano „10", na drugim miejscu „9" itd. Wartości, które nie zostały wybrane, otrzymały „0" i te oceny również uwzględniono przy liczeniu wartości średnich.

Źródło: opracowanie własne.

Każdy z przedstawionych stylów może występować z różnym nasileniem. Średnią poziomu nasilenia danego stylu przedstawia tabela 34. Rozkład średniego nasilenia poszczególnych stylów w badanych rodzinach pozwala na stwierdzenie, że zarówno w domach uczniów uczęszczających do szkoły publicznej, jak i niepublicznej przeważają style demokratyczny i liberalny kochający. Wśród matek i ojców dzieci z obydwu typów szkół styl demokratyczny występuje na średnim poziomie natężenia, a styl liberalny kochający na niskim, przy czym wyniki odnoszące się do matek i ojców oznaczają dużą zgodność przyjmowanych stylów wychowawczych. Styl liberalny niekochający występuje średnio na bardzo niskim poziomie, ale z dużą zgodnością między rodzicami sięgającą w szkołach publicznych 81,3%, a w niepublicznych 91,3%.

Style wychowania przejawiane przez matkę i ojca w rodzinie, w której wychowuje się uczeń, mają wpływ na kształtowanie się u niego poziomu aspiracji (tabela 35). Potwierdziły to uzyskane wyniki. Analiza porównawcza tych dwóch zmiennych uwzględniająca ogół badanych rodziców potwierdza istnienie między nimi zależności. Siła związku tej zależności kształtuje się na poziomie przeciętnym (matka – χ^2 = 29,9681399; α = 0,05; df = 6; p = 3,986E-05; C Pearsona = = 0,36960736; ojciec – χ^2 = 35,2240819; α = 0,05; df = 6; p = 3,8994E-06; C Pearsona = 0,40184244). Biorąc pod uwagę szkoły publiczne, w przypadku obu rodziców wykazano zależność statystycznie istotną. Siła oddziaływania stylów wychowania przyjmowanych przez matki na poziom aspiracji ich dzieci uczęszczających do szkół publicznych występuje na poziomie przeciętnym (χ^2 = = 19,5042287; α = 0,05; df = 6; p = 0,00339163; C Pearsona = 0,4156689). W przypadku ojców siła tego związku jest wysoka (χ^2 = 40,7122364; α = 0,05; df = 6; p = 3,2993E-07; C Pearsona = 0,56894864). Ciekawe wyniki uzyskano w szkołach niepublicznych. Badania w przypadku ojców (χ^2 = 11,542556; α = 0,05; df = 6; p = 0,0729873) nie wykazały zależności między przejawianymi przez nich stylami wychowania a aspiracjami dzieci. Zależność ta w stopniu przeciętnym stwierdzona została w przypadku badanych matek (χ^2 = 22,9511833; α = 0,05; df = 6; p = 0,00081299; C Pearsona = 0,4461111).

Analiza wpływu stylu wychowania panującego w rodzinie na kształtowanie się poziomu aspiracji wykazała ponadto, że stosowane przez rodziców style liberalny kochający i demokratyczny sprzyjają powstawaniu wysokich aspiracji wśród ogółu badanej młodzieży. Styl liberalny niekochający sprzyja powstawaniu niskich aspiracji w 37,9%, w 20,7% średnich, a w 41,4% wysokich. Duży odsetek uczniów mających wysokie aspiracje wychowywany jest również w rodzinach stosujących autokratyczny styl wychowania (71,8%). Z przeprowadzonych badań wynika, że w najkorzystniejszy sposób oddziałuje na badanych młodych ludzi styl liberalny kochający. Wśród młodzieży znajdującej się pod opieką rodziców, którzy obrali ten styl wychowawczy, największy odsetek ma wysokie aspiracje, a najmniejszy niskie.

6.3. Związek aspiracji młodzieży z funkcjonowaniem rodziny

Tabela 35. Style wychowania w rodzinie a aspiracje badanej młodzieży

Style wychowania stosowane przez rodziców	Poziom aspiracji badanych uczniów											
	szkoła publiczna						szkoła niepubliczna						ogółem					
	wysoki		średni		niski		wysoki		średni		niski		wysoki		średni		niski	
	N	%	N	%	N	%	N	%	N	%	N	%	N	%	N	%	N	%
demokratyczny (matka)	59	42,1	4	2,9	9	6,4	69	49,3	4	2,9	3	2,1	128	45,7	8	2,9	12	4,3
autokratyczny (matka)	10	7,1	1	0,7	2	1,4	4	2,9	2	1,4	3	2,1	14	5,0	3	1,1	5	1,8
liberalny kochający (matka)	44	31,5	2	1,4	3	2,1	48	34,3	0	0,0	4	2,9	92	32,9	2	0,7	7	2,5
liberalny niekochający (matka)	1	0,7	2	1,4	3	2,1	2	1,4	0	0,0	1	0,7	3	1,1	2	0,7	4	1,4
demokratyczny (ojciec)	52	37,9	3	2,2	6	4,4	56	41,2	3	2,2	4	2,9	108	39,1	6	2,2	10	3,7
autokratyczny (ojciec)	16	11,7	2	1,5	1	0,7	12	8,8	2	1,5	4	2,9	28	10,1	4	1,4	5	1,8
liberalny kochający (ojciec)	42	30,7	0	0,0	3	2,2	45	33,1	1	0,7	1	0,7	87	31,5	1	0,4	4	1,4
liberalny niekochający (ojciec)	2	1,5	4	2,9	6	4,4	7	5,1	0	0,0	1	0,7	9	3,3	4	1,4	7	2,5

Matka: $\chi^2 = 19{,}5042287$; $\alpha = 0{,}05$; $df = 6$; $p = 0{,}00339163$;
C Pearsona = 0,4156689
Ojciec: $\chi^2 = 40{,}71223647$; $\alpha = 0{,}05$; $df = 6$; $p = 3{,}2993E{-}07$;
C Pearsona = 0,56894864

Matka: $\chi^2 = 22{,}9511833$; $\alpha = 0{,}05$; $df = 6$; $p = 0{,}00081299$;
C Pearsona = 0,446111
Ojciec: $\chi^2 = 11{,}542556$; $\alpha = 0{,}05$; $df = 6$; $p = 0{,}0729873$

Matka: $\chi^2 = 29{,}9681399$; $\alpha = 0{,}05$; $df = 6$; $p = 3{,}986E{-}05$;
C Pearsona = 0,36960736
Ojciec: $\chi^2 = 35{,}2240819$; $\alpha = 0{,}05$; $df = 6$; $p = 3{,}8994E{-}06$;
C Pearsona = 0,40184244

Uwaga: W szkołach publicznych 137 uczniów wychowuje się w pełnej rodzinie, 3 uczniów nie ma ojca (1 uczeń – niskie aspiracje, 2 – wysokie), a w placówkach niepublicznych w pełnych rodzinach wychowuje się 136 uczniów, 4 uczniów nie ma ojca (3 – wysokie aspiracje, 1 – niskie).

Źródło: opracowanie własne.

Podsumowując, należy stwierdzić, że emocjonalny klimat domu, style wychowania w rodzinie w istotny sposób wiążą się z kształtowaniem aspiracji młodzieży. W większości badanych rodzin dzieci mają stworzone odpowiednie warunki do rozwoju, są otoczone miłością i daje im się dużo swobody. Akceptacja, małe wymagania, rzadka kontrola dają młodzieży dużą swobodę i umożliwiają zebranie wielu doświadczeń. Mając rodziców aprobujących samodzielność i spontaniczne wyrażanie siebie, dziecko uczy się rozwiązywać własne problemy, kształtuje silne poczucie własnej wartości i adekwatną samoocenę oraz pozytywne nastawienie do otoczenia. Atmosfera taka sprzyja, jak potwierdziło się w przeprowadzonych badaniach, osiąganiu wysokich wyników w nauce i samodzielności w podejmowaniu decyzji dotyczących własnej przyszłości.

Styl wychowania w rodzinie jest tylko jednym z czynników wpływających na osobowość dziecka i wyznaczających przebieg procesu socjalizacji. Znaczący okazuje się dopiero w powiązaniu z postawami rodziców wobec potomstwa, z emocjonalną więzią łączącą członków rodziny oraz ogólną atmosferą w niej panującą.

6.4. Tradycje rodzinne a aspiracje młodzieży

Istotny wpływ na kształtowanie aspiracji zawodowych młodzieży ma rodzina, głównie dlatego, że w procesie tym dużą rolę odgrywają osoby ważne dla młodego człowieka. W przypadku prawidłowo funkcjonującej rodziny są to właśnie matka i ojciec. Rodzice wpływają bezpośrednio na wzorce postępowania i wybory młodzieży, tworząc pożądane aspiracje i ukierunkowując w wyborze zawodu. Dodatkowo ten wpływ wzmacnia identyfikowanie się z obojgiem rodziców lub jednym z nich. Zdaniem A. Sokołowskiej

> nasiąkanie sferą określonego zawodu i modelu życiowego w kręgu rodzinnym nierzadko determinuje przyszłość dziecka i wpływa na wybór zawodu [1967: 31].

Rodzina stwarza ponadto możliwość międzypokoleniowego przekazu wartości kulturowych i społecznych. Tradycje zawodowe i wartości rodziny mogą być przekazywane dziecku zarówno w wyniku świadomych oddziaływań wychowawczych podejmowanych przez rodziców, jak i przez ich własny przykład. Przejmowanie przez dzieci pozycji społecznej rodziców, zawodów wykonywanych przez ojca/matkę, wraz z nagromadzonym doświadczeniem, tradycją rodzinną i zdobytymi przywilejami, jest pozytywne wówczas, gdy młody człowiek to akceptuje i nie dokonuje wyboru pod presją.

Czasem rodzice narzucają dzieciom swoje wybory – nierealnie oceniając możliwości potomstwa, chcą podtrzymać tradycje rodzinne bądź zapewnić kontynuację rodzinnej firmie. Kierują dziecko do szkoły, która wydaje im się najwłaściwsza, choć nie zawsze jest to wybór dla potomka trafny. Bywa też, że chcą, by dziecko zrealizowało ich niespełnione marzenia. Może to spowodować niechęć młodego człowieka do matki i ojca, do domu rodzinnego oraz skłonność do odrzucenia ich wpływu [Janowski 1977; Borkowska 1988; Bańka 1983; Liberska 2001 i inni].

W badanej grupie 38,4% licealistów wybrało dla siebie taki zawód, jaki wykonuje jedno z rodziców, przy czym zgodność ta częściej występowała wśród uczniów szkół niepublicznych (prawie 27%). Odsetek zgodności wybieranego zawodu z profesją rodzica w szkole publicznej wynosił 11,7%. Warto odnotować, że uczniowie w obydwu typach szkół częściej wybierali zawód, jaki wykonywał ojciec (22,9%): w szkołach publicznych – 7,6%, w niepublicznych – 15,3%. Zawód matki chciało kontynuować 15,5% badanych (wykres 15).

Gdy wzięto pod uwagę czynnik płci badanych, okazało się, że dziewczęta częściej (21,1%) niż chłopcy (17,7%) planowały pójście w ślady rodziców. Pozostali uczniowie wybierali zawody zdecydowanie różniące się od profesji rodziców. Tendencja do kontynuowania tradycji rodzinnych dotyczyła na ogół zawodów cieszących się dużym prestiżem społecznym.

Wykres 15. Deklaracja kontynuacji wykonywania zawodów rodziców przez badanych uczniów

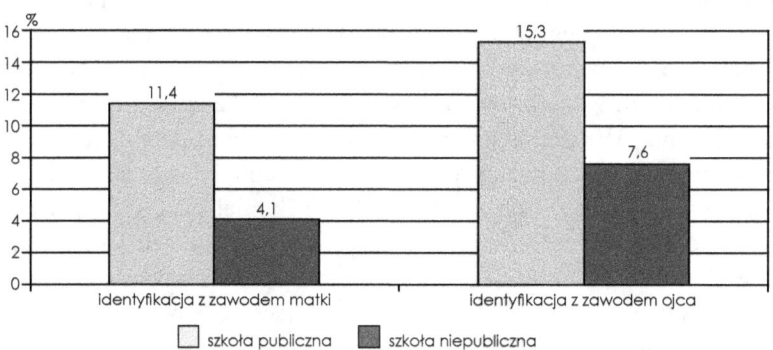

Źródło: opracowanie własne.

Reasumując, należy podkreślić, że młodzież decydująca się na kontynuowanie w przyszłości rodzinnej tradycji zawodowej w sposób pośredni kierowała się wpływami rodziców. Badani zgodnie twierdzą, że to właśnie matka i ojciec wpłynęli na rozwijanie ich zainteresowań zawodowych, jednak wyboru dokonali sami. To, że dziewczęta częściej niż chłopcy identyfikowały się z zawodem rodzica, świadczy, że są one bardziej emocjonalnie związane z rodziną i przypisują jej znaczący wpływ na swoje decyzje. Analiza dotycząca dziedziczenia profesji pokazuje, że przejmowanie zawodu rodzica przez dziecko wydaje się najwłaściwszą formą rozwoju zawodowego człowieka. Dziecko, któremu dość wcześnie zostaje zaszczepiona pasja zawodowa, jest lepiej przygotowane do rozwoju w danej dziedzinie.

6.5. Formy współpracy rodziny ze szkołą a aspiracje badanych uczniów

Poszerzenie form współpracy rodziny z nauczycielami to jedno z zadań, jakie stoi przed współczesną szkołą. Nowe możliwości i normy prawne dla kształtowania się relacji rodziców i szkoły stworzyła Ustawa o systemie oświaty z 9 listopada 1988 r. oraz z 7 września 1991 r. Podkreślają one rolę rodziców jako współtwórców i współgospodarzy procesu kształcenia i wychowania w szkole.

Również w praktyce edukacyjnej i refleksji pedagogicznej liczni autorzy akcentują konieczność zmian w relacjach rodziny i szkoły [Kawula, Brągiel, Janke 2004; Winiarski 2000; Mendel 2001; Janke 2002; Śliwerski 1996; Segiet 1999; Tyrała 1997; Rogala 1989; Szempruch 2001; Nowosad, Szymański 2004 i inni].

Nie ulega wątpliwości, że rodzina i szkoła to w dwa podstawowe środowiska wychowawcze dziecka mające decydujący wpływ na jego prawidłowy rozwój, w związku z czym bardzo ważna jest właściwa współpraca pomiędzy nimi. W procesie tym szkoła odgrywa rolę drugoplanową – powinna wspierać funkcje wychowawcze rodziny.

Niezbędną formą współpracy jest stworzenie odpowiedniego systemu przepływu informacji pomiędzy nauczycielem a rodzicem. Placówka oświatowa powinna informować rodziców o celach i zadaniach oraz zakresie potrzeb dotyczących wychowania i opieki w szkole, a także o warunkach ich realizacji. Informacja powinna również obejmować osiągnięcia w zakresie pracy dydaktyczno-wychowawczej i opiekuńczej, ich uwarunkowania, napotykane trudności i sposoby ich przezwyciężania. Wskazane jest także przekazywanie przez nauczyciela wiadomości o inicjatywach zmierzających do doskonalenia pracy szkoły.

Dla prawidłowo rozwijającej się współpracy konieczna jest informacja zwrotna. Rodzice powinni informować nauczycieli o warunkach i organizacji życia dzieci w domu i najbliższym otoczeniu, stanie opieki i wychowania w rodzinie, trudnościach w tym zakresie, stosowanych formach i metodach wychowawczych. Korzystne jest przedstawienie przez rodziców własnych pomysłów dotyczących usprawnienia działalności opiekuńczo-wychowawczej szkoły itp. Dostarczenie tych informacji wpływa na postępy w nauce i zachowanie uczniów. Dzięki takiej współpracy wspiera się również karierę szkolną dziecka. Nauczyciele i rodzice winni więc być naturalnymi sojusznikami i partnerami, których łączy wspólny cel związany z edukacyjnym, zawodowym i życiowym sukcesem wychowanka. Jednak jak pokazuje praktyka, obecny stan relacji rodzice – nauczyciele nie zawsze jest zadowalający. Mały wydaje się także zakres wpływu matki i ojca na funkcjonowanie szkoły. Dla 54,3% rodziców badanych uczniów kontakt ze szkołą ogranicza się tylko do uczęszczania na wywiadówki, a 5,7% nie utrzymuje kontaktów ze szkołą. Odsetek rodziców zaangażowanych w życie klasy i szkoły to 33,3%, przede wszystkim w organizację imprez szkolnych (27,9%) oraz pracę w radach rodziców (5,4%). Wynika to na ogół nie tyle ze złej woli obu stron, ile z pewnych ograniczeń organizacyjnych lub braku określonej koncepcji współpracy.

6.5. Formy współpracy rodziny ze szkołą a aspiracje badanych uczniów   145

Tabela 36. Współpraca rodziny ze szkołą a poziom aspiracji

Współpraca rodziny ze szkołą	Poziom aspiracji badanych uczniów																	
	szkoła publiczna N-140						szkoła niepubliczna N-140						ogółem N-280					
	wysoki		średni		niski		wysoki		średni		niski		wysoki		średni		niski	
	N	%	N	%	N	%	N	%	N	%	N	%	N	%	N	%	N	%
tylko uczęszczanie na wywiadówki	92	65,7	2	1,4	2	1,4	52	37,1	1	0,7	3	2,1	144	51,4	3	1,1	5	1,8
współorganizacja i udział w imprezach szkolnych	16	11,5	1	0,7	0	0,0	59	42,1	0	0,0	2	1,4	75	26,8	1	0,4	2	0,7
kontakt na wezwanie nauczyciela	1	0,7	2	1,4	10	7,1	2	1,4	0	0,0	4	2,9	3	1,1	2	0,7	14	5,0
uczestnictwo w pracy rady rodziców	2	1,4	1	0,7	0	0,0	8	5,7	4	2,9	0	0,0	10	3,6	5	1,8	0	0,0
brak kontaktów ze szkołą	3	2,1	3	2,1	5	3,6	2	1,4	1	0,7	2	1,4	5	1,8	4	1,4	7	2,5
Razem	114	81,4	9	6,4	17	12,1	123	87,9	6	4,3	11	7,8	237	84,6	15	5,4	28	10,0

$\chi^2 = 96{,}174919$; $\alpha = 0{,}05$; $df = 8$; $p = 2{,}5774\text{E-}17$; C Pearsona $= 0{,}74595626$

$\chi^2 = 70{,}847559$; $\alpha = 0{,}05$; $df = 8$; $p = 3{,}3316\text{E-}12$; C Pearsona $= 0{,}67760639$

$\chi^2 = 167{,}646645$; $\alpha = 0{,}05$; $df = 8$; $p = 4{,}0139\text{E-}32$; C Pearsona $= 0{,}71536733$

Źródło: opracowanie własne.

Związek współpracy rodziców ze szkołą i jego wpływ na poziom aspiracji dzieci jest zależny statystycznie w bardzo wysokim stopniu. Potwierdza to analiza statystyczna przeprowadzonych badań (tabela 36). Wśród ogółu badanych siła związku między omawianymi zmiennymi kształtuje się na poziomie bardzo wysokim (χ^2 = 167,646645; α = 0,05; df = 8; p = 4,0139E-32; C Pearsona = = 0,71536733). Biorąc pod uwagę typ szkoły, do jakiej uczęszczają uczniowie, można stwierdzić, że w szkołach publicznych siła zależności między omawianymi zmiennymi jest bardzo wysoka (χ^2 = 96,174919; α = 0,05; df = 8; p = 2,5774E-17; C Pearsona = 0,74595626). W placówkach niepublicznych zależność ta występuje na poziomie wysokim (χ^2 = 70,847559; α = 0,05; df = 8; p = 3,3316E-12; C Pearsona = 0,67760639). Współpraca rodziny ze szkołą ma zatem znaczący wpływ na kształtowanie się poziomu aspiracji u uczniów.

Widoczna jest w tym zakresie pewna prawidłowość: w szkołach publicznych największy odsetek stanowią rodzice, którzy tylko chodzą na wywiadówki, a w placówkach niepublicznych najwięcej rodziców angażuje się w życie szkoły przez różnego typu działania organizacyjne (43,5%) i prace w radach rodziców (8,6%). W placówkach niepublicznych w większym stopniu niż w publicznych matki i ojcowie czują się współgospodarzami szkoły i twórcami sposobu jej funkcjonowania.

Z danych przedstawionych w tabeli 36 wynika jednak, że najczęstszą formą współpracy rodziców wszystkich badanych uczniów mających wysokie aspiracje ze szkołą było uczęszczanie tylko na wywiadówki (51,4%). Matki i ojcowie uczniów z wysokimi aspiracjami uczęszczających do szkół niepublicznych najczęściej włączają się w życie liceum, współorganizując imprezy szkolne (42,1%), a rodzice ich rówieśników w placówkach niepublicznych chodzą na ogół tylko na wywiadówki (65,7%). Kontakty ze szkołą matek i ojców uczniów mających niskie i średnie aspiracje w szkołach publicznych najczęściej ograniczają się do wezwań przez nauczyciela (odpowiednio: 7,1% i 1,4%), a w szkołach niepublicznych – do wezwań oraz wywiadówek (odpowiednio: 2,9% i 2,1%). Zmiany wymaga to, że 7,8% rodziców uczniów liceów publicznych nie utrzymuje kontaktów ze szkołą, a odsetek takich rodziców w placówkach niepublicznych wynosi 3,5%. Skutki izolacji tych dwóch środowisk: nauczycieli i rodziców, są z reguły szkodliwe dla dziecka.

Badania pokazują, że rodzice na ogół są zainteresowani problemami edukacji swoich dzieci, jednak nie zawsze chętnie podejmują współpracę ze szkołą. Różny jest także stopień ich zaangażowania w sprawy liceum. Z własnej inicjatywy współpracę podejmują częściej matki i ojcowie dzieci niesprawiających problemów wychowawczych i niemających kłopotów z nauką. Rodzice uczniów szkół niepublicznych mający konkretne aspiracje dotyczące kariery zawodowej swoich dzieci są częściej zainteresowani wpływaniem na treści programowe w szkole i podniesieniem jakości nauczania. Nadal jednak wielu rodziców nie zdaje sobie sprawy z konieczności współpracy ze szkołą lub nie widzi takiej potrzeby. Czasem unikanie kontaktów z placówką oświatową wynika z tego, że jest ona postrzegana jako instytucja szukająca wsparcia materialnego lub pomocy w formie różnych usług.

Wypracowane przez lata formy współpracy, takie jak: wywiadówki, spotkania indywidualne, uroczystości czy lekcje otwarte, są już niewystarczające, dlatego zasadne staje się stworzenie nowego modelu współpracy rodziny i szkoły, opartego na partnerskiej podmiotowej współpracy rodziców i nauczycieli. Pedagogiczne relacje między tymi dwoma grupami stwarzają szansę zapewnienia jednolitego oddziaływania na młodzież. Wzajemne zaufanie i podjęcie rozsądnej merytorycznej współpracy na rzecz dobra dziecka przyniesie zapewne ogromne korzyści zarówno rodzinie, jak i szkole. Z tych powodów kształtowanie poprawnych relacji między tymi środowiskami winno stać się ważnym komponentem warsztatu metodycznego każdego nauczyciela.

6.6. Środowisko terytorialne a poziom aspiracji uczniów

Znacząca rola w kształtowaniu aspiracji i planów życiowych młodzieży przypada środowisku pozaszkolnemu, w tym środowisku terytorialnemu. Panujące w nim warunki życia, stopień uprzemysłowienia i inne specyficzne czynniki mają wpływ na tworzenie się aspiracji młodzieży. Miejsce zamieszkania oddziałuje na kształtowanie się świadomości, na możliwości i szanse życiowe oraz zachowania i relacje międzyludzkie przez określony rodzaj więzi społecznych, innych w mieście, a innych na wsi. Większe oparcie społeczne prawdopodobnie nadal odczuwa się w społeczeństwie wiejskim, mniejsze zaś, powodujące niekiedy osamotnienie i alienację – w dużym mieście.

Istotną rolę odgrywają również warunki życia ludzi na wsi, które mimo poprawy w ostatnich latach nadal są gorsze niż te panujące w mieście. Nie najlepsza sytuacja socjalno-bytowa ludności wiejskiej determinuje realizację planów i zamierzeń młodzieży. Młodzi ludzie ze środowisk wiejskich, dążąc do realizacji obranych celów, mają do pokonania znacznie więcej różnorodnych barier niż ich rówieśnicy z miast. Niechętnie jednak pozostają w zawodach rolniczych i poszukują raczej pracy poza wsią.

W tej książce przyjęto następujący podział środowiska terytorialnego: wieś, małe miasto (do 50 tys. mieszkańców), średnie miasto (50–150 tys. mieszkańców), duże miasto (powyżej 150 tys. mieszkańców). W badaniach własnych chodziło o ustalenie, na ile środowisko zamieszkania (określone liczbą mieszkańców) wpływa na kształtowanie się aspiracji zawodowych młodzieży. W badanej próbie uczniów dominowali respondenci mieszkający w średnich miastach (48,9%) oraz na wsi (22,5%). W małych miastach żyło 20,7% badanych, natomiast w dużych 7,9% badanych. Dane dotyczące poziomu aspiracji młodzieży z różnych środowisk terytorialnych przedstawia wykres 16.

W zakresie wpływu środowiska terytorialnego uczniów na poziom ich aspiracji stwierdzono istnienie zależności statystycznej na przeciętnym poziomie (χ^2 = 25,868068; α = 0,05; df = 6; p = 0,0002356; C Pearsona = 0,3456879). Przeprowadzona analiza wyników badań upoważnia do stwierdzenia, że młodzież wywodząca się ze wszystkich wymienionych środowisk terytorialnych przejawia tendencje do wysokiego poziomu aspiracji. Największy odsetek osób mających wysoki poziom dążeń zanotowano wśród uczniów średnich miast (95,6%). Wśród licealistów zamieszkujących małe miasta odsetek ten wynosi 74,1%, duże miasto – 77,3%, a wieś – 73,0%. Niski poziom aspiracji najrzadziej pojawia się u uczniów ze średnich miast (2,9%), a najczęściej – u pochodzących ze wsi (19,1%).

Wykres 16. Poziom aspiracji badanej młodzieży z różnych środowisk terytorialnych

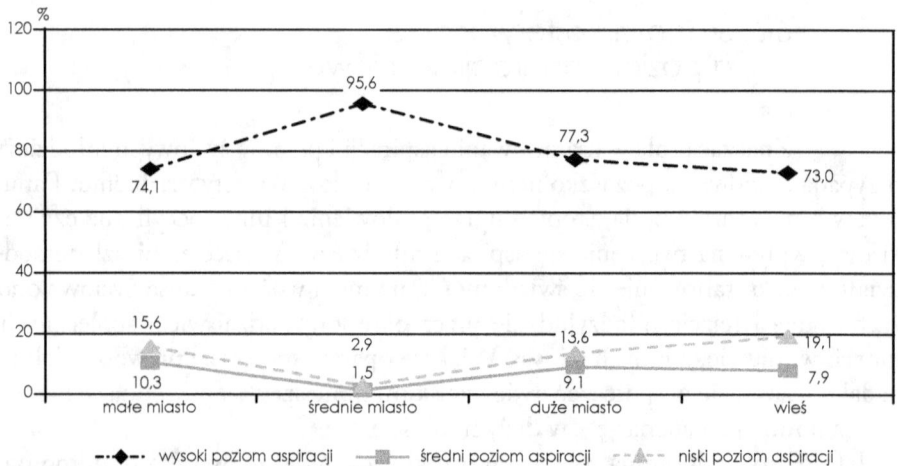

Źródło: opracowanie własne.

W badanej populacji młodzieży zamieszkałej w miastach i na wsi odsetek osób przejawiających wysokie aspiracje wynosi odpowiednio: 82,3% i 73,0%. Wyraźna różnica występuje w przypadku aspiracji niskich. Niski poziom dążeń ma 10,7% badanej młodzieży pochodzącej z miast, natomiast ze wsi – 19,1%. Można zatem wysnuć wniosek, że uczniowie ze środowisk miejskich mają wyższe aspiracje niż ich rówieśnicy ze środowiska wiejskiego. Przyczyn takiego stanu rzeczy należy upatrywać w niskim poziomie wykształcenia matki i ojca, trudniejszym dostępie do szkół wyższych oraz tradycji przejmowania gospodarstw rolnych po rodzicach.

Wziąwszy pod uwagę zawód, jaki młodzi ludzie chcą wykonywać w przyszłości, stwierdzono następującą prawidłowość: młodzież mieszkająca na wsi wybierała najczęściej zawód nauczyciela (9,7%), następnie lekarza i dziennikarza (po 8,1%); respondenci mieszkający w małym mieście najczęściej wybierali pracę psychologa (12,1%), ekonomisty (8,6%) oraz elektronika (6,8%); wśród mieszkających w średnim mieście największą popularnością cieszył się zawód prawnika (14,3%), lekarza (4,8%) i psychologa (3,9%). W mieście dużym, podobnie jak w średnim, przeważał wybór zawodu prawnika (27,3%), następnie aktora i inżyniera (po 13,6%).

Widoczne było również zróżnicowanie wśród respondentów niezdecydowanych w wyborze profesji. Najwięcej z nich wywodzi się ze środowiska dużego (27,3%) i małego miasta (17,2%), natomiast niezdecydowanych ze wsi było 16,1%, a ze średniego miasta 15,8%. Decyzję o wyborze zawodu na ostatnią chwilę odkładają najczęściej mieszkańcy dużych miast. Najbardziej zdyscyplinowani pod tym względem są uczniowie żyjący w średnich miastach.

Z miejscem zamieszkania ściśle łączy się pochodzenie społeczne. W literaturze omawiającej wpływ przynależności społecznej na rozwój uczniowskich aspiracji i planów dotyczących przyszłości akcentuje się, że czynniki te znacznie determinują wybór drogi życiowej i kariery zawodowej [Kozakiewicz 1984; Łoś 1972; Bańka 1983; Lewowicki 1987; Borowicz, Brukarzewicz 2002; Tyszkowa 1988; Bakiera 2007 i inni].

Rozkład poziomu aspiracji badanej młodzieży w zależności od pochodzenia społecznego przedstawia tabela 37. Z analizy wyników wyraźnie widać, że środowisko w pewien sposób różnicuje aspiracje młodzieży. Zarówno w szkołach publicznych, jak i niepublicznych siła tego związku była wysoka (odpowiednio: $\chi^2 = 64{,}7936017$; $\alpha = 0{,}05$; $df = 4$; $p = 2{,}8442\text{E-}13$; C Pearsona $= 0{,}68889574$ i $\chi^2 = 54{,}4162047$; $\alpha = 0{,}05$; $df = 4$; $p = 4{,}3057\text{E-}11$; C Pearsona $= 0{,}64795303$). Młodzież pochodząca z rodzin inteligenckich w obu typach szkół przejawia tendencje do aspiracji na wysokim poziomie, przy czym zdecydowanie wysokie aspiracje mają uczniowie pochodzący z rodzin inteligenckich i uczący się w szkołach niepublicznych (76,5%). Odsetek uczniów w placówkach publicznych w tej samej kategorii wynosi 42,9%. Najwięcej licealistów z niskimi aspiracjami w szkołach publicznych i niepublicznych wywodzi się z rodzin chłopskich, odpowiednio: 6,4% i 3,6%. Wynika z tego, że uczniowie pochodzący z rodzin inteligenckich chcą zdobyć wysokie kwalifikacje, zbliżone do tych posiadanych przez matkę i ojca. Uzyskane wyniki odpowiadają rezultatom badań przeprowadzonych m.in. przez D. Bańkę [1983] i T. Lewowickiego [1987].

W świetle przedstawionych badań własnych istnieją empiryczne podstawy do stwierdzenia, że pochodzenie terytorialne i społeczne stanowi czynnik różnicujący poziom aspiracji. Miejsce zamieszkania, a co za tym idzie – kondycja gospodarczo-ekonomiczna regionu, oraz przynależność do określonej grupy społecznej oddziałują w sposób pośredni i bezpośredni na formowanie się aspiracji młodzieży. Mimo że tradycyjnie wieś jest postrzegana jako miejsce skupiające ludzi o niższych aspiracjach, badania pokazały, że młodzi z tego środowiska tylko nieznacznie różnią się od swoich rówieśników mieszkających w miastach.

Tabela 37. Pochodzenie społeczne a poziom aspiracji młodzieży

Typ szkoły	Pochodzenie społeczne	Poziom aspiracji badanej młodzieży							
		wysoki		średni		niski		ogółem	
		N	%	N	%	N	%	N	%
szkoła publiczna	inteligenckie	60	42,9	2	1,4	2	1,4	64	45,7
	robotnicze	54	38,5	3	2,1	6	4,3	63	45,0
	chłopskie	–	–	4	2,9	9	6,4	13	9,3
	razem	114	81,4	9	6,4	17	12,1	140	100,0
szkoła niepubliczna	inteligenckie	107	76,5	3	2,2	2	1,4	112	80,0
	robotnicze	15	10,7	1	0,7	4	2,9	20	14,3
	chłopskie	1	0,7	2	1,4	5	3,6	8	5,7
	razem	123	87,9	6	4,3	11	7,8	140	100,0

Test niezależności chi kwadrat:

szkoła publiczna: $\chi^2 = 64{,}7936017$; $\alpha = 0{,}05$; $df = 4$; $p = 2{,}8442E\text{-}13$; C Pearsona $= 0{,}68889574$

szkoła niepubliczna: $\chi^2 = 54{,}4162047$; $\alpha = 0{,}05$; $df = 4$; $p = 4{,}3057E\text{-}11$; C Pearsona $= 0{,}64795303$

Źródło: opracowanie własne.

Ich aspiracje zawodowe mają podobną strukturę jak dążenia osób mieszkających w mieście. Jednakże poziom aspiracji uczniów ze wsi jest z reguły wyższy niż ich matek i ojców. Młodzież wywodząca się z tego środowiska pragnie awansu społecznego i lepszych warunków życia niż rodzice.

Tak więc dysproporcje terytorialne nie przesądzają o poziomie aspiracji i wierze we własne siły, jednak są istotnym czynnikiem implikującym znalezienie się w określonej grupie zawodowej. Miejsce zamieszkania dopiero w połączeniu z innymi uwarunkowaniami rodzinnymi, zwłaszcza z sytuacją materialną, determinuje dostęp do szkolnictwa wyższego. Nie ulega wątpliwości, że pozycja społeczna, jaką zajmują rodzice, ich wykształcenie, styl życia, dążenia, zamożność, miejsce zamieszkania wpływają na pozycję dziecka, na wybór odpowiedniej szkoły i zarazem na dalszą drogę zawodową.

6.7. Rówieśnicze i społeczne uwarunkowania aspiracji edukacyjno-zawodowych młodzieży

Wśród środowiskowych uwarunkowań aspiracji należy uwzględnić również środowisko rówieśnicze i społeczne. W pracach na ten temat podkreśla się wpływ na jednostkę standardów grupowych. Powodują one dążenie do upodabniania własnych aspiracji do celów i dążeń grupy [Reykowski 1986; Janowski 1977; Lewowicki 1987].

Rozszerzanie się wraz z wiekiem dziecka kontaktów poza dom powoduje, że rodzina przestaje być jedynym środowiskiem wychowawczym. Bardziej wpływowe staje się środowisko rówieśnicze, w którym młodzież spędza sporo czasu, korzystając z tego samego podwórka lub uczęszczając do tej samej szkoły. Charakterystyczną cechą wieku dorastania jest przemiana charakteru więzi społecznych. W tym okresie następuje osłabienie więzi rodzinnych i zacieśnianie się więzi z rówieśnikami. Siła tych związków ma duży wpływ na młodą osobę. Jest on tym silniejszy, im bardziej atrakcyjna jest grupa rówieśnicza i im bardziej młodzież się z nią utożsamia. Dobór przyjaciół jest w znacznym stopniu uzależniony od wzorów, jakie przekazali w procesie wychowania rodzice. Wzajemne relacje między rówieśnikami są wypadkową wartości i postaw wyniesionych z domu rodzinnego.

Uczestnictwo w grupie rówieśniczej jest naturalną potrzebą rozwojową dziecka. Dążenie do kontaktu z innymi dziećmi świadczy o dojrzałości społeczno-emocjonalnej. Prawidłowo funkcjonująca grupa rówieśnicza pełni niezastąpioną rolę w procesie socjalizacji. Przede wszystkim zaspokaja te potrzeby społeczne, których nie są w stanie zaspokoić dorośli. Wpływa na kształtowanie się stosunków interpersonalnych, postaw aktywności, kontaktów i więzi z otoczeniem. Oddziaływanie grupy rówieśniczej uwidacznia się również w zaspokajaniu potrzeb: współzawodnictwa, emocjonalnych, towarzyskich, w rozbudzaniu zainteresowań, wypełnieniu wolnego czasu. Grupa ma ważną rolę do odegrania w kształtowaniu pozytywnego stosunku uczuciowego do ludzi. Uczy współdziałania z innymi, lojalności i samokontroli, budzi odwagę.

Wśród badanej młodzieży 22,5% uczniów szkół publicznych i 18,8% niepublicznych liczy się ze zdaniem grupy rówieśniczej. Uczniowie ci uznali kolegów za osoby znaczące. Jednak rówieśnicy w przypadku badanych nie są najważniejszym punktem odniesienia przy podejmowaniu decyzji dotyczących kształcenia i wyboru zawodu.

Do czynników wpływających na tworzenie się planów i aspiracji życiowych należy zaliczyć środowisko społeczne, a przede wszystkim takie jego komponenty, jak: grupa rówieśnicza, rynek pracy, środowisko kulturalne oraz środki masowego przekazu (wykres 17). Młodzież jest ukierunkowana na wszechstronny rozwój w kontakcie z najbliższym otoczeniem. Zdobyta w naturalny sposób wiedza o środowisku uświadamia występujące w nim wartości, takie jak: kultura regionalna, tradycje kulturowe, przekonania i postawy społeczne.

Wykres 17. Wpływ środowiska społecznego na kształtowanie się aspiracji i planów życiowych młodzieży

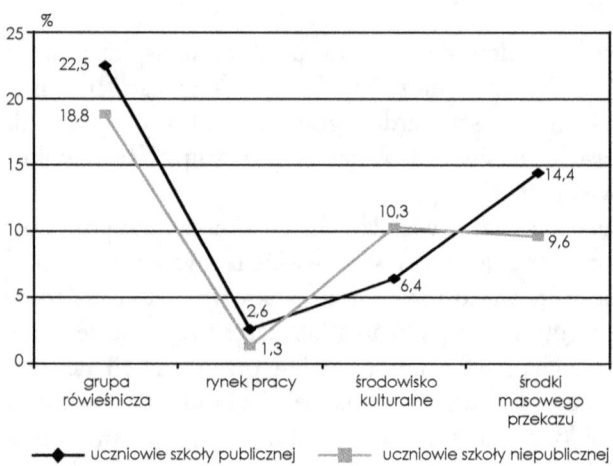

Źródło: opracowanie własne.

Szeroko rozumiana kultura lub wzorce kulturowe, które są proponowane przez środki masowego przekazu (radio, telewizja, komputer, DVD itp.), zapewne wpływają na kształtowanie się aspiracji młodzieży. Ekspansja mediów i ich oddziaływanie na wszystkie dziedziny ludzkiego życia jest oczywiste. Uczestnictwo badanej młodzieży w kulturze ma często charakter bierny, prywatno-domowy. Wyniki uzyskane w trakcie badań własnych odpowiadają ustaleniom A. Przecławskiej i L. Rowickiego [2000], którzy stwierdzili, że dla współczesnych nastolatków źródłem przyjemności, emocji i wiedzy o świecie jest „szklany ekran".

Należy jednak dodać, że umiejętnie wykorzystane media wspomagają znacząco czynności nauczyciela i uczniów. Niestety, w szkołach wykorzystywane są na ogół proste środki dydaktyczne, czasem tylko wspomagane technicznymi, ponieważ infrastruktura medialna w większości placówek wymaga gruntownego uzupełnienia i zmodernizowania [Bogaj, Kwiatkowski, Młynarczyk 2000]. Sytuacja taka częściej dotyczy badanych szkół publicznych, których wyposażenie w nowoczesne środki dydaktyczne jest co najmniej niewystarczające. Placówki te często nie mają nowoczesnego sprzętu audiowizualnego oraz komputerów z odpowiednim oprogramowaniem.

Tymczasem posługiwanie się w edukacji nowoczesnymi środkami technicznymi łączy ucznia ze światem oraz kształtuje jego umiejętność korzystania z różnych kanałów informacji. Nabycie takiej umiejętności jest obecnie niezbędne, gdyż we współczesnej rzeczywistości zaczyna dominować kultura audiowizualna i medialna. Zadaniem nauczycieli w tym zakresie staje się nauczenie uczniów selekcjonowania i interpretacji informacji, przygotowanie ich do świadomego i krytycznego odbioru mediów oraz posługiwania się nimi jako narzędziami pracy. Doceniając wartość działań podejmowanych przez nauczycieli na zajęciach z informatyki, trudno przyjąć, że zaspokoją one w pełni potrzebę poszukiwania, porządkowania i wykorzystywania informacji pochodzących z różnych źródeł. Szkoła powinna stwarzać warunki do uczenia świadomego i krytycznego odbioru kultury, w tym także masowej, również podczas zajęć z innych przedmiotów, m.in. na lekcjach języka polskiego [Rozporządzenie Ministra Edukacji Narodowej i Sportu z dnia 12 lutego 2002 r. w sprawie ramowych planów nauczania...].

Tabela 38. Częstotliwość korzystania przez młodzież z ofert placówek kulturalnych

Częstotliwość korzystania z placówek kulturalnych	Badana młodzież					
	szkoła publiczna		szkoła niepubliczna		razem	
	N	%	N	%	N	%
raz w tygodniu	9	6,4	22	15,7	31	11,1
raz w miesiącu	46	32,9	68	48,6	114	40,7
raz na pół roku	24	17,1	12	8,6	36	12,8
raz na rok	19	13,6	11	7,9	30	10,8
w ogóle nie korzystam	42	30,0	27	19,2	69	24,6
Ogółem	140	100,0	140	100,0	280	100,0

Źródło: opracowanie własne.

Kultura jest jednym ze składników tożsamości i wartością szczególnej wagi. Uczestnictwo w kulturze oraz kontakty z jej dobrami i treściami rozwijają wyobraźnię, a także wspomagają rozwój ucznia. Badana młodzież, mimo że w większości potwierdza istnienie placówek kulturalnych na terenie swojego miejsca zamieszkania (82,4%), równocześnie wskazuje, że placówki te nie zapewniają w pełni rozwoju jej zainteresowań. Ponadto funkcjonowanie tych instytucji nie zawsze świadczy o korzystaniu z ich oferty przez badanych. Dowodzą tego analizy porównawcze przedstawione w tabeli 38 i na wykresie 18.

Największy odsetek młodzieży (40,7%) korzysta z placówek kulturalnych raz w miesiącu. Są również tacy (24,6%), którzy w ogóle nie biorą udziału w ich działalności. Sytuacja ta może być spowodowana mało interesującą ofertą, niechęcią lub brakiem nawyków korzystania z tej formy uczestnictwa w kulturze. Wśród osób częściej korzystających z usług instytucji kulturalnych znajdują się uczniowie szkół niepublicznych (80,8%). Młodzież ta podkreśla dużą rolę nauczycieli w aktywizacji i wprowadzaniu jej w świat kultury. W szkołach prywatnych pracuje wielu kreatywnych nauczycieli, którzy stwarzają warunki do twórczego rozwoju wychowanków. Stosują oni częściej niż uczący w szkołach publicznych innowacje w zakresie programów nauczania rozwijające koncepcyjne myślenie. W placówkach publicznych zauważa się tendencję do kształtowania postaw konformizmu i schematycznego sposobu myślenia. Stosowane metody przekazywania wiedzy w mniejszym stopniu rozwijają myślenie, dociekliwość i samodzielność intelektualną.

Wykres 18. Różnice w częstotliwości korzystania z ofert placówek kulturalnych uczniów szkół publicznych i niepublicznych

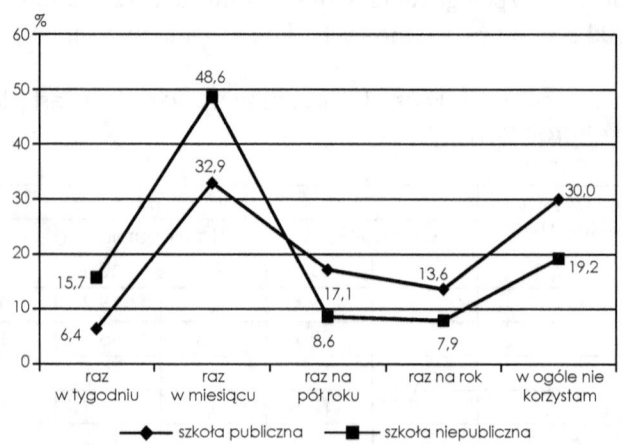

Źródło: opracowanie własne.

Do działań nauczycieli mających na celu wprowadzenie młodzieży do korzystania z ofert instytucji kulturalnych należy zaliczyć udział w spektaklach teatralnych, muzycznych, seansach filmowych oraz lekcje muzealne. Nauczyciele na ogół doceniają wartość integrowania literatury z pokrewnymi sztukami. Podkreślają znaczenie nie tylko słowa, lecz także takich elementów, jak dźwięk, oświetlenie, ruch sceniczny, które oddziałują na wyobraźnię i intelekt młodego widza. Wśród metod obcowania ze sztuką uczący stosują ponadto konkursy czytelnicze, np. z literatury popularnej. Pozwala to na zwiększenie aktywności czytelniczej, jak również na uczenie umiejętności właściwego korzystania z dostępnej literatury. Ponadto młodzież jest zachęcana do ujawniania swoich rozlicznych talentów podczas organizowanych w szkole imprez. Udział w szeroko rozumianej kulturze kształtuje człowieka wrażliwego, twórczego, bogatego wewnętrznie. Podkreślając doniosłą rolę sztuki, I. Wojnar stwierdza, że jej odbiór rozpoczyna się od „zaciekawienia i niepokoju, kończy odkrywaniem sposobów bycia człowiekiem" [2000: 153].

Aspiracje i plany życiowe młodzieży rozwijają się pod wpływem różnych grup społecznych, instytucji i czynników tworzących środowisko pozaszkolne. Edukacja pozaszkolna (równoległa) obejmuje wszystkie ośrodki, placówki, instytucje, organizacje i stowarzyszenia, w których dzieci i młodzież mogą się uczyć, zdobywać nowe doświadczenia, kształtować charakter, osobowość i stosunki międzyludzkie, a przy tym odpoczywać i dobrze się bawić. Potrzebą czasu staje się więc takie przygotowanie uczniów, aby byli aktywnymi odbiorcami różnych źródeł informacji i form edukacji pozaszkolnej. Problem ten staje się wyjątkowo aktualny współcześnie, gdy następuje i będzie wciąż postępowało osłabienie wyłączności szkoły w przekazywaniu uczniom wiedzy i umiejętności.

Przy precyzowaniu planów edukacyjnych i zawodowych niezbędna staje się wiedza na temat tendencji panujących na rynku pracy w Polsce i na świecie. Młodzież informacje na ten temat zdobywa często samodzielnie ze środków masowego przekazu. Czasem pomagają w tym rodzice i rówieśnicy. Wybór określonych studiów należy do najważniejszych decyzji podjętych w życiu. Od niej zależy kierunek rozwoju kariery zawodowej. Dlatego warto dokonać tego wyboru w zgodzie z posiadanymi predyspozycjami, zainteresowaniami oraz z uwzględnieniem informacji na temat rynku pracy i możliwości, jakie ten rynek daje. Trzeba również poznać prognozy dotyczące obszarów zawodowych, na które w przyszłości będzie zapotrzebowanie.

Badana młodzież nie została zaznajomiona w wystarczającym stopniu z prognozami dotyczącymi zawodów pożądanych na rynku pracy w przyszłości. Nie znała również zapotrzebowania na zawody w swoim regionie. Podczas wyboru kierunku studiów poruszała się nieco po omacku. Wybierane przez licealistów zawody tylko częściowo pokrywały się z zawodami przyszłości, podanymi przez Międzynarodowy Zespół Prognozowania Popytu na Pracę do 2010 roku. Młodzież twierdziła, że najważniejsze przy szukaniu pracy będą, oprócz wiedzy, indywidualna umiejętność sprzedania własnych umiejętności oraz pomoc rodziców i znajomych. Podkreślała również znaczenie motywacji i wytrwałości w dążeniu do celu. Wyrażała przekonanie, że na studiach zostanie wyposażona nie tylko w wiedzę, lecz także w umiejętności adaptowania się do zmiennych warunków na rynku pracy.

Podsumowując, należy stwierdzić, że rówieśnicze i społeczne środowisko badanych uczniów w niewielkim stopniu wpływa na ich przyszłe wybory dotyczące dalszej drogi kształcenia. Młodzież przede wszystkim sama lub przy pomocy najbliższych dokonuje strategicznych wyborów życiowych. Jednak decyzje te mają większe szanse realizacji, gdy środowisko, w którym przebywa młodzież, wspiera je i okazuje swoją akceptację. Dobra współpraca szkoły z otoczeniem pozaszkolnym ucznia powinna ułatwić nowoczesne kształcenie, a w konsekwencji odnalezienie się absolwenta na rynku pracy.

Prognozy wskazują, że najbardziej poszukiwanym pracownikiem będzie wszechstronnie przygotowany, mobilny absolwent szkoły wyższej. Należy więc zaznajamiać uczniów jak najwcześniej z aktualnymi trendami na rynku pracy. Nie tylko ułatwi im to w przyszłości elastyczne dostosowywanie się do jego potrzeb, lecz także przygotuje psychicznie do zmiany zawodu, zatrudnienia czy nawet miejsca zamieszkania.

Rozdział 7

Koncepcja pracy z młodzieżą w zakresie ukierunkowywania i rozwijania aspiracji

Rynek pracy ulega ciągłym przeobrażeniom głównie pod wpływem tego, co dzieje się we wszystkich sferach życia społeczno-politycznego i gospodarczego. Przygotowanie młodzieży do życia w społeczeństwie w dobie tak szybkich przemian zachodzących niemal we wszystkich dziedzinach staje się coraz trudniejsze. Młody człowiek pozostawiony sam sobie często jest zagubiony i bezradny. Nie potrafi podejmować trafnych decyzji w sprawie wyboru dalszej ścieżki edukacyjnej, a w konsekwencji – zawodu. Złożonym i trudnym procesem staje się zapewnienie uczniom elastycznego, szerokoprofilowego nauczania, umożliwiającego wykonywanie różnych jakościowo zadań pracy. Przy systematycznie przekształcającej się koniunkturze na rynku niezbędna jest edukacja przygotowująca do szybkiego i elastycznego reagowania na zmiany.

Wspomniane przemiany na rynku pracy oraz rosnące wymagania pracodawców wobec pracowników spowodowały, że wyższe wykształcenie postrzegane jest jako czynnik zwiększający szanse na znalezienie zatrudnienia. Jednak dyplom wyższej uczelni nie gwarantuje zdobycia pracy. Osiągnięcie sukcesu w tej dziedzinie wydaje się możliwe dzięki odpowiednio zorganizowanemu, zintegrowanemu systemowi poradnictwa zawodowego, wspomagającemu planowanie kariery zawodowej. Przy tym racjonalne planowanie kariery jest tu rozumiane jako wyposażenie ucznia w wiedzę ogólną o zawodach i możliwościach kształcenia, w uniwersalne umiejętności realnego wyboru zawodu lub/i jego zmiany, miejsca pracy oraz radzenia sobie na rynku pracy. Oznacza to konieczność zapewnienia wychowankom możliwości korzystania z profesjonalnej pomocy, która będzie sprzyjać rozwijaniu umiejętności przydatnych w podejmowaniu świadomych decyzji i wyborów. Każdy uczeń dysponuje pewnymi zdolnościami, zainteresowaniami i preferencjami, ważnymi w określonych grupach zawodów. Wczesna i trafna diagnoza zdolności oraz talentów przyczyni się do właściwego wykorzystania tego potencjału.

Na potrzebę prowadzenia poradnictwa zawodowego zwracali uwagę teoretycy i praktycy zajmujący się tym problemem, m.in.: A. Kargulowa [1986, 1996 i 2006], B. Wojtasik [1993a, 1997], S. Szajek [1989], S.M. Kwiatkowski [1994], M. Czerwińska-Jasiewicz [1997], W. Rachalska [1987], M. Piorunek [2004], H. Skłodowski [2006], A. Paszkowska-Rogacz [2002], Z. Wołk [2007], Z. Wiatrowski [2000; 2004], W. Kreft, A.G. Watss [2004], J. Guichard [2001], J. Guichard, M. Huteau [2005], B. Baraniak [2007].

O konieczności prowadzenia z młodzieżą zajęć dotyczących planowania i kierowania własną przyszłością pisali także: W. Rachalska [1987], A. Kargulowa [1986], M. Czerwińska-Jasiewicz [1997], T. Nowacki [1999], S.M. Kwiatkowski [2000], A. Bogaj [2000], B. Baraniak [2007]. Badania wymienionych autorów dowiodły, że młodzież na pierwszym miejscu w swoich zamierzeniach stawia nie tylko założenie rodziny, lecz także zdobycie interesującej, dobrze płatnej pracy. Wiąże więc osiągnięcie szczęścia osobistego z właściwą decyzją o wyborze zawodu oraz pracy zapewniającej utrzymanie rodziny. Ponadto młodzież jest przekonana, że odpowiednie wykształcenie i wysokie kwalifikacje zawodowe są najważniejszym czynnikiem warunkującym sukces i powodzenie w życiu.

W literaturze przedmiotu brak jednolitych pojęć z zakresu poradnictwa zawodowego. Najczęściej występują synonimiczne terminy dwuczłonowe, np. „orientacja zawodowa" i „poradnictwo zawodowe". Wielu autorów (m.in. W. Rachalska [1987], S. Szajek [1989], B. Wojtasik [1993b]) wskazuje jednak na różnice w treści tych pojęć. Traktują oni pojęcie orientacji zawodowej jako nadrzędne w stosunku do poradnictwa zawodowego. W ostatnim czasie coraz częściej używa się również terminów „poradnictwo edukacyjno-zawodowe" lub „poradnictwo dotyczące kariery" [Wojtasik 1997].

Definicja poradnictwa zawodowego, która została przyjęta przez OECD, Komisję Europejską i Bank Światowy, traktuje je jako usługę i działanie mające na celu udzielenie pomocy w dokonywaniu wyborów edukacyjnych, szkoleniowych i zawodowych jednostce, niezależnie od jej wieku i w każdym okresie życia. Wśród instytucji, które podejmują te działania, wymienia się szkołę, uniwersytety, instytucje szkoleniowe, publiczne służby zatrudnienia oraz organizacje lokalne.

W polskim modelu poradnictwa zawodowego widoczna jest decentralizacja zadań i ich podział pomiędzy różne instytucje. Usługi z zakresu poradnictwa zawodowego i orientacji zawodowej podporządkowane są:
1. **Ministerstwu Edukacji Narodowej**, które odpowiada za realizację całości zadań z zakresu orientacji i poradnictwa zawodowego w stosunku do dzieci i młodzieży. Zadania realizuje za pomocą:
   – poradni psychologiczno-pedagogicznych,
   – szkół – przez zatrudnionych w nich doradców zawodowych,
   – szkolnych ośrodków kariery (SZOK).

2. **Ministrowi Gospodarki, Pracy i Polityki Społecznej**, który odpowiada za poradnictwo zawodowe dla osób dorosłych i wykorzystuje w tym celu:
   – publiczne służby zatrudnienia (PSZ), Ministerstwo Pracy i Polityki Społecznej (MPiPS) – Wydział Pośrednictwa Pracy i Poradnictwa Zawodowego działający w ramach Departamentu Rynku Pracy, centra informacji i planowania kariery zawodowej (CIiPKZ) działające w strukturach wojewódzkich urzędów pracy (WUP), powiatowe urzędy pracy (PUP),
   – Ochotnicze Hufce Pracy (OHP),
   – agencje zatrudnienia,
   – instytucje szkoleniowe,
   – instytucje dialogu społecznego.

Poradnictwo zawodowe i orientacja zawodowa w szkole są ważnymi problemami współczesnego systemu oświatowego. Akty prawny regulujące kwestie poradnictwa w resorcie edukacji to:
- Ustawa z 7 września 1991 r. o systemie oświaty z późniejszymi zmianami (DzU z 2004 r. nr 173, poz. 1808),
- Rozporządzenie Ministra Edukacji Narodowej i Sportu z 11 grudnia 2002 r. w sprawie szczegółowych zasad działania publicznych poradni psychologiczno-pedagogicznych, w tym publicznych poradni specjalistycznych (DzU z 2003 r. nr 5, poz. 46),
- Rozporządzenie Ministra Edukacji Narodowej i Sportu z 12 lutego 2002 r. w sprawie ramowych planów nauczania w szkołach publicznych (DzU z 2003 r. nr 15, poz. 142, nr 39, poz. 337 i nr 116, poz. 1093),
- Rozporządzenie Ministra Edukacji Narodowej i Sportu z 7 stycznia 2003 r. w sprawie zasad udzielania i organizacji pomocy psychologiczno-pedagogicznej (DzU z 2003 r. nr 11, poz. 114).

Zgodnie z tymi aktami prawnymi szkoły są zobowiązane do:
- udzielania pomocy psychologiczno-pedagogicznej, która w szczególności ma polegać na wspieraniu uczniów metodami aktywnymi w dokonywaniu wyboru kierunku dalszego kształcenia, zawodu i planowaniu kariery zawodowej oraz udzielaniu informacji w tym zakresie;
- organizacji współdziałania z poradniami psychologiczno-pedagogicznymi, w tym poradniami specjalistycznymi, oraz innymi instytucjami świadczącymi poradnictwo i specjalistyczną pomoc uczniom i rodzicom;
- organizacji wewnątrzszkolnego systemu doradztwa oraz zajęć związanych z wyborem kierunku kształcenia;
- wspierania nauczycieli w organizowaniu wewnątrzszkolnego systemu doradztwa oraz zajęć związanych z wyborem kierunku kształcenia i zawodu;
- realizacji zajęć pozalekcyjnych z uwzględnieniem potrzeb i zainteresowań uczniów;
- ewentualnego zatrudnienia doradcy zawodowego.

Zagadnienia z zakresu poradnictwa zawodowego są zgodne z europejskimi standardami. Cele strategiczne dotyczące tego poradnictwa zostały zawarte w wytycznych Komisji Wspólnot Europejskich umieszczonych w „Memorandum o kształceniu ustawicznym" z 2000 roku. Zapisy te zobowiązują państwa członkowskie Unii Europejskiej do:
- zorganizowania profesjonalnej pomocy doradczej dla uczniów i studentów,
- zapewnienia powszechności i dostępności informacji edukacyjnej i zawodowej oraz usług doradczych na terenie szkoły.

Priorytetowe kierunki działań w zakresie poradnictwa zawodowego wyznaczyła także rezolucja irlandzka dotycząca całożyciowego poradnictwa zawodowego w Europie, uchwalona 28 maja 2004 roku na spotkaniu ministrów edukacji państw członkowskich pod przewodnictwem Irlandii. Zgodnie z jej zapisem wszyscy obywatele Europy powinni mieć dostęp do usług związanych z poradnictwem, informacją zawodową i planowaniem kariery na każdym etapie swojego życia, ze szczególnym uwzględnieniem potrzeb jednostek i grup tzw. szczególnego ryzyka [Kreft, Watss 2004].

Strategiczne dokumenty Rady Europy i Komisji Europejskiej na temat edukacji i kształcenia oraz zawarte w nich wytyczne przyczyniły się do wprowadzenia w Polsce w Narodowym Planie Rozwoju na lata 2007–2013 i wynikającej z niego Strategii Rozwoju Edukacji na lata 2007–2013 zadań zapewniających dzieciom i młodzieży udział w poradnictwie edukacyjno-zawodowym, szczególnie w zakresie:
- zapewnienia wszystkim uczniom dostępu do darmowego poradnictwa wychowawczo-zawodowego;
- rozbudowy w szkolnictwie ogólnokształcącym wszystkich szczebli systemu poradnictwa zawodowego;
- skorelowania funkcjonującego już w systemie edukacji poradnictwa i doradztwa z poradnictwem prowadzonym przez instytucje rynku pracy;
- rozszerzenia i budowy sieci informacji młodzieżowej, która ułatwi młodym ludziom podejmowanie decyzji dotyczącej wyboru zawodu.

Wsparcie poradnictwa zawodowego dzieci i młodzieży przewidziano w Rządowym Programie Rozwoju Edukacji na Obszarach Wiejskich na lata 2008––2013, który zakłada eliminowanie barier w dostępie ludności wiejskiej do pełnej oferty edukacyjnej, kulturalnej, informacyjnej i sportowej oraz upowszechnianie różnych form pomocy psychologiczno-pedagogicznej, w tym poradnictwa zawodowego.

Biorąc powyższe informacje pod uwagę, należy stwierdzić, że państwo dąży do tego, aby stworzyć sprawnie działający system orientacji i poradnictwa zawodowego w środowisku edukacyjnym ucznia. Zgodnie z Rozporządzeniem Ministra Edukacji Narodowej i Sportu z dnia 7 stycznia 2003 r. w szkołach można zatrudniać doradców zawodowych. Jednak zapisy w prawie oświatowym nie mówią o obligatoryjności ich angażowania. Teoretycznie szkoły są zobowiązane do zorganizowania systemu poradnictwa edukacyjno-zawodowego, ale brak dokładnych regulacji prawnych powoduje, że często system ten istnieje fikcyjnie – na papierze. Również współpraca z poradniami psychologiczno-pedagogicznymi jest raczej deklaratywna niż faktyczna. Wskazują na to przeprowadzone w ostatnich latach badania dotyczące aktualnego stanu poradnictwa zawodowego [Wojtasik 1993; Paszkowska-Rogacz 2001; Czerwińska-Jasiewicz 2003; Piorunek 2004; Kwiatkowski 2000 i inni].

Również moje badania przeprowadzone w liceach ogólnokształcących na terenie województwa podkarpackiego wskazują na duże braki w organizacji poradnictwa zawodowego. Tylko 30,3% badanych uczniów potwierdziło organizowanie tego poradnictwa. Żadna z badanych szkół nie zatrudniała doradcy zawodowego, a odpowiedzialność za preorientację zawodową spoczywała na pedagogach szkolnych lub wyznaczonych przez dyrektora szkoły nauczycielach (por. podrozdział 5.6).

Jak ważny jest problem poradnictwa zawodowego dla młodzieży, świadczą niepokojące dane z raportów dotyczące bezrobocia wśród młodych ludzi. Stopa bezrobocia rejestrowanego w Polsce w 2007 roku wynosiła 11,4%, w tym wśród ludzi do 25. roku życia – 13,5% [*Rocznik statystyczny...* 2008]. W województwie podkarpackim wskaźniki te wynosiły ogólnie 14,4%, a wśród młodzieży 21,4%. Zapewne jedną z przyczyn takiego stanu rzeczy jest niewystarczające poradnictwo. Dlatego pilnie należy zadbać o objęcie wszystkich uczniów spójnymi działaniami z zakresu doradztwa edukacyjno-zawodowego. Zajęcia te powinny im pomóc w umiejętnym indywidualnym planowaniu właściwej ścieżki życiowej i rozwoju zawodowego.

Zastanawiając się nad własną koncepcją pracy z młodzieżą w zakresie przygotowania do planowania przyszłości, wzięto pod uwagę teorię rozwoju zawodowego E. Ginsberga, rozszerzoną przez D.E. Supera [1994], która zyskała uznanie w polskiej literaturze naukowej [Bańka 2003; Czerwińska-Jasiewicz 1991, 1997; Paszkowska-Rogacz 2002 i inni]. Twórcy tej teorii traktują wybór zawodu jako proces, który zachodzi przez pewien okres, a wpływają na niego powiązane ze sobą czynniki, które zmieniają się i rozwijają w czasie. Główne założenia teorii rozwoju zawodowego opierają na przesłankach, że:
- wybór zawodu jest procesem rozwojowym i stanowi sekwencję decyzji podejmowanych w ciągu wielu lat życia;
- na wybór zawodu wpływają głównie wartości, zdolności, zainteresowania, typ osobowości, rodzaj i poziom wykształcenia oraz środowisko;
- preferencje zawodowe wywodzą się z doświadczeń dzieciństwa i rozwijają się wraz z upływem czasu;
- czynniki obiektywne odgrywają coraz większą rolę w rozwoju zawodowym wraz z osiąganiem dojrzałości przez człowieka;
- każdy zawód wymaga specyficznych zdolności, zainteresowań i cech osobowych człowieka, są jednak duże możliwości wybierania różnych specjalności w obrębie danego zawodu;

- praca i zawód to główny czynnik kształtowania się osobowości człowieka i dla większości ludzi centrum zainteresowania oraz cel dążeń.

Zjawisko rozwoju zawodowego w tej teorii jest ujęte szeroko. Wychodzi się w niej od problematyki ogólnego rozwoju psychicznego i podkreśla potrzebę rozpatrywania rozwoju zawodowego w perspektywie całokształtu dynamiki życia ludzkiego. Teoria ta powinna więc być wykorzystywana w praktycznym podejściu do potrzeb poradnictwa zawodowego oraz w stosowaniu wobec dzieci i młodzieży długofalowych, specjalnych programów wychowawczych.

W tworzeniu koncepcji pracy z młodzieżą dotyczącej planowania i podejmowania decyzji o przyszłości niezbędna jest wiedza o istniejących koncepcjach poradnictwa. Komplementarną teorię poradnictwa zawodowego, opartą na psychologicznej koncepcji człowieka J. Kozieleckiego [2000], stworzyła A. Kargulowa [2006]. Autorka wyróżniła poradnictwo:
- dyrektywne,
- liberalne,
- dialogowe.

Podstawą poradnictwa dyrektywnego jest instrumentalne sterowanie przez doradcę osobą, której udziela się porady. Wychodząc z założenia, że osoba radząca się jest niesamodzielna, i nie licząc się z indywidualnością jednostki, jej przeżyciami i samooceną, doradca formułuje prognozę i podaje sposób rozwiązania problemu. Człowiekowi poszukującemu porady pozostaje stosowanie się do zaleceń i ewentualne zadawanie pytań.

Poradnictwo liberalne wiąże się z koncepcją humanistyczną człowieka. Zakłada, że siły napędowe ukierunkowujące działanie istoty ludzkiej tkwią wewnątrz niej i są przez nią najczęściej nieuświadamiane. Zadaniem doradcy jest więc stymulowanie rozwoju osoby radzącej się, m.in. przez wskazanie na jej mocne strony. Ma to spowodować trwałe zmiany w sposobie myślenia człowieka, któremu udziela się rad, tak aby mógł on w przyszłości podejmować samodzielnie trafne decyzje.

Koncepcja poradnictwa dialogowego polega na wspólnym rozwiązywaniu problemu przez doradcę i osobę radzącą się w wyniku ukazania szerokich kontekstów danej sytuacji. Doradca w tej koncepcji jest partnerem człowieka poszukującego porady, tym, który ma większe kompetencje i doświadczenie.

Z opisu wymienionych koncepcji poradnictwa wynika, że najbardziej przydatne przy tworzeniu własnej koncepcji pracy z młodzieżą dotyczącej wyboru zawodu będą koncepcje poradnictwa liberalnego i dialogowego. Przygotowanie uczniów do świadomego wyboru zawodu wymaga wielostronnych działań wiążących się z podejmowaniem decyzji. Z tego powodu wybór ten powinien podlegać tym samym prawom, którym podlegają inne decyzje.

Wybór zawodu jako proces długofalowy dzieli się na kilka etapów:
- etap przeddecyzyjny, zwany etapem orientacji zawodowej – ma za zadanie przygotować młodzież do wyboru kierunku kształcenia i zawodu;

- etap decyzyjny – obejmuje podjęcie wszelkich kroków niezbędnych do rozpoczęcia przygotowania zawodowego;
- etap podecyzyjny, zwany etapem wykonawczym – obejmuje pełne przygotowanie zawodowe dzięki zdobyciu niezbędnych kwalifikacji [Kozielecki 2000; Kargulowa 1979; Czerwińska-Jasiewicz 1997 i inni).

W koncepcji własnej pracy z młodzieżą dotyczącej rozwoju aspiracji edukacyjnych i zawodowych oraz przygotowania do planowania przyszłości wzięto również pod uwagę czynniki będące przeszkodą w wyborze zawodu. Wynikają one często z tego, że uczeń:
- ma duże umiejętności w jednej lub kilku dziedzinach i z tego powodu ma trudności ze sprecyzowaniem decyzji zawodowej;
- nie ma żadnych wyraźnych zainteresowań i umiejętności, które mogłyby mu pomóc w ustaleniu właściwego zawodu;
- ma psychiczne lub fizyczne ograniczenia, które należy wziąć pod uwagę przy wyborze zawodu;
- nie dostrzega żadnych swoich umiejętności i zainteresowań;
- nie może podjąć dalszej nauki ze względów finansowych rodziny, ale jest zdecydowany kontynuować ją w trybie zaocznym po znalezieniu pracy;
- jest zainteresowany wyborem zawodu „zanikającego" na rynku pracy;
- nie potrafi dokonać samooceny i diagnozy preferencji zawodowych oraz odnaleźć swoich predyspozycji;
- nie zna zawodów oraz wymogów rynku i stanowisk pracy.

Warto również wziąć pod uwagę takie ważne elementy w wyborze zawodu, jak:
- przystosowanie ucznia do roli przyszłego pracownika;
- zrozumienie przez wychowanka, na czym polega proces wyboru zawodu i planowanie przyszłości;
- rzetelną, realną ocenę możliwości ucznia oraz jego zamierzeń;
- sprzyjanie motywacji do takiego wyboru zawodu, aby uwzględniał indywidualne oczekiwania i możliwości młodego człowieka oraz przynosił mu korzyści;
- wykorzystanie umiejętności ucznia w podejmowaniu decyzji w przypadku zmiany zawodu;
- wskazanie zawodów stwarzających możliwość znalezienia pracy przez zapoznanie z prognozami gospodarki i popytu na zawody oraz analizę procesów powstawania nowych profesji.

Wszystkie działania podejmowane w ramach edukacyjnego poradnictwa zawodowego powinny uwzględniać charakter współczesnego rynku pracy oraz mieć na uwadze lepsze przygotowanie uczniów w zakresie mobilności i aktywności zawodowej. Młody człowiek już w szkole powinien nabyć umiejętności częstej i szybkiej zmiany wykonywanych zadań, co ułatwi mu adaptację zawodową i odnalezienie się w roli pracownika. Zadania podejmowane w ramach szkolnego doradztwa zawodowego powinny być realizowane rzetelnie, a problematyka oraz

metody pracy z uczniami należy dobierać pod kątem poziomu wykształcenia oraz rozwoju psychospołecznego młodzieży. Podczas zajęć przygotowujących uczniów do roli przyszłych pracowników należy uczyć szacunku dla pracy, uznania jej wartości oraz kształtować postawy społeczne i pożądane zachowania zgodne z wizją szkoły i sylwetki jej absolwenta. Wśród standardowych cech, w które powinien być wyposażony absolwent szkoły przygotowany do roli pracownika, należy wymienić:
- znajomość języków obcych,
- umiejętność sprawnego posługiwania się komputerem,
- mobilność i elastyczność,
- umiejętność pracy w zespole,
- umiejętność podejmowania decyzji,
- kreatywność,
- umiejętność radzenia sobie w zmieniającym się otoczeniu,
- umiejętność korzystania z różnych źródeł wiedzy,
- gotowość ciągłego dokształcania się, otwartość na stałe podnoszenie kwalifikacji,
- wysoką kulturę osobistą,
- postawę tolerancji, akceptacji, solidarności i lojalności,
- sprawność w poruszaniu się na rynku pracy,
- gotowość na ewentualne okresy bezrobocia.

Proponowana sylwetka absolwenta w dużej mierze pokrywa się z opracowaną przez B. Minkiewicz i P. Bieleckiego [1999] oraz A. Borowską [2004]. Współczesny rynek pracy otwarty jest dla osób mających określone cechy i umiejętności oraz przyjmujących określone postawy pozwalające dobrze działać w trudnym i konkurencyjnym otoczeniu.

Założenia teoretyczne koncepcji

Decyzja o wyborze zawodu jest trudnym momentem w życiu młodzieży. Dlatego zaproponowane w koncepcji przedsięwzięcia powinny przynieść wymierne efekty wychowawcze w postaci: zdobycia nowych bądź modyfikacji posiadanych już wzorców zachowań, zdobycia wiedzy i umiejętności pozwalających na racjonalny wybór dalszego kształcenia i zawodu, a także rozwijania własnych zdolności, w tym umiejętności adaptacji do zmieniającego się środowiska pracy.

Rola doradcy w przedstawionej koncepcji będzie polegać na udzielaniu wsparcia uczniom w podejmowaniu decyzji dotyczącej dalszego kształcenia i wyboru zawodu przez dostarczanie aktualnych informacji o rynku pracy, zawodach i drogach kształcenia, a także możliwości wykorzystania, zgodnie z zainteresowaniami, potencjału intelektualnego i osobowościowego. Doradca będzie więc pełnił funkcję mediatora pomiędzy aspiracjami uczniów a wymaganiami współczesnego rynku pracy. Działania doradcze będą mieć wymiar informacyjny, wychowawczy, szkoleniowy i diagnostyczno-terapeutyczny.

Założeniem koncepcji rozwoju aspiracji edukacyjnych i zawodowych oraz przygotowania do wyboru zawodu jest uczestniczenie w nim wszystkich uczniów, ich rodziców i nauczycieli. Niezbędna również będzie współpraca w tym zakresie z instytucjami środowiska pozaszkolnego.

Główne cele podejmowanych działań to:
1. Przygotowanie uczniów do świadomego, samodzielnego i trafnego wyboru dalszych form kształcenia oraz rozwoju, doskonalenia umiejętności i aktywizacji zawodowej.
2. Motywowanie uczniów do nauki i podwyższania kwalifikacji oraz dostarczanie rzetelnej informacji o możliwościach kształcenia i szkolenia zawodowego.

Cele szczegółowe:
1. Przygotowanie uczniów do samodzielnego i aktywnego kształtowania własnej drogi zawodowej.
2. Kształtowanie u wychowanków umiejętności analizy ich mocnych i słabych stron.
3. Tworzenie postaw aktywnych, przedsiębiorczych, umiejętności radzenia sobie w sytuacjach trudnych oraz adaptacji do nowych wyzwań zawodowych i życiowych.
4. Pomaganie w pozyskiwaniu i przetwarzaniu informacji na temat sposobów poszukiwania pracy.
5. Nabycie przez uczniów umiejętności projektowania własnego rozwoju i kształtowania nawyku ciągłego planowania przyszłości oraz konsekwentnego dążenia do realizacji celów.
6. Rozszerzenie umiejętności z zakresu prezentowania się na rynku pracy oraz pisania dokumentów niezbędnych w procesie rekrutacyjnym.
7. Kształtowanie podejścia do pracy i zatrudnienia uwzględniającego uczenie się przez całe życie.
8. Poznawanie reguł rządzących rynkiem pracy, rozwijanie świadomości elastyczności zawodowej oraz aktywności i umiejętności w poszukiwaniu alternatywnych rozwiązań w różnych sytuacjach zawodowych i życiowych.
9. Zapoznanie z zasadami poruszania się na zagranicznym rynku pracy oraz korzystania z systemu EURES.
10. Udzielenie wsparcia i pomocy rodzicom uczniów oraz nauczycielom z zakresu komunikowania się z dziećmi oraz efektywne wspieranie ich w podejmowaniu decyzji edukacyjnych i zawodowych.

Formy i metody pracy
Przedstawione cele wymagają stosowania różnorodnych form i metod pracy, które muszą być dostosowane do możliwości, zainteresowań i wieku uczniów.

Wśród form pracy z młodzieżą zaleca się: miniwykłady, treningi decyzyjne, ćwiczenia, warsztaty, pracę w grupach, w parach, indywidualną, spotkania dyskusyjne, wycieczki, konkursy, ankiety, pokazy, filmy, prezentacje, gry, zajęcia poza szkołą.

Proponowany plan zajęć będzie stanowił podstawę zajęć grupowych z uczniami i obejmował sześć kluczowych działań. Całość realizacji owych zadań zamyka się w trzech następujących po sobie etapach i obejmuje cały, trzyletni okres trwania nauki w liceum. W ramach pracy z uczniami przewidziano podzielone na etapy – odpowiadające nauce w poszczególnych klasach – następujące moduły:

1. W klasie I:
   - Wiedza o sobie.
   - Poznanie ścieżek edukacyjnych.
2. W klasie II:
   - Wiedza o zawodach.
   - Planowanie kariery.
3. W klasie III:
   - Poruszanie się na rynku pracy.
   - Podejmowanie decyzji.

W zakresie modułu pierwszego w klasie I prowadzący i uczniowie powinni skupiać się na następującej problematyce:
1. Określenie własnych aspiracji edukacyjno-zawodowych.
2. Autodiagnoza zainteresowań i umiejętności.
3. Moja postawa wobec życia – wartości cenione w życiu.
4. Moje mocne i słabe strony – rola samooceny w życiu człowieka.
5. Rola motywacji w aktywności człowieka.
6. Stan zdrowia a wybór kierunku kształcenia i zawodu.
7. Zajęcia warsztatowe z zakresu umiejętności interpersonalnych.

W ramach modułu drugiego w klasie I proponuje się realizację zagadnień:
1. Czy warto się uczyć i dlaczego?
2. Czym kierujemy się przy wyborze kierunku dalszego kształcenia?
3. Struktura szkolnictwa wyższego – zapoznanie uczniów z możliwościami uczenia się w Polsce i za granicą.
4. Zasady rekrutacji na poszczególne kierunki studiów.
5. Czynniki mające znaczenie przy wyborze kierunku kształcenia.
6. Skutki nietrafnego wyboru kształcenia.
7. Szanse zatrudnienia absolwentów studiów wyższych na rynku krajowym i w Unii Europejskiej.

Po zrealizowaniu powyższych modułów uczniowie po ukończeniu klasy I nabywają umiejętności w zakresie:
- samopoznania i samooceny własnych predyspozycji do danego kierunku kształcenia,
- rozwijania zainteresowań,

- rozwoju motywacji niezbędnej do osiągnięcia sukcesu,
- ustawicznego rozwoju dotyczącego kształcenia i doskonalenia,
- wyboru dalszego kierunku kształcenia,
- poznawania kryteriów przyjęć na poszczególne kierunki studiów,
- korzystania ze źródeł informacji dotyczących wyboru dalszego kierunku kształcenia.

W klasie II liceum w ramach modułu wiedzy o zawodach proponuje się następujące zagadnienia:
1. Kształtowanie umiejętności świadomego wyboru i mobilności zawodowej – badania predyspozycji zawodowych.
2. Poznanie grup zawodowych i specjalności.
3. Wiedza i umiejętności niezbędne w wybranym zawodzie, wymagania stawiane kandydatom na pracowników.
4. Zalety i wady zawodu – poznanie zadań i wykonywanych działań w danym zawodzie, środowiska i czasu pracy, możliwości awansu, wysokości wynagrodzenia.
5. Potrzeby lokalnego i krajowego rynku pracy oraz możliwości zatrudnienia w danym zawodzie – informacje o zawodach deficytowych i nadwyżkowych.
6. Sposoby zdobywania informacji o zawodach.

W zakresie modułu drugiego realizowanego w klasie II powinna pojawić się następująca tematyka zajęć:
1. Przygotowanie do samodzielnego i aktywnego kształtowania własnej drogi zawodowej.
2. Kariera życiowa a zawodowa – dylematy wyboru.
3. Planowanie własnej kariery pod kątem mobilności zawodowej kluczem do sukcesu.
4. Konstruowanie indywidualnych planów działania.
5. Ocena możliwości realizacji zaplanowanej kariery.
6. Poszukiwanie alternatywnych rozwiązań w różnych sytuacjach życiowych.
7. Przygotowanie do zaistnienia na rynku pracy.

W wyniku realizacji zajęć w klasie II uczniowie będą przygotowani w zakresie:
- aktualnej wiedzy na temat istniejących możliwości zawodowych oraz źródeł informacji o zawodach,
- wiedzy na temat profesji oraz wymagań pojawiających się w procesie ubiegania się o pracę,
- planowania i organizowania własnych działań,
- adaptacji do zmieniającego się rynku pracy,
- tworzenia własnej kariery zawodowej.

W klasie III propozycje oddziaływań również zostały zgrupowane w dwóch modułach. W ramach modułu pierwszego, obejmującego wiedzę dotyczącą poruszania się na rynku pracy, zaleca się omówienie następujących zagadnień:

1. Czym jest rynek pracy? – prawa rządzące rynkiem pracy.
2. Tendencje rozwojowe w świecie zawodów i zatrudnienia.
3. Analiza potrzeb i możliwości zatrudnienia na rynku pracy w regionie, w Polsce i krajach UE.
4. „Spacery po zawodach" – pokazy multimedialne przedstawiające typowe sytuacje na określonych stanowiskach pracy.
5. Wykorzystanie własnych zainteresowań i uzdolnień na różnych etapach poszukiwania pracy.
6. Metody i techniki poszukiwania pracy – przygotowanie dokumentów aplikacyjnych, poznanie form zatrudnienia, analiza ofert pracy, przygotowanie do rozmowy kwalifikacyjnej.
7. Zasady poruszania się na rynku pracy – przygotowanie do roli pracownika.

W ramach modułu drugiego przewidziano tematykę związaną z podejmowaniem decyzji, która obejmuje zagadnienia takie, jak:

1. Rola świadomego podejmowania decyzji edukacyjnych oraz zawodowych i ich wpływ na przyszłość.
2. Znaczenie wiedzy dziedzinowej i predyspozycji w podejmowaniu trafnych decyzji.
3. Determinanty podejmowania decyzji.
4. Etapy podejmowania decyzji edukacyjnych i zawodowych.
5. Techniki i narzędzia wspomagające podejmowanie decyzji.
6. Podejmowanie decyzji w warunkach ryzyka i niepewności – rola emocji w tym procesie.
7. Umiejętność decydowania – diagnoza indywidualnego stylu podejmowania decyzji i jej konsekwencje.

Po zrealizowaniu zagadnień przewidzianych w klasie III uczniowie potrafią:
- określić tendencje rozwojowe na rynku pracy,
- samodzielnie i aktywnie planować swoją drogę zawodową,
- dokonać analizy zjawisk zachodzących w gospodarce i w życiu prywatnym mających wpływ na realizację celów zawodowych i osobistych,
- w sposób twórczy rozwiązywać problemy i radzić sobie w trudnych sytuacjach,
- zidentyfikować własny potencjał rozwojowy i podjąć decyzję dotyczącą kierunku samorozwoju,
- określić zasady obowiązujące przy kompletowaniu dokumentacji związanej z pracą oraz prezentowania się na rynku pracy,
- świadomie podjąć decyzję edukacyjną i zawodową.

Znaczący wpływ na podjęcie decyzji zawodowej przez młodzież mają rodzice. Dlatego ważne staje się włączenie ich do pracy z dziećmi w zakresie rozwoju aspiracji edukacyjnych i zawodowych oraz przygotowania do planowania drogi edukacyjno-zawodowej. Praca doradcy zawodowego z rodzicami powinna obejmować następujące zagadnienia:

1. Rola rodziców w kształtowaniu się wyborów życiowych dzieci.
2. Poznanie specyfiki różnych zawodów i ścieżek karier zawodowych.
3. Wymagania psychologiczne i przeciwwskazania w poszczególnych zawodach.
4. Rola rodziny w tworzeniu pozytywnego stosunku do pracy.
5. Rola rodziców w efektywnym wspieraniu dzieci w podejmowaniu przez nie właściwego wyboru kierunku kształcenia i zawodu.
6. Poznaj swoje dziecko – jego potrzeby i zainteresowania.
7. Zasady dobrego komunikowania się z własnymi dziećmi.
8. Redukowanie u młodzieży stresu wynikającego z podejmowania trudnych decyzji dotyczących wyboru zawodu.
9. Jak mądrze towarzyszyć dziecku w podejmowanych przez nie decyzjach? Kształtowanie u rodziców umiejętności akceptacji wyborów dokonywanych przez dzieci.
10. Aktualna oferta edukacyjna i sytuacja na rynku pracy – możliwości zatrudnienia na lokalnym rynku pracy.
11. Informacje rodziców o wykonywanych przez nich zawodach.

Po omówieniu przez doradcę powyższych zagadnień rodzice będą mieli umiejętności z zakresu:
- skutecznego wspierania dzieci w podejmowaniu przez nie decyzji edukacyjnych i zawodowych,
- pomocy dzieciom w określaniu indywidualnych celów edukacyjno-zawodowych oraz uwarunkowań tych wyborów,
- komunikowania się ze swoimi dziećmi, jak również rozwiązywania sytuacji konfliktowych,
- orientacji w funkcjonowaniu lokalnego i krajowego rynku pracy i możliwości zatrudnienia w danym zawodzie.

Ważnymi doradcami w kształtowaniu się aspiracji i podejmowaniu decyzji edukacyjno-zawodowych przez młodzież są nauczyciele. Ich rola wypływa bezpośrednio z funkcji, którą pełnią w procesie wychowania uczniów przez oddziaływanie na ich rozwój intelektualny i emocjonalny. To nauczyciele powinni pomóc wychowankom w sprecyzowaniu zainteresowań oraz rozbudzać nowe. Współpraca doradcy zawodowego z uczącymi ma polegać na włączeniu ich w realizację programu w celu lepszego rozpoznania potrzeb dzieci, ich poglądów oraz oczekiwań wobec nowej szkoły i rynku pracy. W ramach uczestnictwa nauczycieli w przygotowaniu wychowanków do świadomego wyboru zawodu proponuje się:
1. Włączenie wszystkich nauczycieli do pracy w dziedzinie doradztwa zawodowego i przygotowania uczniów do wyboru drogi edukacyjno-zawodowej.
2. Zapewnienie ciągłości realizacji zadań z zakresu poradnictwa i doradztwa zawodowego w ramach poszczególnych przedmiotów.
3. Określenie priorytetów dotyczących orientacji i informacji zawodowej w ramach programu wychowawczego szkoły na każdy rok nauki.

4. Realizację zadań z zakresu przygotowania uczniów do wyboru drogi zawodowej zawartych w programie wychowawczym szkoły.
5. Włączenie nauczycieli do tworzenia bazy informacji o zawodach.
6. Szkolenie nauczycieli z zakresu promowania działań związanych z planowaniem kariery zawodowej w szkole.
7. Organizowanie dni otwartych szkoły.
8. Diagnozę oczekiwań uczniów związanych z planowaniem drogi edukacyjno-zawodowej.
9. Ustalenie zadań dotyczących doradztwa zawodowego w ramach ścieżek międzyprzedmiotowych.
10. Przeprowadzenie przez nauczycieli w ramach godzin wychowawczych:
    - zajęć aktywizujących i przygotowujących do świadomego wyboru ścieżki edukacyjno-zawodowej;
    - diagnozy umiejętności radzenia sobie z trudnościami;
    - ćwiczeń służących samopoznaniu uczniów i wzmacnianiu ich samooceny;
    - pogadanek na temat radzenia sobie ze stresem przed egzaminem, podjęciem nauki czy pracy w nowym środowisku.

Poradnictwo zawodowe w szkole nie może być realizowane w oderwaniu od realiów świata pracy. Każda szkoła jest przecież wkomponowana w jakieś otoczenie. Nowoczesna placówka oświatowa jest ważnym środowiskiem rozwoju i przygotowania młodych ludzi do życia. Musi być więc szkołą twórczą, skuteczną i otwartą. Szeroka współpraca i kontakty szkoły ze wspierającymi ją partnerami zewnętrznymi sprzyjają efektywniejszej realizacji jej zadań, w tym tych dotyczących poradnictwa edukacyjno-zawodowego.

W przedstawionej koncepcji w ramach współpracy ze środowiskiem lokalnym proponuje się:
1. Włączenie w proces preorientacji zawodowej uczniów instytucji lokalnego rynku pracy.
2. Organizowanie spotkań z przedstawicielami lokalnych zakładów pracy.
3. Współpracę z uczelniami wyższymi.
4. Udział w lokalnych inicjatywach mających na celu wdrożenie młodzieży do funkcjonowania na rynku pracy.
5. Zwrócenie się o pomoc do lokalnych partnerów w pozyskaniu środków unijnych.
6. Współpracę z poradnią psychologiczno-pedagogiczną w diagnozowaniu predyspozycji zawodowych uczniów.

Przedstawiona koncepcja rozwoju aspiracji edukacyjnych i zawodowych oraz przygotowania młodzieży do podjęcia odpowiednich decyzji została opracowana pod kątem poradnictwa grupowego. Nie wyklucza to jednak realizacji przez doradcę zajęć indywidualnych z osobami, które będą tego potrzebowały. Indywidualne rozmowy powinny służyć lepszemu poznaniu ucznia, jego oczekiwań i predyspozycji. Doradca zawodowy jest przygotowany do profesjonalnego rozwiązywania problemów poszczególnych osób. Ponadto umie mobilizować i pokazywać licealistom rysujące się przed nimi możliwości i szanse.

W poradnictwie indywidualnym ważnym elementem jest relacja między doradcą a osobą, która potrzebuje wsparcia, pomocy i zrozumienia. Od profesjonalizmu i zaangażowania szkolnego doradcy zawodowego zależy w dużym stopniu trafność wyboru ścieżki edukacyjnej i zawodowej przez uczniów oraz realna możliwość zatrudnienia na zmieniającym się rynku pracy.

Doradca zawodowy wpływa na przebudowę świadomości społecznej – na postrzeganie kwalifikacji zawodowych jako towaru na rynku pracy, a kształcenia – jako koniecznego warunku odnalezienia się we współczesnej rzeczywistości społeczno-gospodarczej. Profesjonalny doradca obok wiedzy merytorycznej powinien mieć kompetencje społeczne niezbędne w kontaktach interpersonalnych, takie jak: empatia, cierpliwość, zrównoważenie emocjonalne oraz umiejętności komunikacji, mediacji i współpracy z uczniem.

Trafność doboru zagadnień w programie zweryfikuje przeprowadzona po każdym etapie, a więc po każdym roku nauki w liceum, ewaluacja okresowa. Na zakończenie realizacji programu przewiduje się ocenę końcową. Analiza uzyskanych informacji będzie służyć rozwojowi i doskonaleniu kolejnych działań. Pozwoli na bieżące dokonywanie korekt i wprowadzanie rozwiązań służących podnoszeniu skuteczności pracy doradcy zawodowego.

Nie podlega dyskusji, że obok dotychczasowych obowiązków pedagogów szkolnych i nauczycieli w zakresie poradnictwa edukacyjno-zawodowego niezbędna staje się realizacja dodatkowych zadań pozostających w gestii doradcy zawodowego. Zatrudnienie doradcy zawodowego w szkole, blisko ucznia, gwarantuje systematyczne oddziaływanie i zapewne przyczynia się do podejmowania przez absolwentów dojrzałych decyzji. Osiągnięcie tego celu zależy jednak nie tylko od fachowości i zaangażowania doradcy. Licealista sam musi uwierzyć w sens takiego poradnictwa, aby uniknąć błędnych wyborów.

Współczesny rynek pracy jest wymagający i ulega wielu przeobrażeniom. Mimo licznych prognoz i wskazywania panujących na nim trendów niezwykle trudno przewidzieć ewentualne zmiany. Poradnictwo zawodowe staje więc przed nowymi zadaniami i wyzwaniami. Jego nową rolą jest zmniejszanie ryzyka porażki na etapie poszukiwania zatrudnienia oraz pobudzanie do przedsiębiorczości. Doradztwo powinno rozwijać umiejętności adaptacyjne oraz wychodzić naprzeciw nowym sytuacjom we współczesnej gospodarce.

Doradca zawodowy staje się więc swoistym mediatorem pomiędzy aspiracjami jednostki a wymaganiami zewnętrznymi i pomaga w zrozumieniu realiów oraz w podjęciu decyzji o zatrudnieniu. Innym jego zadaniem jest uświadamianie uczniom, że we współczesnych czasach zawód bardzo często nie jest wyborem na całe życie, a zmieniający się rynek pracy coraz częściej wymusza konieczność zdobycia nowych kwalifikacji. Dzisiejszy absolwent musi wykazać się więc umiejętnościami planowania kariery zawodowej, dużą mobilnością, elastycznością, umiejętnością poszukiwania pracy. Ponadto musi aktualizować wiedzę z różnych dziedzin oraz traktować pracę zawodową jako stały proces doskonalenia się i rozwoju w myśl idei uczenia się przez całe życie.

Przedstawiona propozycja planu pracy doradcy zawodowego eksponuje jego rolę wprowadzenia uczniów w dokonywanie wyborów i podejmowanie ważnych dla przyszłości decyzji, a także zachęcenia ich do aktywnego poznawania własnych preferencji zawodowych oraz do twórczej pracy nad sobą. Rezultatem końcowym realizacji programu powinno być zdobycie przez absolwentów orientacji zawodowej i zdolności do samodzielnego funkcjonowania na ciągle zmieniającym się rynku pracy.

Wymiernym rezultatem obecności doradców w szkole będą określone korzyści dla uczniów, nauczycieli, rodziców, pracodawców i dla całego społeczeństwa. Uczniowie otrzymają pomoc w planowaniu kariery, a dzięki poznaniu procedury zdobywania zatrudnienia łatwiej im będzie wejść na rynek pracy. Od tego, w jakim stopniu rozwiną wrodzone uzdolnienia i zainwestują w wykształcenie, zależeć będzie ich przyszły zawodowy sukces i osiągnięcia osobiste. Nauczyciele uzyskają wsparcie w prowadzeniu zajęć z preorientacji zawodowej. Rodzice zostaną wyposażeni w wiedzę umożliwiającą im wpływ na świadome i racjonalne decyzje zawodowe dzieci. Przed pracodawcami pojawią się większe szanse znalezienia odpowiednio przygotowanych pracowników. Z kolei dzięki właściwym wyborom edukacyjnym i zawodowym zmniejszą się społeczne koszty kształcenia młodych ludzi.

Zakończenie

Uogólnienie wyników badań

Zasadniczy przedmiot badań przedstawionych w tej książce jest skoncentrowany wokół określenia poziomu aspiracji edukacyjnych i zawodowych młodzieży uczącej się w liceach publicznych i niepublicznych. Ponadto starano się zidentyfikować i określić zależności między zewnętrznymi czynnikami determinującymi te aspiracje.

Prezentowane badania mają charakter diagnostyczny, a uzyskany obraz pragnień i dążeń młodzieży oraz czynników je warunkujących może posłużyć do projektowania i prognozowania poczynań sprzyjających ich realizacji. Ich znajomość stanowi jeden z ważnych warunków podejmowania trafnych decyzji przez licealistów i właściwych działań przez szkołę, rodzinę i instytucje wspomagające rozwój młodzieży.

Na podstawie zgromadzonego i przeanalizowanego – pod względem ilościowym i jakościowym – materiału empirycznego stwierdzono, że istnieją zależności między określonymi pedagogicznymi, rodzinnymi i środowiskowymi uwarunkowaniami a aspiracjami uczniów. Badając przyczyny, które według przyjętych założeń determinują aspiracje i plany życiowe młodzieży w wymienionych środowiskach, uwzględniono:

- w szkole: organizację procesu kształcenia, kadrę pedagogiczną, style i metody pracy dydaktyczno-wychowawczej, działalność pozalekcyjną oraz poradnictwo zawodowe, jak również poziom osiągnięć szkolnych uczniów;
- w rodzinie: poziom wykształcenia rodziców, pochodzenie społeczne, status materialno-ekonomiczny, tradycje zawodowe, style wychowania oraz współpracę rodziców ze szkołą;
- w środowisku: rodzaj środowiska terytorialnego, wpływ grupy rówieśniczej i otoczenia społecznego oraz znajomość rynku pracy.

Zebrany materiał badawczy pozwolił na zweryfikowanie postawionych hipotez. Badania własne dowiodły, że młodzież jest świadoma wartości wykształcenia, które uważa za znaczący wyznacznik prestiżu i awansu społecznego. Młodzi aspirują przede wszystkim do wykształcenia wyższego (84,6%). Na zdobyciu wykształcenia średniego zamierza poprzestać 14,3% ogółu badanych. Przy tym odsetek niezdecydowanych i kończących edukację na poziomie średnim w szkołach niepublicznych jest niższy niż w publicznych. Uczniowie placówek niepublicznych częściej także wybierają wyższy poziom kształcenia (87,9%) niż ich rówieśnicy ze szkół publicznych (81,4%). Wychowankowie liceów niepublicznych mają bardziej sprecyzowane i nieco ambitniejsze dążenia dotyczące dalszego kształcenia. Badana młodzież, świadoma wymagań na rynku pracy, traktuje wykształcenie jako przepustkę do lepszego życia. Osiągnięcie pewnego pułapu formalnego wykształcenia uważa za warunek konieczny, chociaż niewystarczający, sukcesu życiowego, realizacji zamierzeń, zapewnienia sobie spokojnej egzystencji.

Poziom zakładanego wykształcenia jest silnie powiązany z poziomem aspiracji. Cele i dążenia młodzieży uczącej się w obydwu typach szkół znajdują się na ogół na poziomie wysokim (84,6%). Nieco wyższe aspiracje wykazują wychowankowie liceów niepublicznych (87,9%).

Aspiracje edukacyjne przekładają się bezpośrednio na obierane przez badanych drogi zawodowe. Największą popularnością wśród licealistów cieszą się zawody takie, jak: psycholog, prawnik, lekarz, ekonomista, nauczyciel. Przy tym uczniowie szkół publicznych najczęściej przejawiają tendencje do wyboru zawodu lekarza (10,7%), ekonomisty (8,6%) i psychologa (7,9%), natomiast wychowankowie placówek niepublicznych – zawodu prawnika (20%), psychologa (12,2%) i lekarza (10,7%).

Biorąc pod uwagę zmienną, jaką jest płeć, należy stwierdzić, że dziewczęta częściej wybierają zawody związane z wiedzą humanistyczną, a chłopcy związane bezpośrednio lub pośrednio z techniką.

Uczniowie szkół niepublicznych są bardziej zdecydowani co do wyboru zawodu. Wyraźnie sprecyzowane plany miało 92% z nich. Wśród wychowanków szkół publicznych 13,6% nie podjęło decyzji o wyborze profesji. Preferencje zawodowe badanej młodzieży wymagają zdobycia wyższego wykształcenia i wysokiego stopnia specjalizacji. Wybierane zawody i związane z tym sukcesy są trwałym czynnikiem wpływającym na poziom życia. Dzięki pracy zawodowej możliwe jest osiągnięcie znaczącej pozycji materialnej i prestiżu.

Przedstawione wyniki badań dowodzą, że młodzież ma bardzo skonkretyzowane, realne i adekwatne dążenia edukacyjne i zawodowe. Zgodnie z postawioną hipotezą młodzi ludzie przejawiają zróżnicowany poziom aspiracji z tendencją do osiągania poziomu wysokiego. Ponadto uczniowie szkół niepublicznych częściej wybierają wyższy poziom wykształcenia i mają bardziej sprecyzowane dążenia dotyczące wyboru zawodu niż ich rówieśnicy w liceach publicznych.

W książce starano się również omówić czynniki warunkujące kształtowanie się aspiracji edukacyjnych i zawodowych uczniów. Doceniając ważność osobowościowych uwarunkowań dążeń młodzieży, zwrócono szczególną uwagę na czynniki pedagogiczne, rodzinne i środowiskowe.

W rozważaniach dotyczących czynników pedagogicznych wzięto pod uwagę: kadrę pedagogiczną, organizację procesu kształcenia, style i metody pracy wychowawczej nauczycieli oraz działalność pozalekcyjną szkół. Nie ulega wątpliwości, że dobrze przygotowana kadra pedagogiczna, ciągle doskonaląca swój warsztat pracy oraz znająca potrzeby i zainteresowania uczniów, zapewnia wysoki poziom pracy edukacyjnej. Istnieje zatem ścisły związek między jakością pracy nauczyciela a jego wykształceniem.

Analiza materiału badawczego ujawniła, że zdecydowana większość badanych nauczycieli (88,9%) ma wykształcenie wyższe magisterskie. Przy tym większy odsetek nauczycieli legitymujących się tym wykształceniem uczy w szkołach niepublicznych. Odwrotnie jest ze stopniem awansu nauczycieli. Otóż najliczniejszą grupę uczących w obydwu typach liceów stanowią nauczyciele mianowani. Ich odsetek jest zdecydowanie wyższy w placówkach publicznych. Ogólnie można stwierdzić, że w badanych szkołach zatrudnia się kadrę z wysokimi kwalifikacjami zawodowymi.

Efektywność pracy nauczycieli zależy również od tego, jak postrzegają ich uczniowie. Analiza opinii licealistów o nauczycielach w szkołach publicznych i niepublicznych wyraźnie przemawia na korzyść uczących w placówkach prywatnych. Badani uczęszczający do szkół niepublicznych opisują swoich nauczycieli jako ludzi otwartych na dyskusje, przekazujących szeroką wiedzę, zainteresowanych uczniami zarówno zdolnymi, jak i słabszymi. Nauczyciele ci przywiązują dużą wagę do indywidualizacji kształcenia, do dostosowania tempa, zakresu i poziomu wiedzy do możliwości swych uczniów. Natomiast nauczyciele ze szkół publicznych są opisywani jako skupiający się tylko na realizacji programu nauczania i bardziej skoncentrowani na uczniach zdolnych niż tych osiągających gorsze wyniki. Licealiści podkreślają również zauważony u większości nauczycieli brak zaangażowania w prowadzenie lekcji i niedostrzeganie przez nich problemów szkolnych wychowanków.

Biorąc pod uwagę to, że uczniowie liceów niepublicznych przejawiali wyższy poziom aspiracji niż ich rówieśnicy w szkołach publicznych oraz że w tych pierwszych zatrudnia się pracowników mających wyższe kwalifikacje i lepiej ocenianych przez uczniów, można stwierdzić, że kadra nauczycielska jest jednym z czynników wpływających na aspiracje młodzieży.

Wśród pedagogicznych czynników determinujących aspiracje i plany życiowe uczniów należy wymienić organizację procesu kształcenia. Wszystkie badane szkoły pracują według arkusza organizacyjnego określającego proces kształcenia, sporządzonego zgodnie z prawem oświatowym, zaopiniowanego przez rady pedagogiczne i zatwierdzonego przez organ prowadzący. Większość badanych – zarówno nauczycieli, jak i uczniów – podkreśla, że arkusz ten uwzględnia zainteresowania i potrzeby całego środowiska szkolnego.

Aby zapewnić uczniom odpowiedni poziom kształcenia, niezbędne jest zaplecze dydaktyczne, dzięki któremu nauka staje się łatwiejsza i przyjemniejsza. Przeprowadzone badania dowiodły, że szkoły mają zróżnicowaną bazę dydaktyczną, która jest systematycznie unowocześniana. Wszystkie licea mają wystarczającą liczbę sal lekcyjnych, ponadto dysponują pracowniami komputerowymi, pomocami naukowymi i salami gimnastycznymi. Zasadnicza różnica w zapleczu liceów publicznych i niepublicznych polega na tym, że w szkołach państwowych jest bardziej rozwinięta baza sportowa, a w prywatnych znajduje się więcej nowoczesnego sprzętu dydaktycznego, w tym przede wszystkim środków audiowizualnych. Wykorzystywane przez nauczycieli środki dydaktyczne: wzrokowe, słuchowe, wzrokowo-słuchowe, multimedialne, przyczyniają się do ułatwienia i uatrakcyjnienia procesu poznania, wdrażania do samodzielnego myślenia oraz zwiększają zaangażowanie uczniów. Dzięki temu licealiści lepiej przyswajają wiedzę i jest ona trwalsza.

Nauczyciele podejmują działania mające na celu wzbogacenie i uatrakcyjnienie procesu dydaktycznego przez działalność innowacyjną. Warto podkreślić, że pracownicy szkół niepublicznych są bardziej aktywni w tym zakresie niż ich koledzy z placówek publicznych. Przeprowadzone badania dowiodły, że stosowane przez nauczycieli innowacje pedagogiczne w małym zakresie wpływają na poziom aspiracji uczniów, są jednak czynnikiem determinującym ich osiągnięcia szkolne. Wyniki w nauce z kolei bezpośrednio przekładają się na dążenia młodzieży. Uczniowie mający wysokie i średnie wyniki w nauce częściej przejawiają wysoki poziom aspiracji niż ich rówieśnicy niemający takich osiągnięć.

Istotnym czynnikiem wpływającym na kształtowanie się aspiracji uczniów są również style i metody pracy nauczycieli. W badanych szkołach uczący stosowali najczęściej style mieszane. Udało się wykazać, że wychowankowie nauczycieli stosujących mieszane style pracy z tendencją do stylu demokratycznego mają wyższy poziom aspiracji. Natomiast nieco niższy poziom dążeń mają licealiści, z którymi pracują pedagodzy preferujący mieszany sposób pracy z tendencją do autokratycznego. Pierwszy styl dominuje u nauczycieli szkół niepublicznych, drugi – publicznych. Stosowanie przez uczących demokratycznego stylu pracy sprzyja kształtowaniu się u licealistów otwartej, twórczej postawy, a także wyzwala aktywność i pomysłowość.

Style pracy nauczycieli są powiązane ze stosowanymi przez nich metodami. W badanych szkołach najczęstsze są metody podające i problemowe. Przy tym nauczyciele liceów publicznych chętniej stosują te pierwsze, a ich koleżanki i koledzy w placówkach niepublicznych – te drugie. Daje się również zauważyć pewna prawidłowość. Otóż nauczyciele wykazujący tendencje do demokratycznego stylu pracy stosują przeważnie metody problemowe, w tym gry dydaktyczne i dyskusje problemowe, natomiast pedagodzy skłaniający się do autokratycznego stylu nauczania wybierają zazwyczaj metody podające, w tym wykład i opowiadanie. Metody pracy nauczycieli wpływają na poziom aspiracji uczniów. Licealiści przejawiający wysoki poziom aspiracji najczęściej uczestniczyli w lekcjach prowadzonych metodami aktywizującymi, rozwijającymi samodzielność, myślenie analityczne i umiejętność wyciągania wniosków. Z kolei ich rówieśnicy o średnich i niskich aspiracjach brali najczęściej udział w lekcjach, na których wykorzystywano metody podające.

Analiza przeprowadzonych badań dotyczących pedagogicznych uwarunkowań aspiracji pozwala na stwierdzenie, że rozwijanie dążeń i zainteresowań młodzieży zależy od postawy i zaangażowania nauczycieli. Licealiści podkreślają, że większość uczących angażuje się w działalność pozalekcyjną. Są to przede wszystkim przedmiotowe koła zainteresowań przygotowujące do egzaminów zewnętrznych.

Niepokojące jest natomiast to, że w szkołach w minimalnym stopniu prowadzi się poradnictwo zawodowe, mimo że zadanie takie wynika z ustawy o systemie oświaty. Do typowych form poradnictwa należy rozpowszechnianie ulotek informacyjnych. Daje się również zauważyć duża rozbieżność w wypowiedziach uczniów i nauczycieli na ten temat. Uczący wskazują, że podejmują wiele działań w zakresie poradnictwa zawodowego i preorientacji zawodowej, jednak nie znajduje to potwierdzenia w wypowiedziach licealistów.

Zgodnie z postawioną hipotezą na kształtowanie się aspiracji edukacyjnych i zawodowych badanej młodzieży wywierają wpływ: organizacja procesu kształcenia, treści, metody kształcenia oraz stosowane przez nauczycieli style pracy i innowacje pedagogiczne. Ponadto istnieje związek między osiągnięciami szkolnymi uczniów a przejawianymi przez nich aspiracjami. Nie potwierdziła się natomiast część hipotezy zakładającej wpływ poradnictwa zawodowego na obierane przez licealistów drogi kształcenia i wybór zawodu. Szkoły nie prowadzą typowej działalności w zakresie poradnictwa zawodowego, lecz jedynie pewne formy zastępcze, przeważnie wprowadzane na lekcjach wychowawczych. Nie spełniają więc należycie wytycznych zawartych w ustawie o systemie oświaty oraz założeniach reformy mówiących o wszechstronnym rozwoju ucznia. Badani licealiści wyrażają swoje niezadowolenie z postawy nauczycieli, którzy nie pomagają im w podjęciu decyzji dotyczącej przyszłości, dlatego wydaje się konieczne wprowadzenie do szkół systematycznych działań w zakresie preorientacji zawodowej, ułatwiających uczniom podejmowanie przemyślanych decyzji o przyszłości edukacyjnej i zawodowej.

Większość licealistów w przygotowaniu do życia w zmieniającej się rzeczywistości oraz w zmaganiu się z problemami pojawiającymi się u progu dorosłości korzysta bardziej z pomocy rodziców, przyjaciół i rówieśników niż szkoły. Dlatego właśnie szczególną rolę w rozwoju dziecka przypisuje się rodzinie. Oddziaływanie tego czynnika uwidoczniło się najwyraźniej w porównaniu z innymi uwarunkowaniami w całej badanej zbiorowości. Pozostałe ustalone w toku badań determinanty odgrywają mniejszą i – jak się wydaje – wtórną rolę wobec środowiska rodzinnego. Z czynników rodzinnych decydujących w znaczącym stopniu o aspiracjach młodzieży należy wymienić: poziom wykształcenia rodziców, sytuację materialną rodziny, pochodzenie społeczne, tradycje zawodowe, style wychowania oraz współpracę rodziców ze szkołą.

Przeprowadzone badania dowiodły, że dążenia edukacyjne młodzieży silniej przejawiają się w środowiskach tradycyjnie ceniących naukę. Z reguły wyższemu wykształceniu rodziców odpowiadają większe aspiracje edukacyjne i zawodowe dzieci. Daje się tu zauważyć pewna prawidłowość. Otóż częściej występuje zgodność planowanego przez dziecko wykształcenia z zawodem ojca, rzadziej z profesją matki. Dziewczęta i chłopcy z rodzin inteligenckich przejawiają wysoki poziom aspiracji edukacyjnych i zawodowych, często zbliżony do rodzicielskiego, a czasami go przewyższający. Natomiast największy odsetek uczniów z niskimi aspiracjami wywodzi się z rodzin chłopskich. Znamienne jest również to, że dorastający w rodzinach robotniczych częściej chcą osiągnąć w przyszłości wyższy status zawodowy i edukacyjny niż ich matki i ojcowie. Młodzież pochodząca z rodzin robotniczych najczęściej mieszka w miastach, gdzie styka się z różnymi wzorami życia i często pozostaje pod ich wpływem.

Pomimo że miejsce zamieszkania wpływa na kształtowanie się dążeń młodzieży, to różnice stąd wynikające nie są duże. Młodzi z miasta zdecydowanie dążą do osiągnięcia wysokiego statusu zawodowego. Jednak tradycyjne postrzeganie wsi jako środowiska skupiającego ludzi o niższych aspiracjach nie uzyskało pełnego potwierdzenia w przeprowadzonych badaniach. Choć młodzież mieszkająca na wsi ma niższy poziom aspiracji niż jej rówieśnicy w mieście, to struktura tych aspiracji jest podobna do tej, która pojawia się wśród licealistów pochodzących z miasta. Zatem mieszkanie na wsi nie jest elementem, który sam w sobie decyduje o poziomie aspiracji, lecz jest istotnym czynnikiem wyznaczającym wybór drogi kształcenia. Należy jednak nadmienić, że dziewczęta i chłopców żyjących na terenach wiejskich cechuje wzrost ambicji edukacyjnych w porównaniu z pokoleniem rodziców. Chcieliby z reguły zdobyć wyższe wykształcenie niż ich rodzice.

Sytuacja materialna rodzin jest czynnikiem współdecydującym o kształtowaniu się aspiracji młodych ludzi. Młodzież pochodząca z rodzin o niższym statusie materialnym chce poprawić swoją sytuację społeczną i dąży do zdobycia wyższego niż rodzice wykształcenia, bowiem to właśnie w nim widzi możliwość zmiany warunków życia. Jednak niekiedy w związku ze złą sytuacją materialną rodziny rezygnuje z możliwości awansu dzięki wykształceniu i podejmuje pracę.

W niniejszej książce podjęto również próbę określenia związków między stylami wychowania w rodzinach oraz panującą w nich atmosferą a poziomem aspiracji młodzieży. W badanych rodzinach przeważał styl wychowawczy demokratyczny oraz liberalny kochający. Obydwa te style stwarzają dobre warunki do rozwoju dzieci oraz kształtowania się wysokich aspiracji. Potwierdziły to badania własne. Przy tym osoby wychowywane w rodzinach stosujących styl wychowania liberalny kochający osiągały wyższy poziom aspiracji niż ich rówieśnicy z rodzin o demokratycznym stylu. Interesujące wydaje się to, że dzieci wychowywane w rodzinach preferujących liberalny styl wychowania miały tendencje do aspiracji wysokich i niskich. Duża część młodzieży pochodzącej z takich domów sama dokonuje wyborów i dąży do osiągnięcia wyższej pozycji zawodowej umożliwiającej usamodzielnienie się. Niepokoi jednak to, że podobny odsetek badanych z tych rodzin przejawia niskie aspiracje i nie ma pomysłu na życie.

Style wychowania w rodzinie łączą się z atmosferą, jaka panuje w domu, a ta z kolei wpływa na samopoczucie licealisty. Spośród badanej młodzieży ponad połowa czuje się w domu bardzo dobrze. W większości rodzin panuje więc przyjazna atmosfera, sprzyjająca kształtowaniu się prawidłowych postaw i oczekiwań wobec życia, która tym samym oddziałuje korzystnie na poziom aspiracji. W domach ponad 11% uczniów atmosfera nie jest jednak sprzyjająca i dzieci czują się w nich źle, a 7% badanych najchętniej wyprowadziłoby się z domu. Niekorzystna atmosfera rodzinna najczęściej występuje tam, gdzie rodzice stosują autokratyczny i liberalny niekochający styl wychowania.

Zgodnie z postawioną we wstępie hipotezą można więc stwierdzić, że zarówno poziom wykształcenia rodziców, jak i sytuacja materialna oraz przejawiane style wychowania wpływające na atmosferę domową są czynnikami, które w sposób istotny oddziałują na kształtowanie się aspiracji młodzieży.

Kolejna hipoteza, zakładająca, że współpraca rodziców ze szkołą przejawiająca się w ich systematycznych kontaktach z nauczycielami, udziale w uroczystościach oraz imprezach klasowych i szkolnych wpływa korzystnie na rozwój aspiracji i planów życiowych młodzieży, jest trudna do uzasadnienia. Większość matek i ojców badanej młodzieży ogranicza swoje kontakty ze szkołą do udziału w wywiadówkach, a mimo to ich dzieci mają wysoki poziom aspiracji. Rysuje się pewna prawidłowość – otóż rodzice uczniów uczęszczających do liceów niepublicznych chętniej biorą udział w imprezach szkolnych i chętniej włączają się w ich organizację. Rodzice ci w większym stopniu czują się współgospodarzami szkoły i chcą mieć głos w sprawach dotyczących kształcenia w tych placówkach. Analiza wyników badań dowodzi, że w zakresie współpracy rodziny ze szkołą jest jeszcze wiele do zrobienia, dlatego konieczne wydaje się włączenie tych podmiotów do wielostronnej współpracy, która przyniesie korzyści obu stronom.

Nie można mówić o czynnikach wpływających na kształtowanie się aspiracji edukacyjnych i zawodowych bez uwzględnienia roli środowiska rówieśniczego oraz oddziaływania placówek kulturalnych. Pozytywne oddziaływanie grupy rówieśniczej wydaje się ważnym uwarunkowaniem wpływającym na proces uspołecznienia dziecka. Nie tylko wspomaga rozwój osobowości, lecz także ukierunkowuje je na wartości społecznie pożądane. Badana młodzież ma rozeznanie wśród zainteresowań i aspiracji swoich rówieśników. Jednak grupa kolegów nie jest najważniejszym środowiskiem wpływającym na uczniowskie wybory. Ze zdaniem rówieśników przy wyborze drogi kształcenia liczy się zaledwie jedna piąta badanych.

Jako dopełnienie edukacji szkolnej przez wspomaganie potrzeb edukacyjnych przyjmuje się oddziaływanie środowiska kulturalnego. Badania dowiodły, że instytucje pozaszkolne nie zaspokajają w pełni potrzeb młodych ludzi. Młodzież podkreśla, że oferta tych placówek nie odpowiada jej zainteresowaniom. Ponad 20% badanych licealistów w ogóle nie korzysta z proponowanej oferty instytucji kulturalnych, a 40% korzysta z niej tylko raz w miesiącu. Mimo że baza kulturalna na terenach objętych badaniami wydaje się wystarczająca, to proponowany repertuar zajęć odbiega od oczekiwań. Dlatego wydaje się niezbędne, aby placówki kulturalne w większym stopniu starały się zainteresować młodzież swymi propozycjami. Hipoteza o wpływie znajomości dążeń rówieśników oraz ofert instytucji kulturalnych na aspiracje edukacyjne młodzieży potwierdziła się w znikomym stopniu.

Mało istotny wydaje się również wpływ tradycji lokalnych, wzorów społeczno--kulturowych oraz zapotrzebowania rynku pracy, co zakładała ostatnia hipoteza. Nie ulega wątpliwości, że środowisko lokalne przekazuje młodzieży wartości kultury oraz przygotowuje ją do aktywnego udziału w życiu społecznym. Nie są to jednak czynniki, które w sposób decydujący wpływają na kształtowanie się dróg życiowych badanej młodzieży. Niepokojące jest natomiast to, że uczniowie nie zostali zaznajomieni z przewidywaniami dotyczącymi pożądanych w przyszłości zawodów oraz zapotrzebowaniem na nie w środowisku lokalnym. Konieczne jest zwiększenie wiedzy młodzieży w tym zakresie. Należy to do zadań szkoły, jak również szeroko rozumianego środowiska społecznego. Istotną poprawę sytuacji powinno przynieść wprowadzenie przez wspomniane instytucje systemu poradnictwa i informowania o polityce zatrudnienia.

Analiza wyników przeprowadzonych badań wykazała pewne niedociągnięcia w zakresie wpływu szeroko pojętego otoczenia na kształtowanie się aspiracji badanej młodzieży. Umiejętnie udzielana licealistom pomoc w każdym z analizowanych obszarów powinna spowodować, że dążenia edukacyjne i zawodowe będą konstruowane prawidłowo, a w rezultacie będą miały większą szansę na urzeczywistnienie.

Wnioski oraz postulaty pedagogiczne i społeczne

Podsumowując rozważania teoretyczne dotyczące aspiracji edukacyjnych i zawodowych uczniów liceów publicznych i niepublicznych oraz przedstawione badania własne mające na celu określenie tych aspiracji i zależności między czynnikami wpływającymi na nie, można sformułować następujące wnioski:
1. Aspiracje badanych licealistów uczęszczających do szkół publicznych i niepublicznych są zróżnicowane. Niemal wszyscy uczniowie podjęli decyzję o dalszym kształceniu.
2. Młodzież jest świadoma czekających ją wyzwań i wymagań na rynku pracy zarówno polskim, jak i europejskim, opowiada się więc za zdobyciem wyższego wykształcenia.

3. Uczniowie szkół niepublicznych mają wyższy poziom aspiracji niż ich rówieśnicy w szkołach publicznych.
4. Wysokie aspiracje edukacyjne bezpośrednio przekładają się na wybierane przez młodzież zawody. Zdecydowana większość decyduje się na profesje wymagające wyższego wykształcenia.
5. Biorąc pod uwagę płeć i miejsce zamieszkania, można stwierdzić, że wśród dziewcząt dominowały zawody związane z opieką medyczną oraz usługami, a wśród chłopców – z techniką i usługami. Aspiracje zawodowe badanej młodzieży mieszkającej na wsi mają podobną strukturę do dążeń osób badanych żyjących w mieście.
6. Uczniowie szkół niepublicznych są bardziej zdecydowani w planowaniu swojej przyszłości edukacyjno-zawodowej.
7. Preferencje w zakresie wyboru dróg edukacyjnych i zawodowych badanej młodzieży są skorelowane z prognozami dotyczącymi zmian struktury gospodarki do 2010 roku.
8. Dane dotyczące kształtowania się aspiracji badanych licealistów wskazują na ich wieloczynnikowe uwarunkowania. Należy jednak podkreślić szczególną rolę środowiska rodzinnego, które w większości przypadków jest czynnikiem najbardziej znaczącym. Stwierdzono zależność między poziomem aspiracji dzieci a wykształceniem rodziców, sytuacją materialną, stylami wychowania w rodzinie i związaną z tym atmosferą domową.
9. Pedagogiczne uwarunkowania aspiracji wynikają przede wszystkim z organizacji procesu kształcenia oraz związanych z nim innowacji pedagogicznych, metod pracy dydaktyczno-wychowawczej nauczycieli, stylów kierowania klasą szkolną, a także z działalności pozalekcyjnej. Ponadto aspiracje respondentów zależą oczywiście od ich osiągnięć szkolnych.
10. Współpraca rodziny ze szkołą kształtuje się na poziomie średnim. Rodzice najczęściej ograniczają się do udziału w zebraniach podsumowujących poszczególne okresy edukacji dzieci, przy czym matki i ojcowie uczniów szkół niepublicznych chętniej współpracują ze szkołą, biorąc udział w imprezach szkolnych oraz w pracy rady rodziców. Mają też większą możliwość decydowania o procesie kształcenia swoich dzieci.
11. Stan poradnictwa zawodowego w szkołach nie napawa optymizmem. Duża część młodzieży pozostaje poza jego zasięgiem, gdyż w większości liceów nie prowadzi się preorientacji zawodowej. W kilku szkołach organizuje się pomoc w tym zakresie, jednak dzieje się to głównie na lekcjach wychowawczych prowadzonych przez wychowawcę lub pedagoga szkolnego.
12. Istnieje potrzeba organizowania większej liczby zajęć pozalekcyjnych, umożliwiających uczniom kształtowanie zainteresowań i zamierzeń zawodowych.

Przeprowadzone badania i uzyskane wyniki dały podstawę do ustalenia następujących postulatów pedagogicznych, których realizacja sprzyjałaby kształtowaniu u młodzieży aspiracji edukacyjnych i zawodowych:
1. Rozwijanie systemu kształcenia i doskonalenia nauczycieli, ze szczególnym zwróceniem uwagi na wzbogacenie umiejętności niezbędnych do pracy z uczniem, jak również w zakresie doradztwa zawodowego.
2. Wzbogacenie i zróżnicowanie metod pracy sprzyjających samodzielnej pracy ucznia, przyswajaniu wiedzy, rozwijaniu aktywności i twórczego myślenia oraz uatrakcyjnienie zajęć pozalekcyjnych w celu rozwijania zainteresowań i pasji młodzieży.
3. Zlikwidowanie niedociągnięć w systemie oświaty w prowadzeniu preorientacji zawodowej oraz w przygotowywaniu młodzieży do ewentualnej rekwalifikacji, z uwzględnieniem zapotrzebowania na zawody nowe, pojawiające się w czasach ciągłych przemian.
4. Prowadzenie badań umożliwiających poznanie planów edukacyjnych i zawodowych młodzieży w celu zorganizowania dla niej optymalnej pomocy w wyborze kierunków kształcenia.
5. Objęcie opieką uczniów, którzy nie mają skrystalizowanych planów edukacyjnych i zainteresowań lub przedstawiają je w sposób nieporadny.
6. W zakresie szeroko rozumianego poradnictwa informowanie o polityce zatrudnienia oraz możliwościach edukacji ustawicznej.
7. Zintegrowanie działań szkoły, rodziny i społeczności lokalnej w celu pomocy młodzieży w projektowaniu i realizowaniu działań związanych z wyborem drogi życiowej.
8. Zorganizowanie systemu orientacji szkolnej i zawodowej służącego doradztwu młodzieży, z uwzględnieniem sytuacji rodzinnej, wieku, predyspozycji i potencjału ucznia.
9. Zatrudnienie w szkołach w krótkim czasie doradców zawodowych i objęcie przez nich opieką całej zbiorowości uczniów szkół średnich służące kształtowaniu ich zainteresowań oraz nabywaniu doświadczeń przedzawodowych i prozawodowych.
10. Ukazywanie maturzystom przez doradców, wychowawców i pozostałych nauczycieli możliwości edukacyjno-zawodowych oraz pomaganie im w podjęciu ostatecznych racjonalnych decyzji, a niekiedy w poszukaniu alternatyw w wyborze zawodu.

Książka ta nie wyczerpuje w całości zagadnienia kształtowania się aspiracji młodzieży, stanowi jednak próbę ukazania, jak ważny jest wybór drogi kształcenia i zawodu, oraz omówienia jego złożonych uwarunkowań. Ponieważ aspiracje badanej młodzieży są wysokie, uwaga osób odpowiedzialnych za całokształt edukacji powinna być skupiona na stworzeniu odpowiednich warunków do ich realizacji, problem ten ma bowiem wymiar nie tylko indywidualny, lecz także społeczny.

Zakończenie

Przedstawione wyniki badań i ich interpretacja są szkicem aspiracji i planów życiowych ściśle określonej grupy młodzieży – uczniów wybranych liceów publicznych i niepublicznych województwa podkarpackiego w danym okresie i w określonych warunkach społecznych. Dla pełniejszego poznania zagadnienia należałoby dokonać porównania tych wyników z dążeniami młodzieży żyjącej w innych regionach kraju. Wiele bowiem zasygnalizowanych problemów ma wymiar ogólniejszy i wykracza poza ramy lokalne. Z tych względów zasadne byłoby prowadzenie dalszych badań aspiracji i ich uwarunkowań na większej populacji uczniów. Wydaje się to szczególnie ważne w dobie akceleracji przemian we wszystkich dziedzinach życia związanych z procesami integracji i globalizacji.

Bibliografia

Publikacje autorskie i prace zbiorowe

Andrukowicz W. (2000), *Wokół fenomenu i istoty twórczości*, Toruń.
Babbie E. (2003), *Badania społeczne w praktyce*, Warszawa.
Bakiera L. (2007), *Kształtowanie się tożsamości a relacje młodzieży z wychowawcami* [w:] B. Harwas-Napierała, H. Liberska (red.), *Tożsamość a współczesność. Nowe tendencje i zagrożenia*, Poznań.
Baley S. (1933), *Zarys psychologii w związku z rozwojem psychiki dziecka*, Lwów – Warszawa.
Baley S. (1935), *Psychologia wieku dojrzewania*, Warszawa.
Banach C. (1974), *Kształtowanie się planu życiowego i losów absolwentów liceów ogólnokształcących*, Warszawa.
Banach C. (1979), *Modyfikacja i rekonstrukcja planów życiowych*, Warszawa.
Banach C. (1997), *Polska szkoła i system edukacji – przemiany, perspektywy*, Toruń.
Banach C. (1998), *Orientacje – koncepcje pracy nauczycielskiej*, Kraków.
Banach C. (2001), *Edukacja – wartość – szansa*, Kraków.
Bank danych regionalnych (2006), GUS, Warszawa.
Bank danych regionalnych (2007), GUS, Warszawa.
Bańka A. (1983), *Psychologiczne uwarunkowania perspektyw zawodowych młodzieży*, Katowice.
Bańka A. (2003), *Zawodoznawstwo, doradztwo zawodowe, pośrednictwo pracy*, Poznań.
Baraniak B. (2007), *Współczesne problemy poradnictwa i edukacji zawodowej*, Warszawa.
Baścik S. (1994), *Wybór zawodu a szkoła*, Warszawa.
Benet R.J., Glennester H., Nevison D. (1992), *Learning Should Pay, Poole*, BP Educational Service, b.m.w.
Bereźnicki F. (2004), *Dydaktyka kształcenia ogólnego*, Kraków.

Białecki I., Haman J. (2003), *Program Międzynarodowej Oceny Umiejętności Uczniów OECD/PISA. Wyniki polskie – raport z badań*, Ministerstwo Edukacji Narodowej i Sportu, Warszawa.
Bierzwińska J., Horyszowska B. (1960), *Kształtowanie się życzeń zawodowych młodzieży w Polsce w 1957 roku*, Wrocław.
Bogaj A. (1992), *Liceum ogólnokształcące w Polsce – funkcje, efektywność i kierunki przemian*, Warszawa.
Bogaj A. (2000), *Kształcenie zawodowe w świetle międzynarodowych raportów oświatowych – priorytety i kierunki rozwoju* [w:] S.M. Kwiatkowski (red.), *Kształcenie zawodowe. Rynek pracy. Pracodawcy*, Warszawa.
Bogaj A., Kwiatkowski S.M., Młynarczyk G. (2000), *Infrastruktura medialna szkół*, Warszawa.
Bogaj A., Kwiatkowski S.M., Piwowarski R. (2000), *Wskaźniki edukacyjne – Polska 2000*, Warszawa.
Bogaj A., Kwiatkowski S.M., Szymański M.J. (1998), *Edukacja w procesie przemian społecznych*, Warszawa.
Borowicz R. (1980), *Plany kształceniowe i zawodowe młodzieży oraz ich realizacja*, Warszawa.
Borowicz R., Kwieciński Z. (1977), *Młodzież wobec własnej przyszłości i perspektyw życia na wsi. Trzy sondaże diagnostyczne*, Warszawa.
Borowska A. (2004), *Kształcenie dla przyszłości*, Warszawa.
Botkin W., Elmandjra M., Malitza M. (1982), *Uczyć się – bez granic. Jak zewrzeć „lukę ludzką"? Raport Klubu Rzymskiego*, Warszawa.
Cresson E., Flynn P. (red.) (1997), *Biała Księga Kształcenia i Doskonalenia. Nauczanie i uczenie się. Na drodze do uczącego się społeczeństwa*, Komisja Europejska, Warszawa.
Cudak H. (1998), *Model współczesnej rodziny, Pedagogika rodziny*, t. I, Piotrków Trybunalski.
Czerpaniak-Walczak M. (1999), *Daleko od... szansy (decyzje edukacyjne młodzieży wiejskiej)*, Szczecin.
Czerwińska-Jasiewicz M. (1991), *Psychologiczne problemy wyboru zawodu*, Warszawa.
Czerwińska-Jasiewicz M. (1997), *Decyzje młodzieży dotyczące własnej przyszłości (uwarunkowania psychospołeczne)*, Warszawa.
Czerwińska-Jasiewicz M. (2003), *Spostrzeganie zjawisk świata społecznego przez dzieci, młodzież i młodych dorosłych*, Warszawa.
Czerwińska-Jasiewicz M. (2005), *Rozwój psychiczny młodzieży i jej koncepcje dotyczące własnego życia*, Warszawa.
Dalin P. (1999), *School Development. Theories and Practices*, London.
Dane demograficzne (2007), GUS, Warszawa.
Deklaracja Kopenhaska – Deklaracja Europejskich Ministrów ds. Kształcenia Zawodowego i Szkoleń oraz Komisji Europejskiej w sprawie zwiększonej

współpracy europejskiej w dziedzinie kształcenia zawodowego i szkoleń, Kopenhaga, 29–30.11.2002, b.m.w.
Delors J. (1998), *Edukacja. Jest w niej ukryty skarb. Raport dla UNESCO*, Warszawa.
Denek K. (1998), *O nowy kształt edukacji*, Toruń.
Denek K., Zimny T. (1999), *Edukacja jutra. V Tatrzańskie Seminarium Naukowe*, Częstochowa.
Diagnozy i opinie. Młodzież 1999 (2000), CBOS, Warszawa.
Diagnozy i opinie. Młodzież 2000 (2002), CBOS, Warszawa.
Diagnozy i opinie. Młodzież 2003 (2004), CBOS, Warszawa.
Diagnozy i opinie. Młodzież 2005 (2006), CBOS, Warszawa.
Diagnozy i opinie. Młodzież 2007 (2008), CBOS, Warszawa.
Dobra i nowoczesna szkoła – kontynuacja przemian edukacyjnych (1993), MEN, Warszawa.
Dobrowolski S. (1967), *Poradnik przy wyborze zawodu*, Warszawa.
Domalewski J., Mikiewicz P. (2004), *Młodzież w zreformowanym systemie szkolnym*, Toruń – Warszawa.
Drucker P.F. (1999), *Społeczeństwo pozakapitalistyczne*, Warszawa.
Dryden G., Vos J. (2000), *Rewolucja w uczeniu*, Poznań.
Dunaj B. (red.) (2001), *Słownik współczesnego języka polskiego*, Kraków.
Duraj-Nowakowa K. (1998), *Integrowanie edukacji wczesnoszkolnej, modernizacja teorii i praktyki*, Kraków.
Dyoniziak R. (1965), *Młodzież epoki przemian*, Warszawa.
Dziewulak D. (1997), *Systemy szkolne Unii Europejskiej*, Warszawa.
Edukacja narodowym priorytetem. Raport o stanie i kierunkach rozwoju systemu edukacji narodowej w Polskiej Rzeczpospolitej Ludowej (1989), Komitet Ekspertów do spraw Edukacji Narodowej, Warszawa – Kraków.
Edukacja w Europie: różne systemy kształcenia i szkolenia – wspólne cele do roku 2010 (2003), Fundacja Rozwoju Systemu Edukacji, Warszawa.
Falski M. (1937), *Środowisko społeczne młodzieży a jej wykształcenie*, Warszawa.
Faure E. (red.) (1975), *Uczyć się, aby być*, Warszawa.
Felhorska F., Studencki S.M. (1933), *Plany i marzenia młodzieży o przyszłości*, Warszawa – Lwów.
Field D. (1996), *Osobowości rodzinne*, Warszawa.
Firkowska-Mankiewicz A. (1999), *Zdolnym być. Kariery i sukces życiowy warszawskich trzydziestolatków*, Warszawa.
Galas B., Lewowicki T. (1991), *Osobowość a aspiracje*, Warszawa.
Gawlina T. (1988), *Proces wychowania w rodzinie*, Kraków.
Gęsicki J. (1991), *Przemiany zawodu nauczycielskiego – wnioski pod adresem kształcenia*, Bydgoszcz.
Gołębiowski B. (1997), *Dynamika aspiracji*, Warszawa.
Goodman N. (1997), *Wstęp do socjologii*, Poznań.

Góralski A. (1987), *Metody opisu i wnioskowania statystycznego w psychologii i pedagogice*, Warszawa.
Grańczyk A. (1994), *Orientacje życiowe młodzieży w warunkach transformacji ustroju*, Katowice.
Grimm S.B. (1994), *Bariery szkolnej kariery*, Warszawa.
Guichard J. (2001), *Procesualne ramy i formy tożsamości a praktyka poradnicza* [w:] B. Wojtasik (red.), *Podejmowanie decyzji zawodowych przez młodzież i osoby dorosłe w nowej rzeczywistości społeczno-politycznej*, Wrocław.
Guichard J., Huteau M. (2005), *Psychologia orientacji i poradnictwa zawodowego*, Kraków.
Guilford J. (1964), *Podstawowe metody statystyczne w psychologii i pedagogice*, Warszawa.
Gulda M. (1990), *Młodzież wobec przyszłości*, Gdańsk.
Hejnicka-Bezwińska T. (1991), *Orientacje życiowe młodzieży*, Bydgoszcz.
Hejnicka-Bezwińska T. (2000), *O zmianach w edukacji. Konteksty, zagrożenia, możliwości*, Bydgoszcz.
Herwas-Napierała B. (2003), *Rodzina a rozwój człowieka dorosłego*, Poznań.
Jaka przyszłość Europy (1996), Komitet Prognoz „Polska w XXI wieku" przy Prezydium PAN, Warszawa.
Jakowicka M., Lewowicki T. (1987), *Aspiracje dzieci i młodzieży uczącej się w województwie zielonogórskim*, Zielona Góra.
Janke A.W. (2002), *Transformacja w stosunkach rodziny i szkoły*, Bydgoszcz.
Janowski A. (1977), *Aspiracje młodzieży szkół średnich*, Warszawa.
Janowski A. (2002), *Pedagogika praktyczna*, Warszawa.
Jastrząb-Mrozicka M. (1974), *Dążenia zawodowe młodzieży akademickiej*, Warszawa.
Kargulowa A. (1979), *Praca poradni wychowawczo-zawodowej. Model empiryczny i różnicowanie się funkcji*, Warszawa.
Kargulowa A. (1980), *Poradnictwo wychowawcze w świetle teorii i praktyki*, Wrocław.
Kargulowa A. (1986), *Poradnictwo jako wiedza i system działań*, Wrocław.
Kargulowa A. (1996), *Przeciw bezradności. Nurty – opcje – kontrowersje w poradnictwie i poradoznawstwie*, Wrocław.
Kargulowa A. (2006), *O teorii i praktyce poradnictwa*, Warszawa.
Karpińska A. (1997), *Szkolnictwo niepaństwowe. Partnerstwo czy konkurencja*, Olecko.
Karpiński A., Paradysz S., Ziemiecki J. (1999), *Zmiany struktury gospodarki w Polsce do roku 2010 (Polska na tle Unii Europejskiej)*, Warszawa.
Kawula S., Brągiel J., Janke A.W. (2000), *Pedagogika rodziny. Obszary i panorama problematyki*, Toruń.
Kawula S., Brągiel J., Janke A.W. (2004), *Pedagogika rodziny*, Toruń.

King A., Schneider B. (1992), *Pierwsza rewolucja globalna. Raport Klubu Rzymskiego*, Warszawa.
Kołaczek B. (1999), *Systemy edukacyjne. Analiza porównawcza*, Warszawa.
Kołaczek B. (2004), *Dostęp młodzieży do edukacji*, Warszawa.
Konarzewski K. (2004), S*ztuka nauczania. Szkoła*, Warszawa.
Kopaliński W. (2002), *Słownik wyrazów obcych i zwrotów obcojęzycznych*, Warszawa.
Korczyn A. (2006), *Klasyfikacja zawodów i specjalności dla potrzeb rynku pracy*, Warszawa.
Kotlarski K. (2006), *Wybrane podmiotowe i środowiskowe korelaty karier edukacyjnych*, Toruń.
Kozakiewicz M. (1984), *Młodzież w okresie przełomów*, Warszawa.
Kozielecki J. (2000), *Psychologiczna teoria decyzji*, Warszawa.
Kracewicz P. (1970), *Zawód nauczyciel*, Warszawa.
Kreft W., Watts G. (2004), *Polityka państwowa a rozwój zawodowy*, Warszawa.
Kruszewski K. (1987), *Zmiana i wiadomość*, Warszawa.
Kruszewski K. (2006), *Od tłumacza* [w:] M. Fullan, *Odpowiedzialne i skuteczne kierowanie szkołą*, Warszawa.
Kupczyk J. (1978), *Uwarunkowania aspiracji życiowych młodzieży w starszym wieku szkolnym*, Poznań.
Kupisiewicz C. (1997), *Syntetyczny raport o potrzebie i kierunkach reformy* [w:] J. Kropiwnicki (red.), *Zmieniam siebie i swoją szkołę*, Jelenia Góra.
Kupisiewicz C. (red.) (2005), *Drogi i bezdroża polskiej oświaty w latach 1945– –2005*, Warszawa.
Kurjaniuk J. (1981), *Problemy kształcenia zawodowego w Stanach Zjednoczonych Ameryki Północnej*, Warszawa.
Kutyma M. (1973), *Progi życiowego sukcesu*, Warszawa.
Kuźma J. (2005), *Nauka o szkole*, Kraków.
Kwak A. (2002), *Rodzina w dobie przemian: małżeństwo i kohabitacja*, Warszawa.
Kwiatkowska H. (1988), *Nowa orientacja w kształceniu nauczycieli*, Warszawa.
Kwiatkowska H., Szybisz M. (red.) (2003), *Edukacja i dialog w świecie przyszłości*, Pułtusk.
Kwiatkowski S.M. (1994), *Kształcenie zawodowe w warunkach gospodarki rynkowej*, Warszawa.
Kwiatkowski S.M. (2000), *Kształcenie zawodowe. Rynek pracy. Pracodawcy*, Warszawa.
Kwiatkowski S.M. (2001), *Kształcenie zawodowe. Dylematy teorii i praktyki*, Warszawa.
Kwiecińska-Zdrenka M. (2004), *Aktywni czy bezradni wobec własnej przyszłości? Młodzież wiejska na tle ogółu młodzieży*, Toruń.
Kwieciński Z. (1975a), *Selekcje społeczne w szkolnictwie*, Warszawa.
Kwieciński Z. (1975b), *Środowisko a wyniki pracy szkoły*, Warszawa.

Kwieciński Z. (1980), *Drogi szkolne młodzieży a środowisko*, Warszawa.
Kwieciński Z. (2002), *Wykluczanie. Badania dynamiczne i porównawcze nad selekcjami szkolnymi na pierwszym progu szkolnictwa*, Toruń.
Kwieciński Z. (2005), *Przekorne pedagogie wobec pedagogii nurtów głównych* [w:] T. Hejnicka-Bezwińska, R. Leppert (red.), *Ewolucja ogólności w dyskursach pedagogicznych*, Bydgoszcz.
Legowicz J. (1975), *O nauczycielu – filozofia nauczania i wychowania*, Warszawa.
Lelińska K., Gruza M. (2003), *Dostosowanie polskiej klasyfikacji zawodów i specjalności do standardów UE* [w:] B. Balcerzak-Paradowska (red.), *Praca i polityka społeczna wobec wyzwań integracji*, Warszawa.
Lewowicki T. (1987), *Aspiracje dzieci i młodzieży*, Warszawa.
Lewowicki T. (1991), *Osobowość a aspiracje*, Warszawa.
Lewowicki T. (1994), *Przemiany teorii i praktyki edukacyjnej – kolejna faza chronicznego kryzysu czy kształtowanie się nowego ładu oświatowego* [w:] J. Brzeziński, I. Witowski (red.), *Edukacja wobec zmiany społecznej*, Poznań – Toruń.
Lewowicki T. (1997), *Przemiany oświaty: szkice o ideach i praktyce edukacyjnej*, Warszawa.
Lewowicki T., Galas B. (1987), *Uwarunkowania aspiracji*, Warszawa.
Lewowicki T., Szczurek-Boruta A., Grabowska B. (2005), *Przemiany społeczno-cywilizacyjne i edukacja szkolna*, Kraków.
Liberska H. (2004), *Perspektywy temporalne młodzieży. Wybrane uwarunkowania*, Poznań.
Liberska H., Matuszewska M. (2001), *Wybrane czynniki i mechanizmy powstawania agresji w rodzinie* [w:] M. Bińczycka-Anholcer (red.), *Agresja i przemoc a zdrowie psychiczne*, Poznań.
Łobocki M. (1999), *Metody badań pedagogicznych*, Warszawa.
Łoś M. (1972), *Aspiracje a środowisko*, Warszawa.
Mac-Czarnik L. (2000), *Procesy poznawcze w planowaniu własnego życia u młodzieży*, Rzeszów.
Mały rocznik statystyczny 2008 (2008), GUS, Warszawa.
Markowska-Czarnecka E. (1994), *Przemoc w szkole*, Kraków.
Maryniewicz J. (1979), *Społeczno-ekonomiczne uwarunkowania karier szkolnych młodzieży*, Warszawa.
Maslow A. (1990), *Motywacja i osobowość*, Warszawa.
Mądrzycki T. (2002), *Osobowość jako system tworzący i realizujący plany*, Gdańsk.
Memorandum dotyczące kształcenia ustawicznego (2000), Komisja Wspólnot Europejskich, Bruksela.
Memoriał Komitetu Prognoz przy Prezydium PAN [...] w sprawie „Roli edukacji w kształtowaniu przyszłości Polski" (1998), Warszawa.
Mendel M. (2001), *Edukacja społeczna. Partnerstwo rodziny, szkoły i gminy w perspektywie amerykańskiej*, Toruń.

MENiS (2004), *PISA 2003. Informacja przygotowana przez OECD*, Ministerstwo Edukacji Narodowej i Sportu, Warszawa.
Mika S. (1987), *Psychologia społeczna*, Warszawa.
Minkiewicz B., Bielecki P. (1999), *Kwalifikacje absolwentów SGH a potrzeby rynku* [w:] J. Dietl, Z. Sapijaszka (red.), *Wyzwania Unii Europejskiej dla postaw, umiejętności i wiedzy przyszłych menedżerów*, Łódź.
Miszalska A. (1996), *Reakcje społeczne na przemiany ustrojowe*, Łódź.
Misztal M. (1980), *Problematyka wartości w socjologii*, Warszawa.
Mysłakowski Z. (1965), *Wychowanie człowieka w zmiennej społeczności*, Warszawa.
Najduchowska H. (1987), *Aspiracje edukacyjne maturzystów Warszawy w roku 1984*, Warszawa.
Narkiewicz-Niedbalec E. (1997), *Uczestnictwo w kulturze i aspiracje młodzieży szkolnej*, Zielona Góra.
Narodowy Plan Rozwoju 2007–2013 (2005), Rada Ministrów, Warszawa.
Nęcka E. (1994), *Twórcze rozwiązania problemów*, Kraków.
Niemiec J. (1991), *Edukacja i nauczyciele w przyszłym systemie kształcenia, doskonalenia nauczycieli*, Kraków.
Niemiec J. (1993), *Transformacja w edukacji – konieczność, możliwości, realia i nadzieje*, Bydgoszcz.
Niemierko B. (1999), *Między oceną szkolną a dydaktyką*, Warszawa.
Niemierko B. (2007), *Kształcenie szkolne. Podręcznik skutecznej dydaktyki*, Warszawa.
Nowacki T. (1958), *Encyklopedia zawodów i specjalności szkolnictwa zawodowego*, Warszawa.
Nowacki T. (1999), *Zawodoznawstwo*, Radom.
Nowak K. (1996), *Polski rynek kapitałowy. Instrumenty, uczestnicy, inwestycje*, Poznań.
Nowak S. (1965), *Przemiany społecznej struktury w świadomości społecznej*, Warszawa.
Nowak S. (2007), *Metodologia badań społecznych*, Warszawa.
Nowosad I., Szymański M.J. (2004), *Nauczyciel i rodzice. W poszukiwaniu nowych znaczeń i interpretacji współpracy*, Zielona Góra – Kraków.
Obuchowska I. (1996), *Drogi dorastania*, Warszawa.
Okoń W. (1979), *Szkoła współczesna*, Warszawa.
Okoń W. (1985), *O postępie pedagogicznym*, Warszawa.
Okoń W. (1991), *Rzecz o edukacji nauczyciela*, Warszawa.
Okoń W. (1995), *Wprowadzenie do dydaktyki ogólnej*, Warszawa.
Okoń W. (2004), *Nowy słownik pedagogiczny*, Warszawa.
Olszak-Krzyżanowska B. (1992), *Młodzież wobec nowych wyzwań: wartości, orientacje i cele życiowe zielonogórskich maturzystów*, Zielona Góra.
Oświata i wychowanie w roku szkolnym 2001/2002. Informacje i opracowania statystyczne (2002), GUS, Warszawa.

Pachociński R. (1999), *Oświata XXI wieku. Kierunki przeobrażeń*, Warszawa.
Pakt dla edukacji (2002), MEN, Warszawa.
Palka S. (2006), *Metodologia. Badania. Praktyka pedagogiczna*, Gdańsk.
Parzęcki R. (1999), *Podstawy wiedzy o edukacji i poradnictwie zawodowym*, Włocławek.
Parzęcki R. (2004), *Plany edukacyjno-zawodowe młodzieży w stadium eksploracji. Zamierzenia. Wybory. Realia*, Toruń.
Parzęcki R., Symela K., Zawadzki B. (1995), *Orientacja i poradnictwo zawodowe*, Radom.
Paszkowska-Rogacz A. (2001), *Doradztwo zawodowe w systemach szkolnych krajów Unii Europejskiej*, Warszawa.
Paszkowska-Rogacz A. (2002), *Warsztat pracy europejskiego doradcy kariery zawodowej*, Warszawa.
Pieter J. (1967), *Ogólna metodologia pracy naukowej*, Wrocław – Warszawa.
Pilch T. (1998), *Zasady badań pedagogicznych*, Warszawa.
Pilch T. (1999), *Spory o szkołę. Pomiędzy tradycją a wyzwaniami współczesności*, Warszawa.
Pilch T. (red.) (2003), *Encyklopedia pedagogiczna XXI wieku*, t. 1: *A–F*, Warszawa.
Pilch T., Bauman T. (2001), *Zasady badań pedagogicznych. Strategie ilościowe i jakościowe*, Warszawa.
Piorunek M. (1996), *Dziecko w relacjach ze światem zawodowym*, Poznań.
Piorunek M. (2004), *Projektowanie przyszłości edukacyjno-zawodowej w okresie adolescencji*, Poznań.
Potulicka E. (2008), *Kadra w szkole jako organizacji uczącej się* [w:] B. Muchacka, M. Szymański (red.), *Szkoła w świecie współczesnym*, Kraków.
Program Międzynarodowej Oceny Umiejętności Uczniów PISA 2000. Wyniki polskie (2000), oprac. I. Białecki, J. Haman, Warszawa.
Przecławska A. (1994), *Relacje między ludźmi jako przedmiot badań pedagogicznych. Studia z pedagogiki społecznej*, Warszawa.
Przecławska A. (1997), *Cele i dążenia życiowe młodzieży jako wyraz preferowanych modeli życiowego sukcesu*, Warszawa.
Przecławska A., Rowicki L. (red.) (2000), *Nastolatki i kultura w drugiej połowie lat dziewięćdziesiątych*, Warszawa.
Przetacznik-Gierowska M., Włodarski W. (1994), *Psychologia wychowawcza*, Warszawa.
Przetacznikowa M. (1980), *Psychologia rozwojowa*, Warszawa.
Przetacznikowa M., Włodarski Z. (1986), *Psychologia wychowawcza*, Warszawa.
Przyborowska B. (1997a), *Szkoły niepubliczne w Polsce*, Toruń.
Przyborowska B. (1997b), *Szkoły niepubliczne w Polsce – oczekiwania i rzeczywistość*, Toruń.
Putkiewicz E., Wiłkomirska A. (2004), *Szkoły publiczne i niepubliczne*, Warszawa.

Rabczuk W. (1992), *Szkolnictwo prywatne w Europie Zachodniej i w Polsce*, Warszawa.
Rabczuk W. (1994), *Polityka edukacyjna Unii Europejskiej na tle przemian w szkolnictwie krajów członkowskich*, Warszawa.
Rachalska W. (1987), *Problemy orientacji zawodowej*, Warszawa.
Radlińska H. (1935), *Stosunek wychowawczy do środowiska społecznego. Szkice z pedagogiki społecznej*, Warszawa.
Reforma systemu edukacji. Projekt MEN 1998 (tzw. Pomarańczowa książeczka) (1998), Warszawa.
Reforma systemu edukacji: szkolnictwo ponadgimnazjalne. Projekt – materiały do dyskusji (tzw. Niebieska książeczka) (2000), Ministerstwo Edukacji Narodowej, Warszawa.
Reykowski J. (1977), *Z zagadnień teorii motywacji*, Warszawa.
Reykowski J. (1986), *Motywacja, postawy prospołeczne a osobowość*, Warszawa.
Reykowski J. (1992), *Procesy emocjonalne, motywacja i osobowość. Psychologia ogólna*, Warszawa.
Rimm S.B. (1994), *Bariery szkolnej kariery*, Warszawa.
Rocznik statystyczny 2001–2008 (2008), GUS, Warszawa.
Rogala S. (1989), *Partnerstwo rodziców i nauczycieli*, Wrocław – Opole – Warszawa.
Rokeach M. (1973), *The Nature of Human Values*, New York.
Rostowska T. (1995), *Transmisja międzypokoleniowa w rodzinie w zakresie wybranych wymiarów osobowości*, Łódź.
Rybczyńska D. (1998), *Jakość życia młodzieży z rodzin ubogich*, Zielona Góra.
Ryś M. (2004), *Systemy rodzinne. Metody badań struktury rodziny pochodzenia i rodziny własnej*, Warszawa.
Rządowy Program Rozwoju Edukacji na Obszarach Wiejskich na lata 2007–2013 (2007), MEN, Warszawa.
Rzeszowski Obszar Metropolitalny z 1 stycznia 2008 (2008), GUS, Rzeszów.
Schulz R. (1994), *Twórczość pedagogiczna. Elementy teorii i praktyki*, Warszawa.
Segiet R. (1999), *Rodzice i nauczyciele. Wzajemne stosunki i prezentacje*, Toruń.
Senge P. (2002), *Piąta dyscyplina. Teoria i praktyka organizacji uczących się*, Kraków.
Sęk H., Kowalik S. (1999), *Psychologiczny kontekst problemów społecznych*, Poznań.
Siek S. (1983), *Wybrane metody badania osobowości*, Warszawa.
Sikora E. (2006), *(NIE)realne marzenia*, Olsztyn.
Sikorski W. (1999), *Aspiracje młodzieży uczącej się i ich tło rozwojowe*, Opole.
Skłodowski H. (2006), *Współczesny paradygmat doradztwa zawodowego w zastosowaniu praktycznym*, Łódź.
Skorny Z. (1980a), *Aspiracje młodzieży oraz kierujące nimi prawidłowości*, Wrocław.
Sokołowska A. (1967), *Stosunek młodzieży do jej perspektyw życiowych*, Warszawa.

Spionek H. (1981), *Zaburzenia rozwoju uczniów a niepowodzenia szkolne*, Warszawa.
Stochmiałek J. (1993), *Kierunki rozwoju współczesnej pedagogiki opiekuńczej i specjalnej*, Częstochowa.
Stochmiałek J. (red.) (1998), *Pedagogika wobec kryzysów życiowych*, Warszawa – Radom.
Strategia państwa dla młodzieży na lata 2003–2012 (2003), Departament ds. Młodzieży i Edukacji Pozaszkolnej, Warszawa.
Strategia rozwoju edukacji na lata 2007–2013 (2005), Ministerstwo Edukacji Narodowej i Sportu, Warszawa.
Strelau J. (2000), *Osobowość jako zespół cech* [w:] J. Strelau (red.), *Psychologia. Podręcznik akademicki*, t. 2, Gdańsk.
Sułek A. (1989), *Wartości życiowe dwóch pokoleń* [w:] S. Nowak (red.), *Ciągłość i zmiana tradycji kulturowej*, Warszawa.
Super D.E. (1994), *Psychologia zainteresowań*, Warszawa.
Suszek K. (1971), *Społeczne podłoże aspiracji szkolnych młodzieży*, Szczecin – Poznań.
Szajek S. (1989), *System orientacji i poradnictwa zawodowego*, Warszawa.
Szczepański J. (1970), *Elementarne pojęcia socjologii*, Warszawa.
Szczepska-Pustkowska M. (2003), *Aspiracje* [w:] T. Pilch (red.), *Encyklopedia pedagogiczna XXI wieku*, t. I: A–F, Warszawa.
Szefer-Timoszenko J. (1981), *Aspiracje w życiu człowieka*, Katowice.
Szempruch J. (2000), *Pedagogiczne kształcenie nauczycieli wobec systemu edukacji w Polsce*, Rzeszów.
Szempruch J. (2001), *Nauczyciel w zmieniającej się szkole*, Rzeszów.
Szempruch J. (2006), *Edukacja wobec wyzwań i zadań współczesności i przyszłości*, Rzeszów.
Szewczuk W. (1990), *Psychologia*, Warszawa.
Szewczuk W. (red.) (1989), *Słownik psychologiczny*, Warszawa.
Sztompka P. (2002), *Socjologia. Analiza społeczeństwa*, Warszawa.
Szuman S. (1947), *Psychologia wychowawcza wieku szkolnego*, Warszawa.
Szymański M. (1973), *Środowiskowe uwarunkowania selekcji szkolnej*, Warszawa.
Szymański M. (1988), *Społeczne uwarunkowania przemian edukacyjnych*, Warszawa.
Szymański M. (1998a), *Procesy selekcyjne w szkolnictwie ogólnokształcącym*, Warszawa.
Szymański M. (2000), *Młodzież wobec wartości. Próba diagnozy*, Warszawa.
Szymański M. (2004), *W poszukiwaniu drogi. Szanse i problemy edukacji w Polsce*, Kraków.
Szyszko-Bohusz A. (1982), *Osobowość współczesnego nauczyciela*, Wrocław.
Ścisłowicz M. (1994), *Aspiracje edukacyjne rodziców a osiągnięcia szkolne ich dzieci*, Kielce.

Śliwerski B. (1996), *Klinika szkolnej demokracji*, Kraków.
Śliwerski B. (2000), *Uspołecznienie edukacji szkolnej* [w:] R. Leppert (red.), *Edukacja w świecie współczesnym*, Kraków.
Śliwerski B. (2001), *Program wychowawczy szkoły*, Warszawa.
Śnieżyński M. (2001), *Dialog edukacyjny*, Kraków.
Śnieżyński M. (2003a), *Przezwiska nauczycieli*, Kraków.
Świda-Ziemba H. (2005), *Młodzi w nowym świecie*, Kraków.
Trempała J. (2000), *Modele rozwoju psychicznego. Czas i zmiany*, Bydgoszcz.
Tyrała P. (1997), *Aspiracje a rzeczywistość edukacyjno-wychowawcza w okresie przeobrażeń strukturalnych państwa*, Rzeszów.
Tyszka Z. (2002), *Rodzina we współczesnym świecie*, Poznań.
Tyszkowa M. (red.) (1988), *Rozwój psychiczny człowieka w ciągu życia*, Warszawa.
Wiatrowski Z. (2000), *Podstawy pedagogiki pracy*, Bydgoszcz.
Wiatrowski Z. (2004), *Praca w zbiorach wartości pracujących, bezrobotnych i młodzieży szkolnej*, Włocławek.
Wilk T. (2002), *Możliwości zaspokajania potrzeb edukacyjnych młodzieży w warunkach zmiany społecznej w Polsce*, Katowice.
Wilk T. (2003), *Edukacja, wartości i style życia reprezentowane przez współczesną młodzież w Polsce w odmiennych regionach gospodarczych*, Kraków.
Winiarski M. (2000), *Rodzina – szkoła – środowisko lokalne*, Warszawa.
Winiarski M. (2001), *Współdziałanie szkoły i środowiska*, Warszawa.
Włodarczyk E. (2003), *Typologia grup odniesienia* [w:] T. Pilch (red.), *Encyklopedia pedagogiczna XXI wieku*, t. 1, Warszawa.
Wojnar I. (2000), *Humanistyczne interakcje edukacji*, Warszawa.
Wojnar I., Kubin J. (1996), *Edukacja wobec wyzwań XXI wieku*, Warszawa.
Wojnar I., Bogaj A., Kubin J. (red.) (1999), *Strategie reform oświatowych w Polsce na tle porównawczym: zbiór studiów*, Komitet Prognoz „Polska 2000 Plus" przy Prezydium PAN, Warszawa.
Wojtasik B. (1993a), *Doradca zawodu. Studium teoretyczne z zakresu poradoznawstwa*, Wrocław.
Wojtasik B. (1993b), *Wybór doradcy zawodu przez młodzież, rodziców, nauczycieli*, Wrocław.
Wojtasik B. (1997), *Warsztat pracy doradcy zawodu*, Warszawa.
Wołk Z. (2007), *Całożyciowe poradnictwo zawodowe*, Zielona Góra.
Wróblewska W. (2001), *Aspiracje edukacyjne studentów*, Białystok.
Wróblewska W. (2004), *Dynamika aspiracji edukacyjnych studentów w obliczu zmian*, Białystok.
Zaborowski Z. (1980), *Rodzina jako grupa społeczno-wychowawcza*, Warszawa.
Zaleski Z. (1991), *Psychologia zachowań celowych*, Warszawa.
Ziemska M. (1973), *Rodzina a osobowość*, Warszawa.
Ziemska M. (1986), *Społeczne konsekwencje dezintegracji rodziny*, Warszawa.

Artykuły w czasopismach

Adamski W. (1980), *Typy orientacji życiowych młodego i starego pokolenia Polaków*, „Studia Socjologiczne", nr 1, s. 147–167.

Adamski W. (1988), *Aspiracje jako źródło społecznego konfliktu: młode pokolenie Polaków w perspektywie porównawczej*, „Kultura i Społeczeństwo", nr 1, s. 73–83.

Bakiera L. (1996), *Wyobrażenia własnych perspektyw życiowych młodzieży w drugiej fazie adolescencji a wybrane czynniki środowiska rodzinnego*, „Człowiek i Społeczeństwo", t. 4, s. 47–59.

Banach C., Kupisiewicz C. (2000), *Strategia rozwoju edukacji w Polsce do roku 2020*, „Nowa Szkoła", nr 10, s. 12–23.

Bartosiak-Tomasiuk M. (1996), *Aspiracje edukacyjne młodzieży*, „Edukacja i Dialog", nr 6, s. 4–7.

Borkowska T. (1988), *Aspiracje życiowe dziewcząt szkół zawodowych*, „Szkoła Zawodowa", nr 7/8, s. 9–14.

Borowicz R., Brukarzewicz E. (2002), *Toruńscy maturzyści w sytuacji koniecznego wyboru – plany młodzieży oraz ich realizacja*, „Forum Oświatowe", t. 2, s. 111–124.

Budkiewicz J. (1959), *Ogólna problematyka i perspektywy rozwojowe poradnictwa zawodowego*, „Kwartalnik Pedagogiczny", nr 4, s. 37–45.

Czerwińska-Jasiewicz M. (1998), *Strategie decyzyjne młodzieży dotyczące własnej przyszłości*, „Psychologia Wychowawcza", nr 2, s. 148–152.

Czerwińska-Jasiewicz M. (2000), *Decyzje młodzieży dotyczące własnej przyszłości*, „Kwartalnik Pedagogiczny", nr 3/4, s. 200–203.

Fenczyn J., Surówka I. (1987), *Teorie rozwoju zawodowego*, „Psychologia Wychowawcza", nr 1, s. 122–140.

Formicki J. (1986), *Aspiracje szkolne i zawodowe młodzieży wiejskiej*, „Problemy Oświaty na Wsi", nr 3, s. 139–144.

Galas B. (1986a), *Szkoła a poziom aspiracji młodzieży*, „Nowa Szkoła", nr 11, s. 652–655.

Galas B. (1986b), *Zdolności i zainteresowania a poziom i treść aspiracji młodzieży*, „Psychologia Wychowawcza", nr 4, s. 422–433.

Galas B. (1989), *Osobowościowe – temperamentalne uwarunkowania aspiracji młodzieży*, „Psychologia Wychowawcza", nr 1, s. 24–34.

Galas B. (1994), *Czynniki współwystępujące z samooceną i aspiracjami młodzieży*, „Psychologia Wychowawcza", nr 1, s. 11–19.

Gałkowski A. (1999), *Aspiracje zawodowe młodzieży szkół średnich w Polsce i Niemczech*, „Notatnik Płocki", nr 2, s. 40–45.

Gołębiowski B. (1977), *Czego pragną, do czego dążą. (Ideały, aspiracje i dążenia współczesnej młodzieży)*, „Oświata i Wychowanie", nr 18, s. 35–36.

Gołębiowski B. (1991), *Aspiracje młodzieży uczącej się województwa ostrołęckiego*, „Zeszyty Naukowe Ostrołęckiego Towarzystwa Naukowego", z. 5, s. 203–206.
Grudniewski T. (1997), *System wartości i aspiracje edukacyjne rodziców odnoszące się do własnych dzieci kończących szkoły podstawowe*, „Edukacja", nr 3, s. 63–76.
Grudniewski T. (1998), *Udział rodziców w planowaniu przyszłości dziecka*, „Wychowanie na co Dzień", nr 6, s. 7–9.
Gurnik G. (1987), *Wpływ aspiracji, wzorców i tradycji rodziny na dążenia życiowe młodzieży licealnej*, „Nowa Szkoła", nr 7/8, s. 410–414.
Jacher W. (1987), *Aspiracje kształceniowe młodzieży Śląska Opolskiego*, „Zeszyty Naukowe WSI Opole". Nauki Społeczne, z. 16, s. 21–27.
Kłoskowska A. (1970), *Wartości, potrzeby i aspiracje kulturalne małej społeczności miejskiej*, „Studia Socjologiczne", nr 3, s. 43–52.
Kołaczek B. (1997), *Aspiracje edukacyjne a możliwość ich realizacji w świetle badań*, „Polityka Społeczna", nr 7, s. 1–5.
Lewowicki T. (1983), *Uwarunkowania aspiracji uczniów*, „Przegląd Oświatowo-Wychowawczy", nr 1/4, s. 5–13.
Lewowicki T. (1986), *Osobowościowe uwarunkowania aspiracji dzieci i młodzieży*, „Edukacja", nr 3, s. 85–90.
Lewowicki T. (2001), *O ideach oraz praktykach edukacji wielokulturowej i międzykulturowej*, „Ruch Pedagogiczny", nr 1–2, s. 5–11.
Lewowicki T. (2002), *Aspiracje – szkic o kłopotach metodologicznych i kłopotach młodzieży*, „Przegląd Humanistyczny", nr 2, s. 1–9.
Lewowicki T., Galas B. (1984), *Uwarunkowania aspiracji młodzieży*, „Nowa Szkoła", nr 12, s. 549–552.
Liberska H. (1995), *Plany życiowe młodzieży w kontekście wybranych uwarunkowań rodzinnych*, „Roczniki Socjologii Rodziny", t. 7, s. 197–208.
Liberska H. (2001), *Młodzież w zmieniającej się rzeczywistości. Wybrane aspekty orientacji życiowej i poczucie kontroli*, „Psychologia Rozwojowa", nr 6, s. 66–75.
Lubowicz Z. (1985), *Aspiracje edukacyjne młodzieży szkół ponadpodstawowych*, „Pokolenia", nr 12, s. 59–66.
Moździerz A. (1988), *Z badań nad aspiracjami i planami życiowymi młodzieży wiejskiej w województwie olsztyńskim*, „Zeszyty Pedagogiczne", t. 7, s. 133–144.
Najduchowska H. (1985), *Aspiracje edukacyjne maturzystów Warszawy*, „Życie Szkoły Wyższej", nr 11, s. 13–22.
Narkiewicz-Niedbalec E. (1996), *Przemiany aspiracji edukacyjnych młodzieży miasta przygranicznego*, „Rocznik Lubuski", t. 22, cz. 2, s. 69–80.
Pańtak G. (1985), *Nauka i aspiracje edukacyjne młodzieży szkół ponadpodstawowych*, „Problemy Opiekuńczo-Wychowawcze", nr 9, s. 231–237.
Pańtak G. (1988), *Warunki i możliwości realizacji aspiracji edukacyjnych młodzieży*, „Problemy Oświaty na Wsi", nr 3, s. 140–143.

Piorunek M. (1991), *Proces kształtowania się planów zawodowo-edukacyjnych młodzieży – wyniki badań*, "Neodidagmata", nr 20, s. 101–112.
Radkiewicz P. (2002), *Młodzież i jej aspiracje: jak nastolatki spostrzegają szansę realizacji ważnych celów życiowych*, "Studia Psychologiczne", z. 4, s. 107–135.
Sadowska M. (2002), *Poziom aspiracji edukacyjnych młodzieży zamieszkałej w środowisku wiejskim*, "Pedagogika Społeczna", nr 3, s. 67–76.
Sikorski W. (1994), *Zaniżone aspiracje edukacyjne – ich źródła i korekcja*, "Opieka Wychowanie Terapia", nr 2, s. 5–10.
Sikorski W. (1997a), *Korekcja zaniżonych aspiracji edukacyjnych uczniów*, "Zeszyty Naukowe Uniwersytetu Opolskiego". Pedagogika, z. 36, s. 37–42.
Sikorski W. (1997b), *Psychopedagogiczne wyznaczniki kształtowania się niewłaściwego poziomu aspiracji u młodzieży szkolnej*, "Opieka Wychowanie Terapia", nr 3, s. 26–30.
Sikorski W. (2000), *Dynamika aspiracji życiowych młodzieży uczącej się*, "Edukacja", nr 1, s. 43–52.
Skorny Z. (1980b), *Kształcenie i korygowanie aspiracji młodzieży*, "Ruch Pedagogiczny", nr 3, s. 245–254.
Skorny Z. (1982a), *Funkcje aspiracji i samooceny w procesie wychowania*, "Nowa Szkoła", nr 9, s. 315–317.
Skorny Z. (1982b), *Kierunki badań aspiracji oraz ich zastosowanie w poradnictwie wychowawczo-zawodowym*, "Psychologia Wychowawcza", nr 2, s. 135–144.
Skorny Z. (1982c), *Kształcenie aspiracji młodzieży*, "Nauczyciel i Wychowanie", nr 6, s. 27–32.
Skotnicka R. (1995), *Aspiracje i cele życiowe młodzieży szkół średnich*, "Zeszyty Naukowe Politechniki Poznańskiej. Humanistyka", z. 43, s. 53–62.
Sołtysińska G. (1999), *II Ogólnopolskie Seminarium Poradnictwa Zawodowego "Podejmowanie decyzji zawodowych przez młodzież i osoby dorosłe w nowej rzeczywistości społeczno-politycznej". Karpacz, 13–15 października 1999 roku*, "Problemy Poradnictwa Psychologicznego", nr 2, s. 98–106.
Szlufik W. (1986), *Rola rodziny w kształtowaniu aspiracji i osiągnięć szkolnych ucznia w literaturze pedagogicznej*, "Studia Kieleckie", nr 3, s. 29–36.
Szymański M. (1998b), *Wolność edukacyjna i wybór szkoły – szansa czy zagrożenia demokracji*, "Nowa Szkoła", nr 10, s. 24–36.
Szymański M., Walasek B. (1997), *Wykształcenie rodziców a ich aspiracje dotyczące kształcenia dzieci*, "Edukacja", nr 4, s. 4–53.
Śliwerski B. (1997), *Szanse edukacyjne dzieci i młodzieży w społeczeństwie nieegalitarnym*, "Nowa Szkoła", nr 7, s. 68–80.
Śnieżyński M. (2003b), *Edukacyjne zadania i wyzwania w dobie integrującej się Europy*, "Nowa Szkoła", nr 4, s. 54–72.
Tarkowska E. (2000), *Z biedy w przyszłość: drogi i wybory młodych ludzi*, "Edukacja", nr 6, s. 95–103.

Wawro W.F. (1995), *Szkoła jako środowisko kształtujące aspiracje edukacyjno-zawodowe i społeczno-polityczne młodzieży*, „Rocznik Nauk Społecznych", z. 2, s. 109–131.
Więckowski R. (1992), *Metody wspierania aktywności edukacyjnej dzieci*, „Życie Szkoły", nr 8, s. 451–456.
Więckowski R. (2001), *Udział nauczyciela w stymulowaniu rozwoju dziecka*, „Życie Szkoły", nr 9, s. 33–49.
Woźniak-Krakowian A. (2001), *Aspiracje edukacyjne i zawodowe młodzieży województwa katowickiego (obecnie śląskiego)*, „Prace Naukowe WSP Częstochowa. Psychologia", nr 7, s. 145–173.
Wróblewska W. (1997), *Dotychczasowe badania nad aspiracjami edukacyjnymi w świetle literatury*, „Test", nr 2, s. 37–45.
Zandecki A. (2000), *Wykształcenie a jakość życia. Dynamika orientacji młodzieży szkół średnich*, „Kultura i Edukacja", nr 1/2, s. 176–179.
Żebrowska M. (2002), *Aspiracje edukacyjne młodzieży środowiska wielkomiejskiego*, „Pedagogika Społeczna", nr 4, s. 63–71.
Żegnałek K. (1995), *Aspiracje edukacyjne i ich badania*, „Kultura i Edukacja", nr 3, s. 115–126.

Akty prawne

Rozporządzenie MEN z 15 lutego 1999 r. w sprawie podstawy programowej kształcenia ogólnego, DzU nr 14 z 23.02.1999 r., poz. 129.
Rozporządzenie Ministra Edukacji Narodowej i Sportu z 12 lutego 2002 r. w sprawie ramowych planów nauczania w szkołach publicznych, DzU z 2003 r. nr 15, poz. 142; nr 39, poz. 337 i nr 116, poz. 1093.
Rozporządzenie Ministra Edukacji Narodowej i Sportu z 26 lutego 2002 r. w sprawie podstawy programowej wychowania przedszkolnego oraz kształcenia ogólnego w poszczególnych typach szkół. DzU z 2002 r. nr 51, poz. 458.
Rozporządzenie Ministra Edukacji Narodowej i Sportu z 11 grudnia 2002 r. w sprawie szczegółowych zasad działania publicznych poradni psychologiczno-pedagogicznych, w tym publicznych poradni specjalistycznych, DzU z 2003 r. nr 5, poz. 46.
Rozporządzenie Ministra Edukacji Narodowej i Sportu z 7 stycznia 2003 r. w sprawie zasad udzielania i organizacji pomocy psychologiczno-pedagogicznej, DzU z 2003 r. nr 11, poz. 114.
Rozporządzenie Ministra Gospodarki i Pracy z 8 grudnia 2004 r. w sprawie klasyfikacji zawodów i specjalności dla potrzeb rynku pracy oraz zakresu jej stosowania, DzU z 16 grudnia 2004 r. nr 265, poz. 2644.

Rozporządzenie Ministra Pracy i Polityki Społecznej z 1 czerwca 2007 r. zmieniające rozporządzenie w sprawie klasyfikacji zawodów i specjalności dla potrzeb rynku pracy oraz zakresu jej stosowania, DzU z 2007 r. nr 106, poz. 728.

Strukturalna reforma oświaty, MEN, DzU z 19 czerwca 2001 r. nr 61.

Ustawa z 7 września 1991 r. o systemie oświaty z późniejszymi zmianami, DzU z 2004 r. nr 173, poz. 1808.

Spis tabel, schematów i wykresów

Tabele

Tabela 1. Rodzaje aspiracji z uwzględnieniem różnych kryteriów 39
Tabela 2. Badani uczniowie ze względu na typ szkoły i płeć 71
Tabela 3. Badani uczniowie ze względu na wiek 71
Tabela 4. Badani uczniowie według środowiska terytorialnego,
w którym znajdowała się szkoła 72
Tabela 5. Kadra pedagogiczna badanych szkół według płci 72
Tabela 6. Kadra pedagogiczna według wieku 73
Tabela 7. Badani nauczyciele według środowiska terytorialnego,
w którym znajdowała się szkoła 73
Tabela 8. Określenie siły związku między zmiennymi 77
Tabela 9. Zawody wybierane przez młodzież ze względu na typ szkoły 80
Tabela 10. Zawody wybierane przez młodzież z podziałem na płeć 82
Tabela 11. Zawody wybierane przez respondentów z uwzględnieniem
przynależności do wielkich grup zawodów 86
Tabela 12. Poziom wykształcenia, do jakiego aspiruje młodzież,
według typu szkoły 89
Tabela 13. Poziom aspiracji badanej młodzieży 89
Tabela 14. Poziom aspiracji badanej młodzieży ze względu na płeć 92
Tabela 15. Miejsce pracy a wiek i płeć nauczycieli 95
Tabela 16. Wykształcenie nauczycieli z podziałem na miejsce pracy i płeć 95
Tabela 17. Stopień awansu zawodowego a typ szkoły 97
Tabela 18. Ocena nauczycieli przez uczniów badanych szkół 98
Tabela 19. Innowacje pedagogiczne stosowane przez nauczycieli 101
Tabela 20. Rodzaje innowacji pedagogicznych stosowanych
przez nauczycieli 103
Tabela 21. Innowacje pedagogiczne a poziom aspiracji badanych 106
Tabela 22. Metody pracy dydaktycznej wskazywane przez nauczycieli 108

Tabela 23. Metody pracy stosowane zdaniem uczniów przez nauczycieli 110
Tabela 24. Metody nauczania a poziom aspiracji uczniów 111
Tabela 25. Zajęcia pozalekcyjne organizowane w szkołach 113
Tabela 26. Osiągnięcia szkolne uczniów a poziom aspiracji
badanej młodzieży 116
Tabela 27. Formy pomocy uczniom w wyborze drogi kształcenia 119
Tabela 28. Formy poradnictwa zawodowego stosowane
przez wychowawców 120
Tabela 29. Formy poradnictwa zawodowego stosowane przez szkołę
w opinii uczniów 122
Tabela 30. Poziom wykształcenia rodziców badanej młodzieży 127
Tabela 31. Wykształcenie rodziców a poziom aspiracji badanych uczniów 129
Tabela 32. Dochody rodziców badanej młodzieży 132
Tabela 33. Liczebność rodziny a poziom aspiracji badanej młodzieży 135
Tabela 34. Średnia poziomu stylów wychowania przyjmowanych
przez rodziców 139
Tabela 35. Style wychowania w rodzinie a aspiracje badanej młodzieży 141
Tabela 36. Współpraca rodziny ze szkołą a poziom aspiracji 145
Tabela 37. Pochodzenie społeczne a poziom aspiracji młodzieży 150
Tabela 38. Częstotliwość korzystania przez młodzież z ofert
placówek kulturalnych 153

Schematy

Schemat 1. Miejsce aspiracji – od motywu do orientacji życiowej 38
Schemat 2. Miernik poziomu wartości – relacja aspiracji i oczekiwań 40

Wykresy

Wykres 1. Grupy zawodów wybierane przez młodzież
w szkołach publicznych i niepublicznych 87
Wykres 2. Poziom aspiracji w szkołach publicznych i niepublicznych 90
Wykres 3. Rozkład aspiracji uczniów szkół publicznych i niepublicznych
ze względu na płeć 91
Wykres 4. Różnice w stosowaniu innowacji przez nauczycieli
w szkołach publicznych i niepublicznych 102
Wykres 5. Różnice w opiniach między nauczycielami a uczniami
dotyczące stosowanych przez nauczycieli metod pracy 110
Wykres 6. Współzależność między metodami nauczania
a poziomem aspiracji uczniów 111

Wykres 7. Osoby odpowiedzialne za preorientację zawodową w szkołach 118
Wykres 8. Różnice w poziomie wykształcenia rodziców
badanej młodzieży 128
Wykres 9. Poziom wykształcenia rodziców badanej młodzieży
ze względu na płeć 128
Wykres 10. Związek pomiędzy poziomem wykształcenia rodziców
a poziomem aspiracji ich dzieci 130
Wykres 11. Warunki materialne w rodzinach badanej młodzieży 133
Wykres 12. Wpływ sytuacji materialnej rodziny na poziom aspiracji dzieci ... 134
Wykres 13. Ocena samopoczucia w domu a poziom aspiracji
badanych uczniów 137
Wykres 14. Style wychowania stosowane przez ojców i matki uczniów
szkół publicznych i niepublicznych 139
Wykres 15. Deklaracja kontynuacji wykonywania zawodów rodziców
przez badanych uczniów 143
Wykres 16. Poziom aspiracji badanej młodzieży z różnych środowisk
terytorialnych 148
Wykres 17. Wpływ środowiska społecznego na kształtowanie się aspiracji
i planów życiowych młodzieży 152
Wykres 18. Różnice w częstotliwości korzystania z ofert placówek
kulturalnych uczniów szkół publicznych i niepublicznych 154

9 788380 950443

www.ingramcontent.com/pod-product-compliance
Lightning Source LLC
LaVergne TN
LVHW022111080426
835511LV00007B/754